启真馆 出品

堂吉诃德的世纪

解读西班牙的黄金时代

［日］清水宪男 著

刘洋 译

浙江大学出版社

ZHEJIANG UNIVERSITY PRESS

目　录

序　章　　　　　　　　　　　　　　　　　　　　　1

第一章　人间万象
绅　士 / 骑　士 / 流浪汉 / 大学生 / 修　女　　7

第二章　诸职业
医　生 / 出　版 / 裁　缝 / 旅　馆 / 卖　春　　41

第三章　饮食的研究
饮食习惯 / 悲叹与破损 / 腐烂的炖菜 / 沙拉与甜品　　75

第四章　病与死
严重的皮肤病 / 瘟　疫 / 梅　毒 / 蛀　牙 /
塞万提斯的医学常识　　　　　　　　　　　101

第五章　动物奇谭
猫 / 狗 / 马 / 鸡　　　　　　　　　　　139

第六章 诸 术
炼金术 / 占星术 / 魔 法 / 美容术 / 算 术　166

第七章 奇书的宇宙
《迷信与妖术排挤》（*Reprobación de las supersticiones y hechicerías*）/《世俗哲学》（*Filosofía vulgar*）/
《杂 录》/《森罗万象》（*Silva de varia lección*）/
《检验诸学的才能》（*Examen de ingenios para las ciencias*）
　211

终章 剑拔弩张的时代
黄金时代的文学与现实 / 与古典的关联　249

后 记　261

人名及书名对照表　263

序　章

米格尔·德·塞万提斯（Miguel de Cervantes，1547—1616 年）

西班牙是个奇妙的国家。

当然欧洲各国自是各有各的魅力，但是无论从观光还是别的角度来看，只要是踏入西班牙的人都会陷入其魅力之中无法自拔。说是永远无法从那诅咒中逃离出来，也不为过。就算是那些对西班牙没有任何了解的人来说，西班牙的文化也会给予他们强烈的印象，在他们直觉的深处烙下深刻的痕迹。

就是这样的西班牙，在 16、17 世纪铸造了自己的"黄金时代"。天才多数出现在美术以及文学领域。往往只有超越众人、具有独一无二才华的人才配称为天才，但是在那个时代的天才却不是这样的。因为拥有强烈个性的天才不只有一位，大量的人才涌现在那个时代。如此之多的强烈的个性聚集在同一时代时，国家的文化状况又是如何呢？是否真的可能存在着所谓均质的"黄金时代"呢？如果这种可能存在的话，那它的内部是否涌动着一种异样的实情呢？

比如在这里，我们以这个时代的代表人物塞万提斯为例子来看。塞万提斯是个极其幸运的男子。他不仅仅作为一个个人集中经历了即使在一个国家漫长的历史中也极为稀少的激烈动荡期，还能够再把其体验通过长时间的发酵，埋头于个人创作。在这绝好的时代环境里，他用自己的天赋创作出了世界文学史上少有的名作《堂吉诃德》。

从新大陆的发现，伊斯兰教徒收复失地运动的终结，犹太人驱逐令的发布等诸多重大事件发生的1492年算起，大约半个世纪后的1547年，塞万提斯诞生了。那时的西班牙国内外绝不是太平的。在他出生两年前的1545年，为了应对路德派等新教徒的威胁，教会召开了特伦托会议（Concilium Tridentinum）。第二年虽然路德死了，但是宗教改革的威胁并没有随之消失。为了对抗其威胁，天主教内部的道德必须进行自我革新。

在西班牙天主教的革新中起到重要作用的正是伊拉斯谟。说来有趣的是，塞万提斯也正是出生在有着浓厚伊拉斯谟思想氛围的新设大学所在的埃纳雷斯堡（马德里的东北部的东侧）。成人后的塞万提斯果然也是在马德里的一个支持伊拉斯谟思想的人文学者的学塾里学习。接触伊拉斯谟思想给予了他一个绝好的机会去反省西班牙天主教思潮的历史。

1569 年 9 月，塞万提斯来到了罗马。虽然在那十年之前，菲利普二世发出了限制西班牙人赴海外留学的王令，所幸塞万提斯并不是来求学的。

两年后的 1571 年 9 月，他作为宗教联军的一员参加了在希腊小海湾勒班陀的战争，并被土耳其军的枪炮击中。虽然他失去了使用左手的自由，所幸执笔的右手并无大碍。在这场打碎奥斯曼土耳其的地中海制海权之战中，大显身手的塞万提斯沉醉在胜利的美酒中，同时也实际体验到了直面死亡后的生命之重。并且在长期疗养的生活里，他也有幸得到了意大利文艺复兴的残光照耀的机会。

1575 年，在时隔大约五年的回国路上，塞万提斯落入海盗之手，并被带去阿尔及尔，过上了俘虏生活。因为随身携带着勒班陀海战的西班牙军总指挥官奥地利的胡安（Juan de Austria）和西西里副王赛莎公爵（Duque de Sessa）的推荐信，塞万提斯被当成相当重要的角色受到了特别待遇。他并没有从早到晚一直带着镣铐待在黑暗的牢房里。虽然每回都是以失败告终，但是他曾经四次尝试从阿尔及尔逃离，这件事本身也能告知我们他的处境。在被断绝了一切阅读或与知识进行对话的每一天里，塞万提斯不仅接触到了异教的人和文化，更发现了自我。

在被送往君士坦丁堡之际，作为交换的筹码，母国的司铎（神父）们凑集了高额的赎身费使塞万提斯时隔五年重见自由，并在 1580 年踏上归国之旅。那年正是葡萄牙被西班牙合并之年。虽是时隔十余年才回国，但其中的岁月却是极其宝贵的。之后，虽然他以戏剧为中心开始了自己的写作生涯，但是并没有多大的成功。而这是因为有着"自然界之怪物"（塞万提斯自己的话）之称的洛佩·德·维加的登场，令塞万提斯深感如肉体般之苦楚，然后断了戏剧创作这一念头。

在勒班陀海战象征的西班牙荣光下，阴影开始出现了。塞万提斯亲眼见证了他在异国他乡描绘的西班牙形象在巨响中崩塌。1588 年，所谓的"无敌舰队"败北就是最好的例子。再现勒班陀之梦已破，战斗以英格兰的胜利而告终。这两场海战相隔了 17 年的岁月，塞万提斯自己也从一个血气方刚的青年变成四十多岁的中年人。虽然国王菲利普二世在这年的书简中承认"胜负均为天意"，但是看来天意已经放弃了正统的天主教国西班牙了。

塞万提斯的个人生活也不是一帆风顺。他决意离开没有前途的西班牙，前往新大陆追求新的职务的希望也归于徒劳。在这里无须强调我们也知道，这对于西班牙乃至欧洲近代小说史来说是何等的幸运。如果他远渡新大陆的话，那么我们不得不说，《堂吉诃德》将无法诞生。

得到一个下级官员职位的塞万提斯主要在南方的安达卢西亚地区巡回。抵制教会的固执言辞或行动让他品尝到了权力的恐怖。由于被卷入各类骚动，他也多次体验了牢狱之灾。母国的阶下囚生活，使他实际体验到了流浪汉小说中的社会底层。这些重重苦难都作为文学的养分被他积蓄。

塞万提斯所拥有的才能和苦涩的过去，集大成为《堂吉诃德》（上卷）在 1605 年 1 月出版。这是他在 57 岁成熟期的作品，而不是挥舞着早熟的文才写出来的。然而初步的成功却没有给他带来多大的经济回报，他的试练还在继续。

仿佛是对抗着逆境，塞万提斯开始走笔疾书。1613 年他出版了一部短篇小说集，第二年又出版了一部长篇诗集。1614 年，在塞万提斯的《堂吉诃德》（下卷）并没有多少进展的时候，飞来了一个惊天动地的消息。那就是还没有脱稿的下卷竟然出版了。伪作的作者名为阿隆索·费尔南德斯·德·阿韦亚内达（Alonso Fernández de Avellaneda）。这次的伪作流传其实是件好事。因为塞万提斯开始加速写作，争取真正的作品尽快脱稿。假如没有伪作出现，那么塞万提斯有很大的可能会抛下未完的下卷而离开人世（实际上，下卷出版后三年他就离世了）。

以上的概观只是以塞万提斯作为一个例子，看看他与西班牙历史上的重大事件的关联。这一连串的大事件或多或少都与16、17世纪的知识分子有着共通的关系，并且在各自的故事世界里扮演着有力的角色。塞万提斯在世时，西班牙国王从卡洛斯一世，变为菲利普二世，再到菲利普三世。历法也从儒略历变为了格里高利历。马德里也被定为了首都。不仅仅是新大陆，在包含日本的亚洲地区的传教活动也在逐渐展开。

格雷考的生卒年与塞万提斯的十分接近，在塞万提斯年过半百之时苏巴朗和委拉斯开兹也出生了。流浪汉文学、神秘主义文学、传统叙事歌谣罗曼采（Romancero），以上三种最能体现西班牙风的文学类别也在同时代盛行。洛佩·德·维加确立了国民戏剧，佩德罗·卡尔德隆·德·拉·巴尔卡（Pedro Calderón de la Barca）把带有高度神学色彩的巴洛克戏剧推向了巅峰。在此之中，西班牙的国力也体现了盛极必衰的道理。不，应该这样说才对，正是在和盛极必衰的历史进行了沸腾的交融之后，文学家们才能留下卓越的作品。

这些文学作品是如何反映时代现实的？还是说，文学原本就是在洞察了地壳的微妙运动之后预言该来的时代的事物？这是个既广泛又极其复杂的问题。这样说来，我们就不能只是观察由诸多大作、名作所构成的文学史的表面，还必须深入文学作品内部。本书中，我们设置了一些主题，想逐渐涉猎一些西班牙文学黄金时代的作品。

希望读者们能随着这类的工作进入西班牙文学奇妙而魅惑的世界。随意阅读本书的任何一部分也无妨。希望无论按怎么样的阅读顺序，读者都尽可能地读完全书。因为各个小项会给读者们带来意想之外的共鸣或不协和音。并且我们相信这个共鸣或不协和音会在一定程度上作为文学世界和现实世界的类比或者比喻给予读者一些帮助。

第一章　人间万象

马特奥·阿勒曼（Mateo Alemán，1547—1615？年）

绅　士

《堂吉诃德》的正式名称为《拉曼却的足智多谋的贵族堂·吉诃德》，第一部的著名开头就是"不久以前，有位绅士住在拉曼却的一个村上，村名我不想提了。他那类绅士，一般都有一支长枪插在枪架上，有一面古老的盾牌，一匹瘦马和一只猎狗"*。开篇就卡在这个

---

* 此处参照杨绛译《堂吉诃德》（人民文学出版社，2003 年版），下同。——译者注

"绅士"上了。我们不得不从解析堂吉诃德的身份开始。

如果简单明了地解释绅士，那就是下等贵族。虽然社会阶层也会随着时代的转变而发生不小的变化，但是关于贵族，我们大致可以将其分为三个等级。首先是拥有大公称号或爵位的超上层贵族，其次为骑士，最后才是绅士。

堂吉诃德与桑丘·潘沙（1618 年版的插画）

绅士（hidalgo）一词最早出现在 1197 年的法令集上，该词的词源是由 hijo（儿子）+de（～的）+algo（某些）的缩写而来的，意思为"某些的儿子"。那么，"某些"又指什么呢？虽然有些看法是把"某些"解释为"资产，财产"，但是根据西班牙中世纪被称为智者的国王阿方索十世（1221—1284 年）编纂的法令集《法典七章》，在该情况下的"某些"是指品行端正的家族（第二部第二十一条第二项）。G. 迪亚斯·德·加梅斯（G. Dias de Gamez，1378？—1448 年左右）在描写自己尊敬的伯爵的传记中将绅士解释为"善的子孙，名门之后，始终施行善行的善人之后"。

这样说来，我们就必须探究一番"子孙"，也就是家族的内部。

在这里重要的是，只有父亲的家族可以决定绅士的家族地位。就算是私生子，只要父亲是绅士，那么后代就可以使用该称号。相反，父亲为平民百姓，母亲为贵族的话，后代则不能成为贵族，只能被当作平民。还有，身为绅士的女性与农民结婚的话，连自己也无法继续使用绅士这个称号，两人的小孩无论男女均是平民待遇。但是，如果丈夫去世的话，妻子只要拿出马鞍到亡夫的墓前祭拜，用马鞍敲墓碑三下，每敲一下就念"平民啊，把你的平民身份拿去吧，然后把我的绅士身份还来"，就可恢复名誉（14 世纪中叶的《旧法令集》第一卷第五条第十七项）。

只要父辈为绅士那么后代就能成为绅士，从这里我们也可以确定绅士并不是上流贵族。但虽说是下等贵族，还是享受着贵族的特权。最大的特权就是与其他贵族一样享有直接税的免税权。塞万提斯生活的那个时代，究竟有多少人得到这个权利我们无法确定，但是有历史学家推算，在 16 世纪前半叶的西班牙大概有 13% 的人享受免除直接税这一特权。

另外一件引起我们关注的是有关刑罚的特权。《法典七章》的第七卷第三十一条详细描述了各式各样的刑罚，在此之中存在着绅士免除耻辱性刑罚的条例。具体来说就是火刑、被大卸八块之刑、绞首刑、游行示众、被野兽攻击等刑罚都会被免除。同样的罪，处刑也会采用斩首或窒息死等方法。犯下重罪而被免除死刑的情况，则适用流放的处分。就算是没有偿还债务，也不需要为自己的住宅、家畜、武器等被抵押而操心，也不需要担心遭受鞭刑（当然，叛乱反对国王的情况除外）或作为囚犯被流放到岛上。与一般民众相比，绅士们得到相当的优待。

既然有以上如此多的特权，那么伴随着特权的义务和责任应该是原来该有的样子，可因为绅士是根据家族而与生俱来的，所以实际上的情况我们也不得而知。16 世纪中期杰出的短篇小说《小癞子》（*La Vida de Lazarillo de Tormes y de sus fortunas y adversidades*，作者不详）里有着正言厉色的一句："原本绅士对神和国王以外的人并不肩负任何义务。"（第三话）但是这个说明我们也不能一概地说是错误的。因为，绅士自己和所侍奉的领主之间的关系也是说不清的。比如佃户就不得不侍奉自己的领主或地主，但是绅士只要认为自己受到不当的对待，就可以自由地离开现领主的领地。

那么，假设绅士离开了自己的领地，会发生什么呢？很明显，他们会陷入财政危机。随着 15 世纪末职业军人的崛起和有组织常备军的出现，历来是以武力为豪的绅士的存在理由开始逐渐弱化，他们的社会角色也渐渐空洞化。但是他们作为特权阶级的意识却没有丢弃。他们完全没有打算通过像不同等级的一般平民那样从事商业买卖或农耕或者手工业来取得个人事业的成功。在他们夹在现实和自我意识中间痛苦的时候，有些人作为朴素的农园的地主来维持生计，有些人一边忍受着耻辱一边从事手工业，甚至有绅士一边坚持自己的自尊心一边乞讨。

堂吉诃德的生活呢，"不仅是狩猎的乐趣，连农活的知识都完全忘却了"，每日过着随心所欲的读书生活。在这里我们需要注意他曾经享受过"狩猎"这一贵族式运动这点。而且他的兴趣还是从狩猎转变为读书，越来越往贵族般嗜好的方向倾斜。他完全是一个没有认识到西班牙的历史走向和现实之严峻的男人。一谈起消遣娱乐，就只会读书和与友人谈论书本（也都是有关骑士小说的内容）。我们可以说他是一个与自身或同时代无缘，以过去的乡愁为精神食粮而活的人。也就是说，堂吉诃德在发狂之前就已经与生活的现实脱轨了。周边的环境也在为他的发狂而准备着。

顺便一提，不仅仅是在开头，在下卷的第三章和第四十四章中也巧妙地刻画了一个对过去感到一股乡愁的绅士形象。一边烦恼着生活之苦却一边累积着对过去的乡愁，如此这般下去身心也只能一味地感到疲惫。所以绅士们还是需要从现实中清醒过来，把自身交给时间的长河来掌控，要不然大概就只能像堂吉诃德一样，发疯之后踏上冒险之旅。塞万提斯在他的戏剧作品《王后唐娜卡塔琳娜·德·奥维多》（*La gran sultana doña Catalina de Oviedo*）的第三幕中用"虽为绅士却没钱／这是我们的时代遭的报应／绅士的贫穷／似乎是与生俱来的"来控诉绅士贫困的现实。而塞万提斯在当时就已经有了没有内在的绅士是一种时代错误的"惩罚"这一认识。在 16、17 世纪显摆自己的绅士称号的人数开始激增，而我们不得不等到 18 世纪法国波旁王朝的改革才真正地使这个现象成为过去。

在那个时代，几乎找不到不讽刺绅士们的贫穷和虚荣的作家，这里就不一一举例了。堂吉诃德说"我既有土地也有财产，有着500 苏埃尔多（sueldo）的年收入，是位被人们熟知的古来的绅士"（上卷第二十一章）的时候，我们必须认识到，这是他失去对现实的了解能力后的发言。其实在这里，熟知中世纪以来的法律的塞万提斯又埋下了一个伏笔。他在这里之所以说 500 苏埃尔多，可能是根据"绅士通过给小妾的后代 500 苏埃尔多就可以使该后代成为绅士"（《旧法令集》第五卷第六条）或者"骑士弄伤准骑士或者妇人，或者损害到他们名誉，均必须支付 500 苏埃尔多。受害者依法接受赔偿并给予宽恕"（同书第一卷第五条第十五项）这两条内容，并有着其别有深意的考量。

现在绅士也已经失去政治上和社会上的影响力了。不，原本就已经很无力了。而且堂吉诃德让人苦恼的是，过于相信自己的影响力了。证据就是他自称"堂"吉诃德。本来"堂"是只有高级身份的贵族才能使用的尊称，区区一介绅士是不能随意使用的。这样说来，在一开始我们引用的该书的正式标题里面把"堂"和绅士并列在一起就是一个错误，而且十分滑稽。

在当时的西班牙，人们习惯性地在公文书上给自己的名字加"堂"。实际上有一定社会地位的人都会主动加上"堂"，这一潮流越来越盛行。如此说来，小说的主人公堂吉诃德既燃烧着对过去的乡愁之情又追随时代的最新潮流，可真是一个不可思议而含糊不清的人。

与绅士有关的事物我们还有一点不太清楚。那就是绅士的地理分布情况。原本西班牙的贵族都是集中在北部的坎塔布里亚（Cantabria）地区，其中也有像基普斯夸（Guipuzcoa）或比斯开（Vizcaya）这类全城的人都能使用贵族称号的。这样的话，虽说是下级但也是贵族的绅士的分布也是北部密集，南部稀疏。那么，堂吉诃德的出生地拉曼却呢？从比马德里还要以南这点来看应该是南方，但是还没有到像安达卢西亚那种完完全全的南方。考虑到与北部的相对性，可以说拉曼却是个绅士的密度开始变低，比较暧昧的地方。

通过以上的观察，我们才发现，塞万提斯把堂吉诃德与无论是时间上还是空间上都处于弱化趋势的绅士捆绑在一起的设定，存在着一种绝妙的暧昧。不仅能让我们预想到主人公前途的未知和多难，也是一种从开头部分就朝着打破传统的小说剧情发展的尝试。

骑 士

这个单词原本有三种意思被人们使用，各自的区别倒也不一定那么鲜明。分别是指代原本的"骑士"（caballero）阶级，高贵身份拥有者的总称，还有骑马使用武器的人的意思。

如果我们把骑马作战的人解释为骑士的话，这是最浅显易懂的。在《法典七章》里，对于被称为军人的人是这样说明的："虽然在西班牙被称为骑士，但那是因为比起骑其他的家畜，骑马会让人更加自豪。所以被选为骑士之人的荣誉会比其他的战士要高。就这样从骑马的人这里诞生了骑士这个称号。"（第二卷第二十一条第一项）

但是根据该说明，只要是个有产阶级就可以成为骑士了。家族名声、教养还有品德都不成问题。之前我们已经知道了堂吉诃德属于绝非特殊的有产阶级。如此一来，在骑士的三种意思中，在考虑骑士一词时，我们还是得将最初的严格意义上的骑士记在心里。

虽然骑士比起上一节中的绅士身份还要高，但是骑士的后代并不一定是骑士。比如像 16 世纪前半叶的宫廷诗人加尔西拉索·德·拉·维加（Garcilaso de la Vega）那样在二十岁出头的时候进入骑士行列的人，也有像画家委拉斯开兹这类直到临死前才得到骑士称号的人。

那么成为骑士的最低条件是什么呢？一个良好的出身自然是必要的。良好的出身指的是没有混有犹太人的"不纯之血"，也就是说是如假包换的"自古以来的基督徒"。虽然 15 世纪的戏剧作家兼

骑士之图

诗人戈麦斯·曼里克（Gómez Manrique）曾经说过"神造的不是家世，而是人"，但正是因为骑士是与基督教息息相关的存在，所以"自古以来纯正的基督教徒"这个条件非常受到重视。桑丘·潘沙也说过"从以前开始我就是基督徒。有这个条件的话连成为伯爵都是够格的"（上卷第二十一章）。同样地，在塞万提斯的幕间剧《离婚法官》（*El juez de los divorcios*）中也出现过这样自负的语言："法官阁下，的确我是名乞丐。但是从以前开始我就是名基督徒哦。"然而，血统的纯正只是成为骑士的必要条件，并不是充分条件。

在上一节中我们已经确认过，绅士虽然等级较低，但也还属于贵族这个身份。而出身高贵并不代表能自动升格为骑士。根据《法典七章》可以得知，以前一千人中才有一人能被任命为骑士。15 世纪的军人兼文人迭戈·德·巴莱拉（Diego de Valera）曾经留下一句名句："国王虽然可以任命骑士，但无法任命绅士。"国王可以让特定家系的绅士晋升为骑士，但是以国王的职能却不能操控家系使平民成为绅士。这一句为我们道出了其中的真相。只是与此同时，经济上并不富裕的绅士也确实不能不羡慕那些能够确保自己都市中产阶级或者以上的社会位置，并且不需要通过自己劳动就可以从所拥有的土地得到收入来享受生活的骑士。作为西班牙民谣故事文学的创始人，唐·胡安·曼努埃尔（Don Juan Manuel，1282—1348 年）在《身份之书》（*Libro de los estados*）的第一卷第九十章中明言道，骑士的称号"不能给体面的绅士以外的任何人"。

虽然在出身上存在着诸多束缚的等级社会里并不是没有例外的事发生，但是考虑到当时的时代背景，这也是无可厚非的。16 世纪著名的文人路易斯·萨帕塔·德·查韦斯（Luis Zapata de Chaves）在其名作《杂录》（*Miscelanea*）中写道："出身良好就像是一种光，可以更加照亮身份高贵之人的善行，这也是为什么人们称出身低贱的人为暗处之人。"挑明了说，身份低下的人就算是做了善事，也会因其低贱的出身而无法发光。

家门与财力经常联系在一起，这是毋庸置疑的。"富人和穷人"的关系能够通过家门来解释清楚。号称是洛佩斯·德·乌贝达（López de Úbeda）所作的小说《流浪妇胡斯蒂娜》（*La pícara Justina*）与《堂吉诃德》的上卷同样在 1605 年出版发行，其中有这么一段："无论放眼西班牙还是全世界，也就只有两个家门。一个是富人，另一个则是穷人。"（第一卷第二章第一节）这个发言与《堂吉诃德》的下卷第二十章中的"我的祖母曾经说过，世界上只有富人与穷人这两个家门"这句完全一致。的确，在那个时代的西班牙，没有中产阶级，有的只是富人与穷人明显对立的两极。

　　然而疑问反而是在此之后。我们不得不问，与绅士相同，作为职业军人的使命被淡化后的骑士到底是什么职业的群体，到底以什么为根据来辨别骑士呢？生在墨西哥而在西班牙大展身手的戏剧家胡安·路易斯·德·阿拉尔孔·伊·门多萨（Juan Ruiz de Alarcón y Mendoza，1580？—1639 年）在其代表作《可疑的事实》（*La verdad sospechosa*）中有过这样一段对白："加西亚啊，你可是骑士否？/ 我自认为是您的嫡出子弟。/ 你为了成为骑士单单是我的儿子就够了吗？/ 我是这么认为的。/ 这是多么错误的想法啊！只有当你的举止开始像骑士一样，这时你才是骑士。"（第二幕第九场）

　　如此看来，骑士就必须是行为的发起者。像堂吉诃德那样终日沉浸于读书，作为骑士是不合格的。只有文武双全才配称有骑士的模样。他们必须为自己的主公效尽忠心，品行端正而不失威严，无论何时都不能失去自制力。关于这部分，在中世纪西班牙，作为神秘主义神学家而被人熟知的拉蒙·卢利（Ramón Llull）的著作《骑士道之书》（*Llibre de l'orde de cavalleria*）中有一颇为有趣的指摘，"骑士的任务是守护神圣的天主的教诲"（第二部第一章），再加上守护主公（同第八章）、守护正义（同第九章），还有帮助寡妇、孤儿和有难之人（同第十九章）。骑士是实实在在的正义之化身。

　　如果仅仅是正义的伙伴或者是弱者的伙伴，就算不是骑士也能够做到。但问题的关键在于基督教。上文中提到的散文作家唐·胡安·曼努埃尔在他的作品《骑士与准骑士之书》（*Libro del caballero y del escudero*）＊中提到，为了维持一颗骑士之心，拥有神的恩宠、

　　＊　国内翻译该书名为《骑士与盾矛手》（参见陈众议编：《西班牙与西班牙语美洲文学通史 2：黄金世纪》，译林出版社，2018 年），日文则翻为《骑士与准骑士之书》，分歧所在的单词 escudero 指的是骑士的持盾随从。但该书的内容主要是讲一位青年盾矛手成长为骑士的故事，故本书译者倾向采用日语的准骑士一词，认为更能表达主题。——译者注

聪慧和知耻之心是必要的（第十九章）。更无须等待《法典七章》（第二部第二十一条第四项）的指摘，身为骑士，必须有着毅然守护正义的态度，同时还要具备慎重、谦虚礼貌和尊崇名誉的内心。塞万提斯自己也特别强调谦虚谨慎和道德品性。以"真正的高尚在于德性"（上卷第三十六章）为首，在下卷第六章中也再三强调了骑士该具有的品德。就算是陷入经济上的困难，身为骑士之人也必须保持以道德品性为重，并关怀他人的精神（下卷第十七章）。出自巴尔塔萨·葛拉西安（Baltasar Gracián）之手的哲学性长篇小说《评论之书》（*El Criticón*）用含蓄的语言写道："名誉是道德品性的影子。追逐品德却无法追上，从找寻名誉的人们那里逃走，反而寻求疏远之人。"（第二部第十一条）

古铁雷斯·迭斯·德·加梅斯（Gutierre Díez de Games）的《堂佩洛尼诺的年代记》中写道，为了成为杰出的骑士，必须"谨慎小心，谦虚礼貌，有可靠的判断力，温厚老实明事理，腕力有劲且勇敢，再加上对神的深厚的信仰，对圣光投以期望（中略），并持有一颗关怀他人的慈爱之心"。

这样看来，要想成为真正的骑士，在注重基督教伦理的同时，还必须文武双全才行这点也就愈发明朗。有关这部分，塞万提斯在文学上的死对头，大戏剧作家洛佩·费利克斯·德·维加·卡尔皮奥（Lope Félix de Vega Carpio，1562—1635 年）的作品《如何成为贵族》（*Los nobles cómo han de ser*）中的一节非常准确地把握住了这个要点。"对待谨慎之人要格外小心 / 对待傲慢之人要态度坚决 / 对待贫穷之人要温柔体贴 / 拥有一颗怜悯之心。"（第三幕）

就像之前提到的一样，骑士不同于绅士，只有经过规定的手续后才第一次得到此资格。根据《法典七章》（第二部第二十一条第十一项），具备任命骑士资格的人必须拥有骑士身份，或者是曾经拥有活跃的骑士经验而现在处于教导骑士的地位的男性。哪怕是女王，只要是身为女性就无法任命骑士。而就算是男性，若是神职者或者 14 岁以下的人也没有任命他人为骑士的资格。

那么作为本书重要人物的堂吉诃德又是什么情况呢？对堂吉诃德的侄女来说，她叔父最大的疯癫就在于，明明没有得到过骑士封号却自认为骑士。而且作为读骑士小说上瘾的绅士，偏偏要作为"周游的骑士"出去冒险。在 15 世纪的西班牙，足迹遍布诸国的周游骑士的存在是为人所知的，但是在塞万提斯的时代，也就是 16 世纪中叶以后，这却是一种非常离谱的时代错误。

没有接受过骑士正式认定的堂吉诃德也无法完全舍弃自己的内疚。形式主义的他让旅馆的老板为自己主持了授予仪式。这也难怪，本来就没有资格的堂吉诃德去拜托同样没有资格的老板。正常的仪式虽然不都是固定的，但是粗略解释的话大致可分为以下的流程：在认定仪式的前夜，骑士候选人要彻夜在教会献上自己的祈祷，在第二天一早的弥撒上拜领圣体。接着穿上除了头部以外的武器防具，走到授予称号的骑士面前表明自己成为骑士的意愿。负责授予的骑士给候选人的脚上穿上骑马用的马刺，然后在其腰上别上剑。志愿者以手执剑，宣誓为了信仰、主人、国家不惜一死。之后就迎来了仪式的高潮，即负责授予的骑士象征性地用刀背击打志愿者的脖子或肩膀。

在堂吉诃德的时代，周游各地的骑士实际上是不存在的。自古以来的骑士精神也日渐淡薄，这意味着，至少从理论上来说，崇高的精神在消失，与世间诸恶做斗争的有志之士也消失了。正因为如此，堂吉诃德才有成为真正的骑士的必要。为了扶正同时代的不义，时代错误是必不可少的。虽然墨西哥的现代诗人奥克塔维奥·帕斯（Octavio Paz）曾说过"如果我们想要用眼睛来了解事物的真相的话，那么就必须做好发狂的觉悟"，但用眼睛，并且尝试用心眼来了解现实的堂吉诃德却早已奋进在发狂的王道上了。虽说是假的，但是从内心里已经完全成为骑士的堂吉诃德，就算是在作品的最终篇死去，也是在完成了发扬高尚的骑士精神这一重大使命之后死去的。骑士的授予仪式上象征性的刀背打击所带来的疼痛，不仅仅对堂吉诃德本人，难道不也是作为读者的我们必须体会到的疼痛吗？

流浪汉

菲利普二世时代（1556—1598 年在位）的西班牙被人们称为"日不落之国"。披着这类标语的事物往往会把复杂的东西过于简单化，反而招来误解，这是古今中外都不可避免的。确实，自从新大陆发现以来，流入西班牙的庞大财富是非常重要的一面。但是在西班牙国库里有着不输前者规模的债务和赤字，并且收支处于一种相当窘迫的情况。更何况，有太阳照耀得到的地方，自然就有阴影之处。随着光芒愈发耀眼，阴影的密度也会随之加深。加上就算是日不落，但是随着太阳从中天往西边倾斜，影子的面积也会随之扩大。

在西班牙被誉为文化的"黄金时代"的那个时期，乞丐或流浪汉的数量也迅速增加。虽然并没有实施过严格意义上的国情调查，实际上的精确数据我们不得而知，但是在菲利普二世晚年，也就是16世纪末的西班牙，大约有15万的流浪汉存在（根据其他历史学家的话，在16世纪中叶就已经达到了这个数字）。他们是一个抱有与骑士们胸怀的崇高理想完全相反的想法的巨大集团，并且无法取得内部的统一，是以个人主义和随意随性为信条的群体。就是这样的集团集结到了西班牙的都市。

正好有一份能够了解那时的西班牙内部情况的文献。那就是佩德罗·费尔南德·拿巴雷特（Pedro Fernandez Navarrete）所著的《护国论》（*Conservacion de monarquias*，1626年初版）。此书中有以下一节："有些人以自己是贵族这件事作为理由，甚至有些人以乞丐作为自己的伪装，大部分的西班牙人都无所事事。马德里的大道上充满了懒汉和流浪汉，要么整日沉溺于卡牌游戏，要么整日在观察能够让他们到修道院去饱餐一顿或者适合上门抢劫的时机。这些映入眼帘的情景真是堪忧。过着这类懒散生活的人并不只是男性，各地的广场上也遍布邋遢散漫的女性。这些家伙的恶习让这都城堕落的光景实在是让人无法漠视。"（第九讲）

如果只是单单流浪汉或乞丐数量增加的话，还可以把这类社会现象归咎于政治经济实力下降。但是西班牙的情况出现了一种单靠前者无法说清的文化现象，也就是一种被放大了的精神结构上的问题。我们现在用流浪汉来称呼这类生活在社会底层的人们。1613年出版的塞万提斯的由十二篇小说组成的《训诫小说集》（*Novelas ejemplares*）中的一篇《鼎鼎大名的洗盘子姑娘》（La ilustre fregona）有这么一段："不干净又肥胖、浑身油光、名不副实、身无分文，身体的不便也只是显露出来的外表而已，（中略）统一被人们用流浪汉来称呼的一群乌合之众！"

从塞万提斯的这句台词中也可以想象到，当时特别是文学作品中频频出现的流浪汉的本质绝非如此单纯。虽然 Picaro 可以被译为流浪汉、恶人、无赖，但以上这些都只是他们的本质的一面而已。因为他们并不是以偷窃或者强盗为生，也不会强暴妇女或找身边路过的人们的茬，倒不如说他们充满了人情味和幽默感。就算是偷盗，也只在实在是耐不住饥饿的时候才从他人那儿取走所需的最少量的东西。既然目的仅仅为此，那么与暗杀等事件基本上是无缘的。虽然违背社会道德，但也与骑士唐璜那种享受着违背社会道德而得到快感是相反的。

貌似是与流浪汉（Picaro）的特性相吻合，Picaro 的语源也一直无法确定下来。其由来从古罗马人在贩卖俘虏来的敌人奴隶时，捆绑奴隶时被插在地面上的矛（Pica）一说，到西班牙的军人受到法国北部皮卡第地方的军人恶习影响之类的，或是与同地方的恶性移民流入西班牙有关，或是与阿拉伯语的"早起""虚伪""流浪者"的发音走形有关，或是与波西米亚地方的流浪的贝格派民众（Beghards）有关，或是与在中世纪的佛兰德创始的贝居安修道会的名称相关，或是与比较容易和"懒汉"形象挂钩有关，或是与西班牙语中有着啄的意思的"Picar"有关，毕竟流浪汉是拣食从他人那儿偷来的食物，等等。过去的大约二十年间，虽然对西班牙的流浪汉，或者活灵活现描写流浪汉们的生活的流浪汉文学的研究有着卓越的进展，但是我们还是无法完全确定语源。流浪汉文学的代表作之一《小癞子》的作者也不详。居无定所的流浪汉的那种让人捉摸不透的地方是非常有魅力的。

在西班牙日渐衰落的经济中，那些厌倦了为体面而奔波于社会的人，随着新大陆的发现而一获千金的幻想早已破灭。流浪汉们反对那些为了名誉和体面而费神的"英雄主义"，他们在行动的时候以自发的素朴想法为自己的准则。在遇到逆境时，他们不是依靠那种不屈的精神，而是以一种黑色幽默的超然态度来面对。既然无法独立生存，那么就到都市里来像寄生虫似的，待在那些有钱人的身边度过每日。他们无论到何时也积攒不起自己的财产，也无法成为一流的小偷，但在每个深夜里也会喝着小酒。

有趣的是，无法适应经济上开始崩坏的西班牙的社会流浪汉们，在 1570 年的时候开始激增。他们不再是单纯的流浪汉，反而开始通过文学作品频繁被人们注意，并且流浪汉式的想法甚至还波及了社会上层。另一件有趣的事实是，像这样的流浪汉形象在西班牙是通过文学，但是在法国、意大利、德国等地反而是通过绘画来描写的。在西班牙，流浪汉们也不只是被愚弄的存在，愚弄他们反而是在嘲笑西班牙，只要一步走错就会不自觉地陷入危险的自我否定。

流浪汉形象（《小癞子》1554 年埃纳雷斯堡版本）

连在 20 世纪的西班牙研究中留下不朽成果的法国大学者马塞尔·巴塔永（Marcel Bataillon, 1896—1977 年）都说："从 16 世纪后半叶开始，西班牙社会自上而下完全陷入了流浪汉式精神。"这并不夸张，因为流浪汉式精神并不只是社会底层的人们的想法，而是成了当时暗示西班牙人的一种人生哲学。在 1620 年出版的胡安·德·路娜（Juan de Luna，约 1575—1645 年）的《小癞子》第二部中有这么一段："如果让我说实话，流浪汉们的人生那才是人生，其他的活法根本不值人生这个名字。如果有钱人也想要尝尝（指流浪汉式的生活方式），那就以抛弃自己的财产作为交换吧。"（第八章）看起来流浪汉式的生活方式是如此自由散漫。与塞万提斯同一年（1547）出生的小说家马特奥·阿勒曼（Mateo Aleman）也在其杰作《古斯曼·德·阿尔法拉切》（*Guzman de Alfarache*）中一边指点一边赞美流浪汉式的生活方式："命令和威严都是无用的。名誉什么的既不想要也不想看见。我的朋友古斯曼呀，保持你自己原本的样子就好了。（中略）不要去无法给予自由的地方，不要靠近那些给你恐怖回忆的地方。（中略）只吃刚刚够生存的量的食物。这些以外的东西都是无用无聊之物。有钱人不会因为这就活，贫穷的人也不会因此而死。倒不如说，各种各样的东西吃多了也就和疾病一样了。"（前篇第二卷第四章）

但是，对这类近似于拥有自暴自弃的人生观的乞丐或者是随意就把他人之物占为己有的痞子来说，不太像是能与真正的"随心所欲的生活"挂上钩的。奢求倒不敢说，流浪汉们也是乐观地忍过空腹的饥饿感。这样做的结果就是，假设他们要去找工作，也只会像作为他们的典型的小癞子一样找到个适合的主人来确保自己的食粮。具备活跃在公元 1 世纪的科尔多瓦出生的哲学家塞内卡那般的禁欲主义的流浪汉们，就算是有时遭遇吝啬的主人的欺凌而忍受饥饿，也会因为预想到更换主人后也许会受到更不公的对待而忍耐现状。还有，我们千万不能忽视，流浪汉对主人的那种"侍奉"是和骑士那种发誓献上爱与忠诚，从宫廷恋爱的立场出发对贵妇人的那种"侍奉"是完全相反的。

那么面对这类遍地都是衣衫不整、肮脏的流浪汉的情况，西班牙当局难道表示默认了吗？当开始调查研究这类情况后，我们发现呈现在眼前的事态是非常复杂的。1545 年，政府在北方三都市（萨莫拉、萨拉曼卡、巴利亚多利德）开始对各城镇的贫民进行登记，并发布了积极保护这类贫民的法令。在法令中特别给予盲人优待。二十年后，国王菲利普二世命令教会的各教区制作失去劳动能力者的名单，登记者可以凭借记载此类信息的证书得到在指定区域内乞讨的资格。当然，有许多流浪汉是没有经过正式手续的，这是非常容易就可以猜想到的。到了 17 世纪，西班牙全国神职者和修道院的数量激增，作为基督教的功德去施舍那些不幸之人这件事被大力推广。附带一提，根据国王菲利普四世（1621—1665 年在位）身边的侍从记录，在当时的西班牙有将近 20 万的神职人员和 9088 座男子修道院。

面对流浪或贫困，虽说谈不上鼓励，但是给予宽容的态度这点就值得我们关注。但是如此一来，就开始出现一些乘着此社会氛围而图求好处之辈。在 16 世纪下半叶，菲利普二世虽然制定了保护因为身体残疾而无法就业的人的法律，但是该法的弊端是无法忽视的。直到 1605 年，也就是《堂吉诃德》前篇出版的同一年，北方城市巴利亚多利德颁布了驱赶全部流浪汉的法令。该法令的内容为："十岁以上的可以就业的健康男女都不可乞讨。本法令公布两周以内无职者，受鞭刑百次，并且男子判以四年的囚船之刑，女子则是罚以流放。"但是该法的实施却不如预期，收效甚微。仅仅四年后，就又一次出台更加残酷严格的取缔法案，即在他们的手腕或背上烙上烧印。流浪汉（Vagabundo）就烙上 V，小偷（Labrón）则烙上 L，像这样烙上各式的首位大写字母。顺带一说，在 1590 年瑞士的弗莱厄埃姆特，为了区分当地的拥有乞讨资格的乞丐与外来的无资格乞丐，当局会给前者颁发相对应的证明书让其挂在脖子上。

就算到了 17 世纪下半叶，流浪汉的苦难还在持续。在 1675 年，将流浪汉赶出主要街道和广场的通知传达到了各市市长的手中。三年后的马德里，除了流浪汉不在三日内离去就要被投入监狱以外，从地方来的民众也要在第二天向当局传达自己的来意，旅馆方面也同样被要求必须报告外来者住宿的情况，如果有人疏忽怠慢，则会处以一年的流放之刑。在 1692 年，马德里出台法令，命令流浪汉在进入军队服务和被流放到异教徒所在的非洲这两个选项中选择。在 1699 年也出台了大同小异的法案。

虽说法令的内容十分严厉，但是从频繁颁发这类打压的法令可以看出效果不佳。就像之前提到的那样，这也意味着在西班牙弥漫着一股精神风貌，那就是从根本上默认或者肯定流浪汉的生活方式。而这件事实才是使流浪汉小说这类独特的文学体裁在西班牙开花结果的土壤，并且这类不文雅的小说所散发出来的能量，最终给予了以法兰西为首的其他欧洲诸国的文学巨大冲击。

希求绅士或骑士的远大精神的塞万提斯，不仅仅在《堂吉诃德》中让流浪汉们登场，在他先前引用过的《鼎鼎大名的洗盘子姑娘》之外，也在以《林孔内特和科尔塔迪略》（*Rinconete y*

Cortadillo）为首的短篇小说中积极描述流浪汉和其世界的氛围，引用具体的流浪汉小说，并对其文学价值作出评价。如果能够持续拥有远大的精神、强硬的意志是人类独有的话，那么看透这有点偏见的社会，并活出自己的模样的，也是因为存在坚定的意志，也是真正的人类的行为。现代哲学家奥特加有这么一句话，被认为漂亮地点出了流浪汉们虽然维持着顽强的生命力，却不知如何有效发挥其能量的特点，那就是流浪汉有着"在弓中却忘记了自己的靶子的箭一般的灵魂"。

大学生

西班牙自古以来就有大学。据记载，北方的小镇帕伦西亚（并不是那个东海岸有名的巴伦西亚）在 1212 年左右就曾经创立了一个拥有神学、教会法、伦理学、语法四个讲座的小规模大学，但是办学并没有持续多久。西班牙现存最古老的大学是萨拉曼卡大学。当然，因为创办大学需要很多步骤，至于具体在哪一年我们可以正式认为大学的功能开始运作，这严格来讲无法确定，但是一般推定为 1218 年或者第二年的年初。该大学更是分别在 1248 年和 1255 年得到阿方索十世和罗马教廷的正式认定，这意味着大学得到了颁发学位给毕业学生的资格。

历代西班牙王室的鼎力支持是萨拉曼卡大学发展成为与巴黎、牛津、博洛尼亚诸大学齐名的著名综合大学的合理理由之一。雕刻在该大学的著名建筑物主立面上的希腊语句子"双王为大学，大学为双王"为我们强有力地展示了其与"天主教双王"（伊莎贝拉一世和费尔南多二世）的密切关系。除此之外，还有 1534 年的卡洛斯一世（神圣罗马帝国皇帝查理五世，1516—1556 年在位）以访问大学为契机增加了大学补助金，1543 年菲利普二世也在该大学举行结婚仪式等具有象征性的事件。

在此之后隔了一阵，西班牙的大学数量开始迅速增加。继塞维利亚大学和现在的马德里康普斯顿大学的前身埃纳雷斯堡大学（Universitas Complutensis）*在 16 世纪初建校以来，北方的巴利亚多利德、南部的格拉纳达等也相继创立大学。到了 17 世纪初，冠有大学头衔的机构就有 33 所之多。但是学生还是大多聚集到以"任何学问的教育都是第一的萨拉曼卡"（Omnium scientiarum princeps Salmantica docet）为口号的萨拉曼卡大学。虽然一部分可以说是因为萨拉曼卡的物价较埃纳雷斯堡和巴利亚多利德便宜，但总体来说还是因为其综合学术水平的突出。

大学讲课情景

---

* 埃纳雷斯堡的拉丁语为 Complutensis。——译者注

那么，学生人数有多少呢？关于萨拉曼卡大学的在校生人数，最老的是 1546 年到 1547 年的记录（塞万提斯是 1547 年生），留给我们 5150 人这样一个数字。五年后是 5856 人，再往后十五年则有 7832 人在籍。我们不得不注意到人数超越 5000 这件事情。因为 1920 年的牛津大学的在籍人数是 4651 人，同一年的剑桥大学是 5733 人。

在籍人数不一定与实际学生人数相一致。这是因为那些贵族学生为了得到学生的特权和优惠，会把他们的同伴甚至连下榻处的店主都算作学生一同报名。再加上从其他的资料中可以得知，1566 年的萨拉曼卡大学在校生人数为 14000，数据完全不同。在作者不详的短篇小说《虚伪的伯母》（*La tía fingida*）中有这么一小节，在当时的萨拉曼卡"一万到一万两千的学生边求学边住着呢。年轻又喜欢恶作剧，还很莽撞。秉性很随意也温顺，还好女色。虽说大把大把工地花钱，但是头脑可敏锐了。是群调皮但是很有趣的人"。另一方面，埃纳雷斯堡大学虽说是 16 世纪初设立的（特征是没有法学系*），但在当地出生的塞万提斯的《训诫小说集》中的一篇题为《狗的对话》（*El coloquio de los perros*）的小说中说到"那年在该大学里学习的五千人中，有两千人是医学系的学生"。可以得知在塞万提斯的时代，大学生的"量产"就已经开始了。

在塞万提斯的时代，九成的大学升学者都是来自人口大于 5000 人的城镇，从小村落里出来的考大学的年轻人屈指可数。17 世纪末的马德里每年有约 500 人升学，但是这也只不过是当时适龄年轻人口的 3%—4% 左右。这向我们展示了当时的大学还只是少数人的大学。入学年龄平均是 18 岁，但是详细调查后会发现根据时代或专

---

* 在当时，法学系是人气科系。——译者注

业不同而有所变化。比如说，埃纳雷斯堡大学的文艺系在1550年入学的学生平均年龄是20.7岁，但是到了1771年该系的入学学生平均年龄下降到了17.6岁，教会法的专业课程学生在1550年时是平均24岁，1770年变为18岁，有年轻化的趋势。教学安排大致与现在的欧美诸国的大学相同，秋季开学。大约是在圣路加的纪念日（10月18日）的时候始业，洗礼约翰的纪念日（6月24日）时结业。星期四是不开课的，按照习惯，在这天学生要拜访教授、教区司祭、修道院长等人，请教他们的意见。

萨拉曼卡大学的教室

16、17世纪的西班牙文学中其实有大量的大学生登场，在刚刚提到的《虚伪的伯母》里也是如此。而在大部分情况下，学生都是非常贫困的，是吃霸王餐、喝霸王酒的惯犯，也就是在一种流浪汉的延长线上的气氛中被给予相当消极的描写。的确，大量学生不勤于学业，歌颂度过毫无责任心的每天的学生也不在少数，这是无可动摇的事实。16 世纪后半叶编写的塞巴斯蒂安·德·俄洛斯克（Sebastián de Horozco）的《谚语集成》（*Teatro universal de proverbios*）批评萨拉曼卡大学的学生们"半夜在外面溜达、逛窑子、睡觉、醉酒、嬉戏等等，把时间都花在这些愚蠢的事上"（第1485 句）。

欺负大学新生就是恶名远扬的"蠢事"。试举文豪弗兰西斯科·德·戈维多（Francisco de Quevedo）的流浪汉小说《欺诈犯》（*Historia de la vida del Buscón, llamado Don Pablos*，1626 年）中的一例来看。当从萨拉曼卡来的新生在宿舍醒来时，同宿舍的学长们一拥而上，要求上缴 24 雷亚尔。老老实实交完钱后，学长们齐声说道："同伴万岁！你终于加入我们了！祝你分享我们的特权，时而患上疥癣，时而扮相贫酸，和大伙一样一起享受空腹的滋味吧！"（第一部第五章）24 雷亚尔算是很大一笔钱了。这么说是因为在 1584 年结婚的塞万提斯曾经短暂作为食粮筹办官在无敌舰队上服役，而那时他的日薪只有 12 雷亚尔。1617 年出版的苏亚雷斯·德·菲格罗阿（Cristóbal Suárez de Figueroa）的小说《旅人》（*El pasajero*）里的医生的收入为一日平均 20—30 雷亚尔，这个金额"对照一家子的支出来说不算差的"（第三章）。不管如何，没有任何关系的学长们从穷酸学生那里收走一大笔钱这件事，只能说是性质恶劣。作者不详的幕间短剧《看热闹的人们》（*Los mirones*）甚至谴责其为"学生们会做的事是连恶魔都不敢去做的"，但这也是情有可原的。

16 世纪中叶开始，西班牙大学生的基础学习能力似乎开始全方面地下降。甚至连国王查理一世强调的"作为所有学问的出发点"的拉丁语也理解不了的学生大量增加。国王对此现状表示叹息，极不情愿地下令在萨拉曼卡市设立拉丁语教育专门学校。

与如此令人叹息的现状不同的是，年轻人对那乍看上去充满了华丽氛围的大学可是充满了憧憬。在之前有关流浪汉的那节中引用过的马特奥·阿勒曼的《古斯曼·德·阿尔法拉切》中的主人公，在他终于在埃纳雷斯堡大学开始神学的学习时，过分激动而嘶喊道："如此的自由是要在何处才能享受？如此让人平静的活法又有谁能够享受呢？（中略）既有同样热心于学业的好学之士，也有不少学业落后的伙伴。（中略）又有哪些地方的诸多文艺、医学还有神学的研究都是如此的繁盛呢？"（下卷"1604 年"第三书第四章）

但是，对于实际上的西班牙的大学生真的能一边不顾学业，一边讴歌着玫瑰色般的青春这件事，是要大打问号的。不务正业的大学生形象，有着较多继承了自古以来流传的民间故事的叙述法修辞的一面，再加上实际生活中有许多监督大学生们的严格条款，所以他们似乎没有太多机会来作恶。我们实际来看一下 1538 年 7 月 5 日在萨拉曼卡公布的寄宿规定，可以发现，10 月 1 号到 3 月 1 号期间的门禁在晚上 7 点，没有正当的理由错过了门禁就会被直接关在外面。如果在外过夜的次数超过三次，那么寄宿的管理员就必须向校方报告此情况。在早上和傍晚都会查房，检查学生的出席和学习的情况。禁止在宿舍玩卡牌和骰子。如果再加上其他规矩的话，倒不如说有些同情那些古时被各种规矩束缚的西班牙大学生。文学作品中尽情享受着自由的大学生形象，反而可以理解为对严峻现实的一种反抗。

在经济上，许多大学生也非常拮据。虽说也有那些带着 20 名仆人（包括厨师在内）一起入学萨拉曼卡，上下学都是骑马的权贵子弟，但对于经济上困难的学生来说，他们不得不从事有产阶级学生们的男佣或为小酒馆打杂这些工作。把巴洛克戏剧升华到顶点的佩德罗·卡尔德隆·德·拉·巴尔卡（Pedro Calderón de la Barca，1600—1681年）曾经在萨拉曼卡大学学习教会法，但是因为未缴纳住宿费等而被开除学籍，甚至还有被关进大学的牢狱的经验。

就算能够顺利地升级，在得到硕士学位之前，还有恐怖的结业考试在等着他们。并不因为全是难题，或者要考上好几个小时才让人觉得恐怖。还因为结业考试要花费大量的经费。近年，出版了一本关于1529年的萨拉曼卡大学学校事务的著作，其中第五十二条规定，想得到硕士学位的人，除了有义务请负责结业考试的博士和教师吃全套料理以外，还得献上三只鸡等各类物品，如果怠慢了，那么他的结业证书颁发就要自动延期到下一年。

仅仅是硕士就是如此程度的话，那么可想而知要取得博士学位，经济上要有多么庞大的花费。把手放在《圣经》上，用拉丁文朗读《新约》中以"太初有道"开始的《约翰福音》开头部分，作为由教会来执行的学位授予仪式的高潮。他们要包现金给出席仪式的全体教授和神父们作为礼物，还得到比自己早拿到学位的前辈们家中拜访，按习俗送上手套、砂糖和鸡表达敬意。还得自掏腰包来举办庆祝的斗牛活动，杀死十头牛才行（别的资料中说最少要五头）。而且得发放糖果点心给观看斗牛的观众们，晚饭也必须招待众人才行。

在这里举一个比较有象征性的例子。1600年6月30日，加尔默罗会的神父佩德罗·科尔内霍（Pedro Cornejo）在菲利普三世夫妇的出席之下诚惶诚恐地被授予神学博士称号，神父甚至还要给国王夫妇献上手套和心意。为了减轻此仪式的负担，几个学生一起来办授予仪式的例子也有，但是这样的小伎俩是节约不了多少经费的。这种仪式从 15 世纪一直持续到 18 世纪中叶。作为学生，为了达到学问的巅峰，必须得越过收集资金这个"龙门"。有数不尽的学生因为无法达成这项任务而被迫放弃了自己的学业。

如果单单这样来看，也许会认为当时的西班牙大学是非常不合理的，但是也不能不提其非常令人意外的一面。那就是西班牙大学中有关女性的问题。在 1500 年左右，就有几位女性教授站在萨拉曼卡大学的讲坛上，这在当时也是一个令人十分惊异的事实。在该女性教授层中，就有撰写了近代欧洲语言最早的语法书的安东尼奥·德·内夫利哈（Antonio de Nebrija）的女儿。在萨拉曼卡大学，女学生和男学生同席一起上课也是被允许的。考虑到当时的时代背景，像这样的男女同校是不可能不被批判的。更何况由女性教师来教男性学生这件事，被认为会诱发男性的女性化而被极度地警戒。最终，到了 17、18 世纪之间，在大都市的男女共学制度渐渐被废除了。但是，从中世纪到文艺复兴的过渡期里，西班牙曾经出现过一个时代打算具体地废除在学术层面上的女性歧视，这个事实是值得我们去关注的。

修　女

西班牙是天主教国家，这不用多说。在塞万提斯的时代，西班牙成为对抗宗教改革的一大牙城，遵守正统基督教的氛围也愈发高涨。不只是有杰出的神父，还有以作为神秘主义者为人所知的亚维拉的德拉（1515—1582 年）为首的众多修女登场。但是调查实际情况的话，就会发现当时的修女们也并不一定完全带着虔诚的宗教色彩。那么让我们以偏离原来的修道生活的西班牙女性为起点，探寻女子修道院的实情。

首先有关修女的实际数量，由于存在着各种说法，所以非常难以确定。在 1591 年，有过一次有名的国情调查，根据该调查，卡斯蒂亚地区有在俗司铎 30308 人，修士 20697 人，修女 20396 人。虽说需要注意数据误差，但是相比于该地区 1282150 人的总人口来说，有相当多的修女这件事应该是可以确定的。

在 16、17 世纪的西班牙，究竟是有怎样的理由才导致这么多女性加入修道院？当然一味地发誓皈依上帝这肯定是第一重要的理由，但是因为一些意想不到之事而皈依修道院的女性也不在少数。

比如说存在经济负担的家庭，也会考虑到过于沉重的继承税反而会导致女儿吃苦而把爱女送往修道院的家庭。养有不止一个女儿，却只出得起一份嫁妆，所以不得已采取相同措施的人家也有。对于经济上不富裕的贵族来说，情况就非常复杂和严重了。把女儿嫁入正统名门的贵族家在当时是十分常见的做法，但是出于经济上的情况而不被允许的话，那么他们为了保全体面会选择把女儿送入修道院。"贫穷的骑士在遇到这类情况时，如果品位和财力无法满足要求，那么为了不玷污自己的血统，就会把未到年龄的女儿贡献到修道院去"，这是佩德罗·卡尔德隆·德·拉·巴尔卡的作品，曾经给予加缪等人诸多影响的《十字架的奉献》（*La devoción de la cruz*）第一幕中出现的台词。

也存在经济上的贫穷之外的原因。索尔·马塞拉·德·圣·菲利克斯（Sor Marcela de San Félix）是大剧作家洛佩·德·维加跟女演员米卡耶拉所生的私生子，像这类私生子或者未亡人被世人发现后最终被送入修道院的例子也不在少数。在卡尔德隆的名作《萨拉美亚的村长》（*El alcalde de Zalamea*）中登场的富农女儿伊萨贝尔因为被军人强奸而失去了贞洁，于是放弃了结婚这个念头，哭泣着去了修道院。

虽然有以上的例子，但是在当时修女的社会地位被认为比过着普通的社会生活的未婚女性来得高。出于这些从现代的眼光来看可能会感到些许不解的理由而步入修道院的女性源源不绝。就算是已婚女性，但是出于诸多原因而无法过社会生活，或者丈夫长期离家等等情况下选择进入修道院的例子也是存在的。也有为了让女儿能够接受严厉的道德教育，而把年幼的女儿送入修道院直到适龄期的父母。特别是在亲戚里已经有人成为修女的情况下，这样的例子格外多。不管在什么情况下，实际的理由和注重面子的气氛总是互相交错在一起。

像以上这些皈依修道院却与虔诚的信仰没有直接联系的例子，在这里也不需要我们再次点明了。在了解此前提的基础上，著名的特伦托会议（1545—1563 年）发布了一个非常有趣的决议。内容主要是，不论男女，未满 16 岁的人，没有身着修道服在修道院度过整整一年，他们的修道誓言是不被认可的（第二十五部第十五章）。再加上在 1589 年教皇西斯都五世（1585—1590 年在位）发布了一项规定，不可以过度把俗人妇女招入修道院。只是，和前者的大公会议的决议一样，后者的规定也没得到彻底的执行。

方才虽然指出，为了缓和家庭的经济状况而进入修道院的女性不在少数，但是其实在这里存在着一些矛盾。这是因为根据修道院的规定，需要上缴法外的"所持金"。金额有时会超过 500 杜卡多（1 杜卡多是之前曾经提到的货币单位雷亚尔的十一倍）。在作为哥特式城市而为人所知的布尔戈斯，为了进入该地的本笃会的拉斯乌尔加斯修道院（Las Huelgas），除了高额的所持金以外，还得缴纳伙食费和蜡烛费等必要的经费。在 1573 年成功成为该修道院一员的玛格丽塔·德·卡塔赫纳的所持金，据说超过了 1000 杜卡多。即使如此，该修道院因为在修道院内的设备或者艺术品上有着大量的花费，所以维持管理也非常困难。原来两百人左右的修女规模被逐渐缩小，到了 1654 年就只剩下了 30 人。除了像卡拉特瓦拉的修道院那样要求的所持金以外，有时还需要有贵族证明。

到了 16 世纪后期，奢侈的修女开始登上舞台。她们随身携带照顾起居的侍女或者奴隶一起加入修道院。生活起居也是在自己的单间，饮食也和其他的修女分开吃。这个现象在熙笃会十分常见，到了 17 世纪则愈发传播开来，在本笃会也开始出现。17 世纪后期在西班牙旅游过的法国的德诺阿伯爵夫人在其珍贵的旅行记中这样记载，"这些女性们的住所实在是壮观，由多个房间组成，家具日用品也非常美观，如同自己的住宅一样。收入也颇为丰盛，每人都拥有三四位侍女"。如此的话，这到底是修道院还是高级住宅，实在是让人容易混淆。

但无法依靠所持金，经济情况也非常拮据的修道院数量也是相当的多。寻求王室或者市政府的援助，或者尝试提高所持金的金额，或者让修女倾尽全力从事手工业来渡过经营难关的修道院也绝非少数。

喜好黑色幽默的西班牙文学经常提起的是修女们的世俗性。既然有着对宗教不够热情的修女，那么俗世这边也不可能放任不管。男子们就经常往修道院的见面室跑，越过铁栏杆享受着与自己心仪的修女谈笑的风景时而可见。文豪戈维多称呼这类接近修女的男生为"庄严的恋人"（《欺诈犯》[*Historia de la vida del buscón don Pablos*] 第二部第八章），同时期的巴洛克诗人路易斯·德·贡戈拉（Luis de Góngora y Argote，1561—1627 年）在 1608 年时，写过题为《致两位对修女虔诚，行走于多数修道院的男子》的诗。马特奥·阿勒曼的《古斯曼·德·阿尔法拉切》中曾描写了一位萨拉曼卡的知名教授爱上美人修女并时常往修道院跑的情景（下卷第二书第二章）。在作者不详的一首诗中也有这么一段："冰冷的铁栅栏中是炽热的火焰（中略）甘美的错综，卑鄙的想法，这才是'虔诚'……"

如果这些都是事实的话，那么教会高层是不可能会默认的。作为耶稣会的司铎，阿隆索·德·安德拉德（Alonso de Andrade）在 1642 年到 1644 年之间写了由两卷组成的有关精神修业的重要作品《美德的导引与模仿圣母之书》（*Libro de la guía de la virtud, y de la imitación de Nuestra Señora*）。在书中，他详细描写了修女与异性交往的实际情况之后，严厉地谴责了这一现象（第二卷第六书第十九章以下）。书中也记载着某修女与萨拉曼卡大学的学生在修道院的圣域内频繁地密会，结果被人们发现后，该男大学生在 1571 年受到两次鞭刑后被殴打致死此类颇为有趣的事例（同书第二十三章）。在 1635 年也有这样的记录，某修女为了追求黄昏恋与人私奔结果被逮捕，该修女被判以终身监禁，而下级贵族的男性则被施以斩首之刑。甚至有文学作品描写男性失去耐心，而尝试诱拐自己心仪的修女的场面。前面提到的卡尔德隆的作品中的主人公也这样说道：

"我要去袭击把她关起来的修道院 / 不管有多重的刑罚都不会畏缩 / 为了把那份美丽占为己有 / 就是这样的爱情在驱使着我 / 用暴力去诉求 / 去摧毁走廊 / 然后去侵犯圣域"（第二幕）。

无论修道院内外，都无法与她们对话的话，那就只有把情书寄托于他人了。被认为与洛佩·德·维加等人齐名的蒂尔索·德·莫利纳（Tirso de Molina）（1583？—1648 年）所作的戏剧《由信号来的爱》（*Amar por señas*）如此断言："在修女的所在之地，情书不就是肯定会有的吗。"（第一幕第九场）也有一些会给收到的情书写回信的，或者赠送手制点心类的行为端庄的修女。同一作品中也有这样的场景，"请给她们（修女）送去便条 / 如此的话就会得到礼品的吧 / 只要一首小诗歌或者十四行诗 / 点心面包十个就是我们的了"。不用说，男性给修女们送礼物的情况也是存在的。作者不详的民俗歌曲中有这么一段，"冬天的话毛皮上衣和腕套 / 还得送暖脚的 / 夏天的话则是扇子和花束"。而如果是极端厚颜的修女的话，则去催促对方献上贡品。"有些人是要干点心（中略）/ 有些人是要发饰 / 还有些人要手套 / 像这类永远无法满足的人也有的话 / 要求黑玉指环的人也有"（根据某作者不详的诗）。

司铎和修女相好的例子也有。在意大利有个十分有名的故事，那就是作为文艺复兴绘画的中心人物之一，成为司祭的菲利波·利比陷入与修女鲁库勒提亚的恋情，甚至还生下了小孩。在西班牙，虽然时不时会公布条规来警戒司铎和修女频繁地接触，但是条规并没有得到很好的遵守，有时作为惩罚会判处一些人酷刑。15 世纪末的人文学者安东尼奥·德·内夫利哈用拉丁文写过拉丁文语法的名著，不久后在伊莎贝尔女王的命令下，不得不亲自出版西班牙语的对译版本。其中的理由是，为了侍奉上帝的修女们"也能不借助男性，自学一些拉丁文"。在这里所谓的"男性"，从当时的时代背景来看，应该很容易能推测出主要是指司铎，对他们与修女接触的担心也是能够理解的。

　　当然在很多情况下这类故事都是被夸大为非常可笑奇怪的。在现实中也不缺乏那些男性与修女之间维持一种精神上的亲密接触的例子。其中典型的一例就是以记述神秘体验出名的修女格雷达（María de Ágredam，1602—1665 年）与国王菲利普四世（1621—1665 年在位）的交情，虽然两者连续二十年互通书信，但是他们的密切程度是由高度的精神性构成的。

修女格雷达

　　如果考虑到 17 世纪初期的西班牙修女总人数据称有 35000 到 40000 的话，之前举例的文学作品中看到的记述倒也可以说，他们只是选取了当时的一些例外，或者偶发性的事件。但是我们不能仅仅用无风不起浪这个理由来反驳。在这里存在着文学题材上的问题。同时代的西班牙的文学家们认为，从圣与俗这类实际上相当暧昧的领域中找出的文学素材才是最重要的。而且，我们需要想到的是，这些文学家中有相当多数量的人是司铎这件事。不能只关注由俗世之人引导的圣域侵犯，神职人员们闯入世俗领域也绝不稀奇。这是因为世俗对神职人员来说也是一种不可抵挡的、具有魅力的世界。

第二章　诸职业

洛佩·德·维加（Lope de Vega，1562—1635 年）

医　生

　　塞万提斯的父亲罗德里克于 1510 年前后出生在埃纳雷斯堡。差不多在同时期，埃纳雷斯堡大学在该市成立了。罗德里克因为自幼就有听觉障碍，所以无法进入大学追求高深的学问。但与此同时，因为他自己母亲那边的家族里有几位著名的医生，所以他并没有放弃学医之梦。最终他放弃获取正式的医生资格，但习得了所谓的放血心得。

总之，小说家塞万提斯是作为医生的儿子出生的（1547 年）。在塞万提斯出生四年前，哥白尼司铎将献给时任教皇保罗三世的献词和《天体运行论》（*De revolutionibus*）一起出版，正式开始宣扬地动说，安德烈·维萨里（Andreas Vesalius）也发表了《人体的结构》（*De humani corporis fabrica*），确立了解剖学的基础。特别是这位维萨里，他虽然出生在布鲁日，但是其父是西班牙国王卡洛斯一世的宫廷药剂师，而且本人也从 1544 年开始长期作为该国王的侍医，并于 1556 年开始作为菲利普二世的侍医，所以与西班牙王室保有密切的联系。但是这些在塞万提斯的父亲这类平民医生，也就是"无证郎中"看来，简直就是天界的事情。

通过 1611 年在西班牙出版的字典，可以得知医生大致分为三大类。治病疗伤的普通医生，主要是进行外科治疗的创伤治疗者（对日本来说就是类似金疮医＊），然后就是主要进行放血或者拔牙的外科理发师。虽然在字典中如此区分，但是在实际中并没有那么严格的区别。顺便一提，西班牙有一种名为桑格利亚酒（sangria）的甜酒，经常会有人解释道这是因为该酒与血（sangre）同色所以取了这么个名称。但这貌似只是民间说法，饮用的桑格利亚其实可能是与有着"甘甜的"意思的梵语有关。

如上所述，虽然以前的医生在原则上被分为三类，但是实际上互相的界线还是比较暧昧的。在本节中，我们将从传统的普通医疗视点出发，再考虑到塞万提斯父亲的情况，主要聚焦于放血医＝外科理发师身上。

过去的理发店（医生）是以多重角色经营的。比如说在以下这

＊　16 世纪日本国内以治疗刀枪箭伤为职业的医生。

部作者不详（16 或 17 世纪）的戏剧中是这样描述的："叫理发师来吧／让他来把牙齿一颗一颗地拔掉／（中略）／如果不花钱的话／顺便把血也放了吧。"理发师（医生）不仅仅替人剃须理发，还会放血、拔牙，治疗切伤、肿包、疝气，甚至连打磨武器都做。暂且不论真假，一种广为流传的说法是，到今日都可以经常看到的理发店门口的红、蓝、白的装饰就是古时理发师医生的遗留物。按这个说法，那三色分别是指动脉血、静脉血和绷带（还有一说是脂肪或者淋巴液）。

谈起古时理发师的特征，那非吉他莫属。这和希腊神话中，医学之神阿波罗也是弹竖琴的音乐之神有关系。据说是戈维多所作的讽刺作品《时间的实用主义》（*Pragmática del tiempo*）中一开始就写道，"既然明白了理发师生来就喜好吉他这件事，那么为了让他的店址更容易被找到，于是就要么悬挂两三把或者更多的吉他，要么就画上吉他来代替帘子或剃须的器皿"。路易斯·奇尼奥内斯·德·贝纳文特（Luis Quiñones de Benavente，1593？—1651 年）的幕间短剧《理发师》（*El barbero*）中也有这么一句，"难道有没有吉他的理发师吗"。虽然这里将其翻译为理发师，但是实际上不仅仅是理发，还拥有高超的放血技巧这件事是足以想象到的。

在这里就先简单介绍一下两例来自西班牙以外自古以来被实践过的放血记录。据说在古希腊，病人会前往各地的神殿参拜，在给医神阿斯克勒庇俄斯献上祈祷后，根据神喻来进行放血或药物治疗。被认为是起源于凯尔特的有名的《崔斯坦和伊索德》（1210 年左右，戈特弗里德版第二十四章）中讲述了这么一段场景：有一天伊索德和崔斯坦与马克王一起接受了放血治疗后睡了一整天，第二天晚上，崔斯坦想强行跳入伊索德的床铺导致他自己的血管破裂而大出血。

从中世纪开始就可以在西班牙的文献中看到大量有关放血的记录。阿方索十世的《法典七章》中就有规定"放血医不得在广场或人们往来的街道上，必须在远离的场所实行切开或者剃须的作业"（第七部第十五条第二十七项），这恰恰为我们证明了当时的放血行为是完全不顾场合的。13 世纪中期的作者不详的长篇诗歌《阿波罗尼奥之书》（*Libro de Apolonio*）中记述了放血医工作繁忙的片段（624 连 d），依塔的首席司祭胡安·鲁伊斯（Juan Ruiz，约 1283—1350 年）的长篇诗歌《真爱之书》中也有放血医的登场（1416 连 a）。在威廉·哈维的名作《心血运动论》（1628 年）中，血液循环说的登场，使得人们在掌握有关血液的正确知识之前，一直把放血法当作真理实践着。

阿维森纳

在塞万提斯那个时代，虽然可以说对放血本身抱有疑问的人是一种例外，但是有关放血的另类大论战倒是存在的，那就是到底该从哪个血管来放血这个问题。继承古希腊医学的人主张要从离病患处最近的血管放血。面对这个主张，继承于阿维森纳（Avicenna，别名伊本·西那，980—1037年）的阿拉伯医生认为希腊方式存在副作用，所以主张应该从病患处的反面的脚或手腕来放血。希腊方式被称为直接导出，阿拉伯方式则被称为诱导导出。

从历史上来看，西班牙正是一个希腊医学与阿拉伯医学正面冲突的国家。从哪个血管放血这件事，字如其意是有关生死的问题。到了16世纪，两派的对立更加激烈。最初从整体而言是阿拉伯医学派占据了上风，但是随着移居到里斯本的法国名医皮埃尔·布利索（1478—1522年）采用了希腊方式，该论争陷入泥潭。对此表示困惑的国王卡洛斯一世委托萨拉曼卡大学进行裁定，结果该大学站在了希腊方。顺道一提，其实当时国王的亲戚萨伏依公爵的儿子因为尝试了阿拉伯式放血，染上无法治疗的肋膜炎去世了。但是关于大学校方的这个决断，其实有个非常有趣的事实。那就是，如果我们查看1529年该大学有关医学系的事项规定，会发现第117条上明确写着主任教授不仅得介绍希腊的希波克拉底，还必须概述作为阿拉伯医学理论第一人的阿维森纳。

并不只有病人才会接受放血治疗。在中世纪，也有很多身体健康的人会被建议每年春季接受一次放血。担任过国王菲利普三世侍医的医生也会每年四五次劝告国王接受放血疗法。

接下来关注的是到底该放多少血这个问题。剧作家洛佩·德·维加在寄给恩人萨沙公爵（Duque de Sessa）的某封书信中说道："我今天下午就待在这吧，这么说是因为刚放了40盎司的血，就算是想外出也没这个力气。"如果洛佩的记述是准确的话，那就是说他放了 1130 毫升的血液。还有更加骇人听闻的记录。16 世纪的重要文人路易斯·萨帕塔（Luis Zapata）的记录书《杂录》（*Miscelánea*）中记录了一位贵族为了减肥而每周接受两次放血的逸事，甚至有时会一口气放 72 盎司，也就是 2000 毫升的血。读了这样的记录后，再看之前提到的奇尼奥内斯·德·贝纳文特的作品《爱之女放血师》（*La barbera de amor*），其中某位贵妇人说道"放区区的 4 盎司的血没有问题"，反倒会令人安心吧。但是，放血的费用也是令人恐惧的。安东尼奥·德·格瓦拉神父（Antonio de Guevara）发牢骚道："让放血师从脑袋的血管中放 3 盎司的血，我们口袋的血管中就要被取走 10 盎司的钱。"（《亲密书简集》[*Epístolas familiares*]，1520 年 12 月 27 日）

除了血量问题之外，毕竟是要从血管扎个洞，所以接受放血的患者是不可能不害怕的。《爱之女放血师》中有这么一段对话："'你找血管部位找得很快是吧！切开前先和我说一下啊''往那边看！不要看这边，会晕过去的'。"

有一位在萨拉曼卡大学学习，但是因为本身并不热爱学习，再加上经济上的理由而辍学的学生详细记录的日记曾被出版。从中发现了一些有关放血的非常有意思的记录。在之前已经解释过，现今我们说的理发师和放血医生的区别在大多数情况下是不明显的。但是在这位认真的学生的日记中，他使用了不同单词明确地进行区分。比如说，在 1569 年 4 月有这几笔支出，"因为理发花费半个雷亚尔"，"因为放血花费半个雷亚尔"。不仅仅发现两者的费用是相同的这点，还发现了放血的费用比想象中的要便宜。

但是如果仔细想想，在那个动脉和静脉都没能严谨区分的时代里，切开血管这样的外科手术竟然和理发费用一样，这只能说让人感到恐惧。而且，这种放血在大多情况下，是用来无差别治疗各种疑难杂症的。萨帕塔的记录书《杂录》中记录了一位可怜的少年，他因为头部接受放血治疗而变得完全疯癫。当然，一般来说还是从手肘的静脉取血的情况比较多。但是甚至有为了治疗相思病而接受放血的例子，用放掉的血浸泡面料后拿去当礼物送给心仪的女性的例子都有。

考虑到一般来说放血治疗是几乎没有效果的，再加上治疗中遇到的医生大多是像塞万提斯父亲那样的没有多少医学知识的庸医，在文学作品或者谚语中，责难的声音几乎都集中在医生身上，这可以说是不可避免的。在前文引用过的塞巴斯蒂安·德·俄洛斯克的《谚语集成》里，收录了一则谚语来打击没有责任心的医生："让他喝泻药后放血，然后死掉的话就随手埋了吧"。（第2425则）最擅长这类讽刺的，那肯定非戈维多莫属。在其小作《万物之书》（*Libro de todas las cosas*）中有这么几段，"身体状态良好的时候把主治医师叫来，付钱给他因为他没有损害你的健康"（第一话二十四则），"在世上用三件最重要的事情来侮辱三种人的话，那就是医生对健康，军人对和平，因人而异的办公人员和法律家对真理"（预言之章）。在卡尔德隆·德·拉·巴尔卡的杰作《为了自己名誉的医生》（*El médico de su honra*）中，古铁雷·阿方索（Gutierre Alfonso）就是利用了放血师让自己的妻子大量出血而死。

不仅是因为到处横行着那些随随便便就替人放血的庸医，放血疗法甚至还被运用在犯罪上面，如此一来，周边开始出现一些对此表示异议的人也并非是不可思议的事。在《堂吉诃德》上卷第六章中也曾提及过的人文学者，写过骑士小说的安东尼奥·德·托尔克马达（Antonio de Torquemada，约 1510—1569 年）在其一篇写于 1553 年的题为《讽刺对话》（*Coloquios satíricos*）的文章中设置了一章来讲述药剂师和医生，他写到，试尽全部方法后在临终之时才应该尝试放血疗法。人文作家，也是卡洛斯一世的王室年代记作家的安东尼奥·德·格瓦拉神父也主张，应该只有重症患者才能放血，而且这还是得与其他的医生进行商谈后才能实施。以上文学家们的批判早于那些从医学实际出发的批判。虽然 1599 年，法国的某位男爵到访西班牙之际，控诉道"患者治疗的第一种方法就是放血，而且几乎不把患者当作人来看待，而是像牛或者其他动物那样，从手腕中放大量的血"，但是西班牙的放血师们完全无动于衷。

那么我们所关心的塞万提斯又是持怎样的态度呢？当然，他对于优秀的医生是不吝啬自己的赞美之词的（比如《堂吉诃德》下卷第四章），但是对于像自己父亲那样的庸医，他是给予强烈讽刺和攻击的。在幕间短剧《离婚法官》中，有位女性打了起离婚官司，理由就是结婚前认为对象只是一位普通的医生，但结婚后发现他其实是位荒唐的外科医生，也就是放血医生。《堂吉诃德》上卷第二十四章中也曾出现过谩骂这类医生为"取疝气"的场面。像塞万提斯这样对父亲的传统职业表示批评的场景，其实在西班牙最早的骑士小说《骑士西法尔》（*Libro del caballero Cifar*）中也能读到。费兰·马丁内斯（Ferrán Martínez）被认为是该作的作者，但实际上还有很多谜团未解，现在一般认为作品的创作时间是在 14 世纪初。该作品中有描写放血医的儿子厌恶自己父亲的职业这么一节（第 203 章）。这和塞万提斯的语言难道只是偶然的一致吗？或者可以说熟知该作品，一边观察着骑士小说一边执笔的塞万提斯连如此细小的细节都考虑到了呢？

出　版

"恶魔为人类设下的最大诱惑之一，就是使人认为写下名利双得的书还能够顺利出版这点。"——这是《堂吉诃德》下卷序文中的一节。塞万提斯生活的时代是如此的话，那么当今社会就该是恶魔随处可见了。若说恶魔蔓延的元凶是出版活动的话，那么我们就有必要来好好看看该活动的模样。

不用多说，在精神文化的历史中最大的事件就是由印刷机的发明而产生的知识扩散和伴随着的知识深化。在欧洲，这一大革命在塞万提斯出生前大约一个世纪就开始酝酿，随后的西班牙文化"黄金时代"也是以该革命为基础的。小说家戈维多也是通过登场的印刷业者角色用以下的语句来讽刺了凭借出版活动而实现的知识传播："因为我们开始出版西班牙语或拉丁语的翻译书籍，所以书籍的价值下降了。以前的话，只有贤者才能追求的事物，现在愚者也能理解。如今连马夫都能通晓拉丁世界，在马厩里都能用西班牙语读贺拉斯，这就是现在的时代趋势。"（小说《梦幻集》[Sueños]"地狱之梦"）

作为书本原型的莎草纸卷轴先另当别论，现存世界最古老的印刷物之一是在日本。即称德天皇时代，大约 770 年的《百万塔陀罗尼经》。但是说起真正的印刷，即用寿命长的金属活字的印刷，那还是得等到为世人所熟知的《古登堡圣经》面世（1454 年）。

　　继承自古登堡的印刷术是在何时传到西班牙，又是在何地第一次印刷，这是难以得知的。向来被视为有说服力的观点是，住在巴伦西亚的德国人在 1474 年印刷了圣母玛利亚赞歌的诗集。这是由当地的巴伦西亚语（加泰罗尼亚语的方言）所作的诗四十篇，还有西班牙语的诗四篇和意大利语的一篇，合计四十五篇诗组成的诗集。该书作为西班牙印刷史上重要的文献，复刻版也已经出版。

　　但是近年，该学说的地位开始动摇。在马德里的近郊，离有着壮丽的罗马水道桥的城镇塞哥维亚 36 公里远的北部，有座名为阿吉拉丰特（Aguilafuente）的贫寒村庄。1472 年 6 月上旬，在该村庄召开了一次教会会议。会上的一系列决议事项在该年内以活字印刷出版，这貌似才是西班牙史上最古老的印刷物。之所以用"貌似"这个词，是因为关键的印刷日期并没有被印上。但是能够看到会议记录上有"立即印刷"的文字，加上有一些条例是必须得在 1472 年内生效这两点，可以推测出这些文献大致是在 1472 年的下半年印刷。印刷者的名字写的是海德堡的约翰·帕里克（Magister Johannes Parix de Heidelberg），实际上我们也已经得知这位男性确实从 1472 年开始在当地滞留了三年左右。《阿吉拉丰特教会会议记录》现在由塞哥维亚大教堂保管。说到塞哥维亚，许久之后出版《堂吉诃德》初版的胡安·德·拉·库斯塔（Juan de la Cuesta）直到 1599 年移居到马德里之前，也一直在此地经营印刷所。

　　在此之后，西班牙各地开始陆续开展活字印刷事业。比如说在巴塞罗那和萨拉戈萨是 1475 年，萨拉曼卡是 1480 年，托雷多则是 1482 年，布尔戈斯为 1485 年。最终，在 15 世纪内总共有 26 座城镇拥有自己的印刷所。在 1495 年，一位从德国来的名为明斯特（Hieronimus Müster）的人物访问了萨拉曼卡大学，对大学图书馆所藏的印刷书籍的壮观景象惊叹不已。当然，考虑到该市实质上是西班牙唯一的大学都市，这也并不奇怪。还有，虽说是转载在德国出版的第一版书，1480 年西班牙的最初带有插画的印刷物于塞维利亚出版。而马德里的出版活动则要晚得多，是在 1566 年，这也已经是定都马德里五年后的事情了。

一旦像以上的情势稳定下来，那么接下来的发展就是加速式的了。根据某研究，16 世纪开始的二十年间在西班牙刊行了总共 1307 种出版物，到了 17 世纪，在前二十五年间，单单在马德里就有 1490 种的书物通过活字印刷出版。西班牙的初期出版物中值得特别一提的是由六卷组成，被称作《多语译圣经》的书。这部作品包括由希伯来语、拉丁语、希腊语（含有一部分的阿拉姆语）并记的《旧约圣经》，由希腊语和拉丁语并记的《新约圣经》，再加上单

《多语译圣经》

词汇总和补充议论，实为一部绝妙之作。从准备到完成花费了十多年的时间，1517 年 7 月 10 号才在塞万提斯的出生地埃纳雷斯堡完成印刷。而为了在市场上流通，又花了近三年。该书的出版正好是当地的大学成立大约十年后，大学自身可以说是因为接手《多语译圣经》这个出版事业而发展起来的。当地的出版界也因此聚集了一大批的知识人而发展起来。顺道一提，笔者的个人收藏中年代最久远的书也是在埃纳雷斯堡出版的 1528 年的拉丁语书。

在塞万提斯的时代，也就是 16、17 世纪的西班牙，并不是说只要有了原稿和出版社再加上印刷所就可以随意出版书籍。必须得经过一系列的手续才行。最初，"天主教双王"的费尔南多二世（1479—1516 年在位）和伊莎贝拉一世（1474—1504 年在位）认识到出版事业的重要性，并为了推进该事业的发展进行了法律上的调整。1502 年 7 月 8 号，在托雷多发布的王令中，要求出版的书物在被许可前有义务接受事前检阅。担当这类检阅的大都是神职人员。但是在 1554 年，卡洛斯一世时期发布的新法令则把检阅权从神职人员手中移交给了王立咨询院委员长。

当时印刷所的内部

继任的菲利普二世被世人称为"谨慎王"，他在 1558 年 9 月 7 号发布的改革中加入了更为详细的规定。根据此新王令，出版社（按当时的规模来看，或许叫出版人会更合适些，这类出版人大多会同时开书店）如要得到出版许可证，必须先把原稿上交给王立咨询院。负责的书记官会在审查过的每页上盖上印章。这是为了避免审查后原稿被调包。为了证明该作品的特性，还得附上保证书进行宗教裁判。

宗教裁判主要审查是否存在背离正统基督教的部分。只需要删除个别片段就可过关的时候，相应部分会用黑色墨水删除掉，并在卷末写上注释。当然，实在没辙最终被焚书的情况也是有的。异端审判与文学作品出版社之间的角力从来没有停息过。比如说在作品中表达了对神职人员强烈讽刺的《小癞子》就在第一版出版大约五年后的 1559 年受到异端审判的禁令，在删除一部分内容后于 1573 年得到出版的许可，等到 19 世纪才终于可以读到原本的完整版。《堂吉诃德》也不例外。比如说在下卷的第 36 章中有这么一小节，"中途而废，不三不四的慈善事业是没有价值的，根本不起作用"。而这一节内容在 1632 年的时候被称为红衣主教的高级神职者责令删除了。

通过宗教裁判后，好不容易拿到钦定许可证后原稿才会交还给印刷业者。但是到了这个阶段还是不能大意。这并不是说政府完全同意该书出版，而只是允许业者诚实地按照盖上印章的原稿来试印刷一本样本。等样本印刷完成后，需要和盖过印章的原稿一起再次提交给王立咨询院。负责的官员会对照样本与原稿间的差别，如果没有问题的话才会得到以国王名义出版的许可。就算是得到许可证了，教会教区有时也会要求出版业者必须得到该教会的许可。附带一提，作者一般来说是不会参与校正工作的，订正错字错印都是交给印刷业者来完成。

因为必须经过以上的各类手续，所以当时的出版业者都被公事程序搞得手忙脚乱。一旦最终的许可批下来了，在书的开头必须得印上评估证明书、检阅证明书、借国王之名义的代笔特许状、版权证明等。在此之外还会有作者写的序、献词，往往还会加上友人对原作者或者该作品赞美一通的诗文。

评估证明书通俗点说就是定价，这不是出版方可以随意决定的，而是由王立咨询院根据内容的质量而不是数量来决定定价的上限。这个方法最初是由卡洛斯一世的小女儿胡安娜（Juana de Austria，1535—1573 年）勒令采用的，之后菲利普二世将其扩大适用到进口书的贩卖上。值得注意的是，估定价格并不包含书本制作费，只限于书的内容本身。

印刷中使用的油墨由亚麻仁油、松脂，再加上烧过的松香混合而成。在当时，并没有如今的平装本，通常的装订使用的是白而柔软的猪皮，而且工匠中存在着很多的伊斯兰人*。

至于献词，大多是献给公爵或者伯爵这类上流贵族或高阶神职者，塞万提斯也是如此。主要的理由是为了通过该贵族的名字来得到出版时的方便，或者逃避他人的诽谤中伤。戈维多在《梦》的献词中就明确地写着内心真实的想法。书中写道："从书店被移交到读者的手中的同时，立马遭受万人的批判，往往是那些既没有知识也没有多少理解力的人喜欢去胡乱批判。"可以得知有权势之人的名字可以成为骂声诽谤的防波堤。

---

* 原文如此，考虑到当时的时代背景，此处的伊斯兰人应为改宗基督教的原伊斯兰教徒（Morisco）。——译者注

以保护出版商为目的的版权有效期限是 10 年到 20 年左右，但却很少见出版商去更新版权。这是因为需要多次更新版权的人气作品实在是太少了，或者作品成为畅销书出名之后，经常会有那不勒斯、布鲁塞尔、安特卫普等地的出版社或是出复刻版或是直接购买版权。像在《堂吉诃德》的下卷第七十章中提到的山寨版也不少见，当时著作权也没有正式确立。

连戏剧作家洛佩·德·维加直到自己全二十五卷的作品集中的第九卷出版为止，都没能取得自己的权利，这样的例子也有。塞万提斯除了在《堂吉诃德》的下卷第六十二章中提到这类不讲理的事，还在长篇遗作小说《贝尔西雷斯与西希斯蒙达的苦难》（*Los trabajos de Persiles y Sigismunda*）中写下以下的话："不管马德里的哪个书店（出版社）要出 2000 杜卡特，我是不会让出这本书的著作权的。马德里的书店只要一拿下著作权就不打算给钱，就算没到这个地步也是算计着用极贱的价钱来横抢，完全不会考虑作者的处境。"（第四卷第一章）塞万提斯对出版自己著作的出版商也是抱有极大的怀疑的。在短篇小说《玻璃硕士》（*El licenciado Vidriera*）中也写道："（书店）在买著作权的时候各种讨好你，自费出版的作家原本打算印 1500 部的却被他们印成 3000 部这类的坏事也干。作者想当然地认为他们会贩卖自己的书本的时候，他们却去宣传贩卖他人的著作"。

在出版收录了《玻璃硕士》的《训诫小说集》的时候，塞万提斯已经 66 岁了，作为稿费他收到了 1600 雷亚尔和印好的著作 24 本。48 岁时当食粮征收官时他的日薪是 12 雷亚尔，所以单纯计算的话，大约是 133 天的收入。但是考虑到这 18 年内的物价上涨率的话，实质的收入应该是大幅缩水的。顺便一提，在当时的出版业，书印数如到 1500 部左右就算是好的了。

　　如此看来，当时从事出版业的人们需要在政府和教会双方严格的监视中绷紧神经，而明知凭借文笔的力量是不能够聚财的作家则要一边与官方和出版社打好交道，一边与上文中提到的"恶魔的诱惑"做斗争。在西班牙，出版社甚至会陷入更深的困境之中。这是因为在1572年，菲利普二世将《弥撒典礼书》和《罗马时辰礼仪书》的实质独占权赐给了安特卫普，也就是佛兰德系的某印刷业者。因为这类书的需求在西班牙是比较大的，所以对于西班牙的出版业者来说是个极大的打击。根据某研究，16世纪初的西班牙，神学和教会关联的书物就占了全体出版物的大约31%。在一般的精神文化读物开始大幅传播开来的时候，在意想不到的地方，有不少人为此进行着艰苦的斗争。

裁　缝

　　西班牙的纤维产业从以前开始就十分繁荣。不仅仅是布料的品质良好，还因为711年穆斯林入侵西班牙，为他们带来了强调与红、蓝、金相对比的色彩革命。该革命刺激了现今所谓的时尚，产业界整体也如鱼得水般充满了生机（只是在色彩上受到后来的意大利文艺复兴的影响，人们开始喜好紫色，红与蓝之间的对比开始柔和起来）。

　　到了16世纪，绢织物和羊毛产业迎来了它们的鼎盛期，在当时的托雷多，据说有三万台以上的纺织机在生产，并且拥有约五万的职业工匠。在南方的塞维利亚和格拉纳达各有两万台左右，北方的萨拉戈萨也有一万六千台的纺织机在运作。此外，马拉加、塞哥

维亚、昆卡等地作为羊毛生产的重要据点，将羊毛大量出口到以布
鲁日为首的外国各地。比如在 16 世纪中期，布鲁日一年就进口了
每箱价值 16 杜卡特的羊毛四万箱之多。

　　但是一进入 17 世纪，纤维产业就开始迅速衰退，特别是托雷
多市的没落景象惨不忍睹。16 世纪托雷多市拥有的三万台纺织机到
了 1685 年就衰败到只剩下六百台。

　　如此看来，16 世纪中期出生的塞万提斯可以说是随着西班牙的
纤维产业的黄金时代一起成长，并在人生的巨浪中一起游向没落。

裁缝图

　　话说回来，纤维成为布料后，必须经过裁缝这个步骤。而问题
就在于裁缝这个行业。在 16、17 世纪的西班牙，没有哪个职业像
裁缝那样受到如此之多的诽谤和中伤。特别是在文学作品中，对裁
缝的歧视多到异乎寻常。在当时还有这样的民谣，里面有一节讲到
"鞋店和裁缝一起下了地狱"。

　　在此虽然没有太多篇幅来解释为什么裁缝会受到歧视，但是可
以说根本原因之一在于犹太人，这也是西班牙文化史研究的重要课
题之一。粗略地解释的话，那就是在西班牙，与同为异邦人的伊斯
兰教的住民大都从事封闭式的农业不同，犹太人大都成为都市居民
并被同化，渐渐地成了当地的中产阶级。而这类犹太人当中有相当

一部分人从事医生、商人、办公类、手工业等职业。他们经常在文学作品中被各种嘲讽，在手工业者当中，特别是对裁缝的攻击是极为过分的。

在之前已经引用过好几回的阿方索十世的《法典七章》中，第七部第二十四条的标题就是"关于犹太人"，其中的内容充斥着对犹太人的各种偏见。比如说，如果犹太人没有在自己的头上印上他人能容易地识别其为犹太人的印记，就要被处以 10 个金马拉维迪（maravedí）的罚金，如不支付的话则要接受公开鞭刑 10 次。当然，像这样打压犹太人并不是在阿方索十世的时候才开始的，在公元 300 年左右，现今的格拉纳达市郊召开的基督教的第一次艾尔维拉公会议中就已经明确对犹太人表示敌对，在 438 年时公布的《狄奥多西法典》等中也反复强调了这一原则。但是在作为中世纪西班牙文化史中心般存在的《法典七章》中，竟然被如此明确地明文规定着，这就足以说明当时的偏见之深。

至于 16 或 17 世纪的文学家们是否意识到阿方索十世的想法，这并不重要。重要的是，西班牙人持续地对犹太人抱有戒心，甚至可以说是有些过敏了。比如说，使用西班牙语和葡萄牙语从事文学创作的吉尔·文森特（Gil Vicente）（1465？—1536？年）在戏剧《卢西塔尼亚的短剧》（Auto da Lusitania，1532 年）第一部中描写了一个犹太裁缝家族悲惨的样子，但是有法国的学者分析道，他之所以采用这样的写法，是出自对犹太系的裁缝们充分发挥商业头脑，不少人成为"暴发户"的现实的一种反抗。

接下来，让我们来具体看看实际例子吧。对裁缝最基本的攻击就是指责他们技术上的稚嫩。"这类工匠（裁缝）中能做出合身的衣服的人实在是少之又少，反而是做不出什么像样玩意儿的人倒是像蚊子一样多"（《玻璃硕士》），塞万提斯这样写道。攻击、批判单纯只是集中在手艺上的时候，职业的工匠们也不得不谦虚地俯身倾听。

但是裁缝的恶在于，他们经常会做一些缺斤少两的事情。洛佩·德·维加等人经常把那些说谎的、伺机占便宜的、小偷小摸的裁缝作为指责的对象。塞万提斯在批评裁缝这方面也不输给他们。在短篇小说《林孔内特和科尔塔迪略》中，登场人物作了以下的自我介绍："做裁缝的父亲教俺们干活。但是我们发挥自己的天赋，不用剪刀来裁剪衣料，而是变得可以快速把他人的钱包给剪断。"在当时的谚语中也有这么一句："裁缝100人，管理水车的人100人，纺织工100人，合计小偷300人。"戈维多的《万物之书》（*Libro de todas las cosas*）中还特意设计了"希望能够不会遇到裁缝的诈骗"这样一节（第一话第十四番）。恶评到了这种程度，反而连那些老实的裁缝也受到影响。在《堂吉诃德》中，某位裁缝反论道，"那位大人的恶意加上对裁缝的固有恶评，我的布料肯定也会被大家认为是偷工减料的吧"（下卷第三十五章）。

对戈维多来说，裁缝就是伪善者的代名词。寓言小说《梦》中有这么一节："哎，你看看那位一边做裁缝来养家糊口却一边装自己是绅士的家伙。那就是伪善者。一到了节日祭奠的时候，就换了个模样，穿上绫罗、天鹅绒，戴上金锁的装饰品，装成从来不知剪刀和裁缝用的粉笔为何物。看上去谈吐得体，完全没了裁缝的氛围。"（"从内部开始的世界"这章）

无能、欺诈、伪善者这类的恶意中伤从没停过，到了极端的情况，裁缝甚至成了恶魔的伙伴。戈维多的《梦》中所收录的一章"恶魔附身的警察"中，就有裁缝被比喻成恶魔的一段，同样是戈维多的谐谑诗《埃斯卡拉曼寄给门德斯的信》（Carta de Escarramán a la Méndez）中也写有"恶魔大都把灵魂搬运到裁缝那儿去"这么一段。作者不详的流浪汉长篇小说《埃斯特瓦尼约·冈萨雷斯的生涯与事迹》（*Vida y hechos de Estebanillo González*，1646年初版）中也出现了"被怪物附体的裁缝"（第四章）的语句。

恶魔与天国切断一切关系，诱惑生前的作恶之人前往地狱。至少语言刻薄的戈维多在他的作品《梦》中是把裁缝送进地狱的。比如在书中他断言道，"那群裁缝们，是知道地狱就是为他们量身定做的"，或者"在地狱中被燃烧的最上等的柴火就是裁缝他们自己"（以上均在"地狱之梦"章）。不过在被送往地狱处火刑前，被当作处刑的燃料来烧的话，不禁令人怀疑裁缝们的残渣是否会灰飞烟灭。

在这里我们从唐璜的原作，也是通常被认为是提尔松·德·莫利纳（Tirso de Molina）的代表作，隐含了宗教含义的《塞维利亚的嘲弄者与石头的接客》（*El burlador de Sevilla y convidado de piedra*）中再给大家举一个有趣的例子。相继用甜言蜜语把女性占为己有的唐璜，是花花公子的典型，甚至还有很多人会把其形象误认为典型的西班牙男子。作为主人公的唐璜，欲对一位女性下手却失败后不小心杀害了她的父亲。某天晚上，该父亲的墓地正好出现在他的眼前。当晚，父亲化为幽灵现身，招待杀害自己、唐璜共进晚餐。菜肴是蝎子与蝮蛇的拼盘，还有就是炖菜。唐璜就炖菜的材料询问该父亲的幽灵。幽灵回答说是牛的腿肉。听到幽灵的回答后，唐璜的男佣就搭话道，"这应该是裁缝的腿肉吧"（第三幕）。也就是说，照道理下了地狱的父亲变成幽灵现身在唐璜等人的面前，如果该幽灵要请他们吃饭的话，那么料理就应当为地狱的招牌菜。而地狱里有着无数的裁缝……这逻辑的确没有不妥的地方。

被认为是该作品作者的神父提尔松·德·莫利纳，在1635年正好发布了一部题为《圣人与裁缝师》（*Santo y sastre*）的颇为有趣的剧作。在该作品中非常固执地论述到的主题之一就是，区区裁缝之类是不可能成为像圣人那样伟大的人物的。比如说在剧中频繁出现"像圣人一样的裁缝，自从亚当以来就没有前例"（第一幕第一场），"你说什么，裁缝成为圣人？别说傻话了！那岂不是和白鸟，黑色的雪，结实的麦梗，黑暗的光，晚上的太阳，有钱的诗人这类（不可能出现）事物一样"（第一幕第四场）这样激烈的语句。二者之间仿佛是水与油，永不相融。

但是话说回来，该作品如果继续读下去，你会发现故事走向发生的改变。中产阶级的女性多罗特亚（Dorotea）和作为裁缝的主人公陷入了脱离一般常识的热恋。到了剧末，多罗特亚终于坦白出自己的内心话："你换个工作吧，就算是舍弃现在的职务也无妨，我有足够的财产能够养你。"此话一出，作为裁缝的主人公毅然地答道："这份朴素的工作，是上天赐予我的，所以应当是你来跟随我，而不是我去跟随你。这是对我的侮辱。"（第二幕第四场）凭借着坚定的一句，多罗特亚的心也就完全属于裁缝了。

在调查研究了这一违背西班牙文学主流，展现感人场景的作品之后，笔者发现了一个惊人的事实。在 11 世纪后半叶，实际存在着一位裁缝的儿子，名为 Homobono（语源上是善良之人的意思）的德高望重的男性。他于 1097 年 11 月 13 日去世。因为他牺牲自我奉献他人，所以备受尊敬，大约在他逝世百年后的 1198 年，由当时刚刚被选为罗马教皇的英诺森三世（1198—1216 年在位）宣布他被列入圣人行列。

比本节的开头部分引用过的《法典七章》还要早半个多世纪的时候，无论是否为犹太人，的确是出现过裁缝被列为圣人的例子。所以尽管熟知西班牙传统文学的裁缝歧视这一趋势，提尔松·德·莫利纳还是采用以历史事实为基础有意对抗传统文学的走向，在作品中融入了他的主张，即裁缝这个职业并不能决定一个人的好坏。而这一举动，又为我们指出了文学作品进一步发展的可能性。在承继传统的基础之上又能用笔来真正地开拓自己的革新之路的，也就仅限那为数不多的伟大的作家们吧。

其实，还有一个让文学家们开始攻击裁缝的理由。因为裁缝的西班牙语是 sastre，这有着一个修辞上的好处，那就是可以和有着"灾难"之意的 desastre 一起并用。在这里就暂且引用萨拉斯·巴瓦迪略（Saras Barbadillo，1581—1635 年）的幕间短剧《本托萨夫人》（*Doña Ventosa*）中的一个例子来稍作解释吧。"这是何等过分的职业啊，毕竟裁缝（sastre）是所有的坏下场都会被称为灾难（desastre）的。"

旅　馆

"长途使人谨慎。"这是塞万提斯的《玻璃硕士》中的一句。人类从太古以来就踏上旅行，并从中习得诸多事物。但是，探访所谓的名胜古迹，为了放松身心而去的观光旅行之类则要等到 19 世纪末，或者是 20 世纪初才开始出现。虽说《堂吉诃德》中有诸多旅行之人登场，但是其中却没有一人是为了游山玩水的。周游各地的骑士堂吉诃德，他本人也身负端正世上之不平的一大使命。也就是说，古时的旅行者们都是为了达到某些特定的目的，或者完成义务而踏上旅途的。

　　所谓的观光旅游没有出现，当然有一部分是因为当时缺乏大量能够勾起人们对外部世界好奇心的信息，但主要还是因为与现在不同，那时候的旅游是非常不便的。16 或 17 世纪左右的欧洲的道路是出了名的差。比如说，巴黎到马德里之间大约 1200 公里，这就要花上近一个月的时间，还不如海上乘船旅行来得快。只要风向对，一天航行 200 公里都是有可能的。

　　但是在西班牙国内的话，就不可能从海上走，基本上是走陆路。因为堂吉诃德的身份是绅士，所以照理来说他应该和神职人员一样骑骡子。但是他自认为骑士，所以才在旅途上骑不符合自己身份的马。虽说在 15 世纪末，西班牙就从佛兰德地区引进了马车，但那还仅属于特权阶级。以马德里为中心的郊区定期马车的出现还要等到 17 世纪后。

　　至于描述当时旅途的景象的书物，比如说在苏亚雷斯·德·菲格罗阿的《旅人》以外，还有胡安·德·蒂莫内达（Juan de Timoneda，1520？—1583 年）的故事集《旅人们餐后的团乐与休息》（*Sobremesa y alivio de caminantes*），或者阿古斯丁·德·罗哈斯（Agustín de Rojas Villandrando，约 1573—1635 年）的长篇小说《愉快的旅行》（*El viaje entretenido*）等。它们都活灵活现地描写了当时的情景，但是和作品名相反的是，作品中频繁地叙述了旅途之苦和灾难。

　　众人所知，日本古时候的旅人也会被要求出示通关令牌，光是通过关卡也要心惊胆战的。而在 16 世纪的西班牙也有个可以被称为护照原型的东西，直到 17 世纪都没有消失。对于我们一般人来说，常常会不自觉地用"西班牙"这一个单词来理解整个西班牙，其实 1492 年的统一只是表面上的，实际上西班牙国内还是分成多个国家，这是因为卡斯蒂亚、加泰罗尼亚、阿拉贡等地仍坚持自己本地的法律。

虽说只要有了合法的通行证或者有力的贵族介绍信后就不会出现阻碍旅行的事情，但是实际上只要一踏上旅途，还是困难重重。而在西班牙，这苦难的元凶就是旅馆。当时旅行至西班牙的人们大多会带上比柳加（Pero Juan Villuga）在 1546 年写的《西班牙全道路手册》（*Repertorio de todos los caminos de España*），或者是作为邮差走遍全国的梅内塞斯（Alonso de Meneses）在 1576 年出版的《道路手册》（*Repertorio de caminos*），并依靠上述手册中的记载来寻找旅馆。但要找到能够治愈旅途疲惫的好旅馆，是极其困难的。众所周知，为了巡礼圣雅各之路，以法国人为首的大量外国人从中世纪以来涌入西班牙，自从那时开始西班牙的住宿设施的恶评就是有名的。比如在英国，从 14 世纪开始就有记录赞美自己国家的住宿设施的完善记录，正好与西班牙形成对比。

在 16 或 17 世纪的西班牙，大致有三种旅馆。大多为在路边的客栈（venta），在城镇或村里的，有一定社会地位的体面人住的旅馆（posada），同样在城镇或村里的简易住宿设施，是给庶民使用的客店（mesón）。然而法国的德诺阿伯爵夫人指出，西班牙的住宿设施始终可以用粗糙来概括。具体来说，首先理所当然似的没有单间，而是众人挤在一块睡，就算有床也没有与身旁别的住客分开的布帘，床单也只是稍大号的手帕大小。更糟的是，还有各种跳蚤和臭虫来骚扰。冬天过于寒冷以至于在寝室里完全无法入眠，若是跑去有火的灶台那儿取暖的话，则会因为灶炉并没有很好地与烟囱相连而被烟呛到窒息，到最后只留下满身的灰尘。

在各国担任过外交官的孔多马尔伯爵（Condomar，1567—1626年）也曾在塞万提斯死后第二年，也就是 1617 年对西班牙住宿条件之恶劣而叹息道："在西班牙的话，要自备葡萄酒的皮革袋子和食物，还得睡在地板上。"如此现状，在文学作品之中怎么会被人放过不去提及呢？卡尔德隆·德·拉·巴尔卡的幕间短剧《时钟和旅馆的根性》（*El reloj y genios de la venta*）中则有这么一段，"请放松，就在这硬邦邦的地板一起去野营吧"。根据来历不明的法国旅行者 A. 茹万（A. Jouvin）在 1672 年出版的旅行记，除非有特殊情况，要不然女性是不能连住两天以上的。

情况都恶劣到这种地步的话，那么西班牙国内的内部揭发的出现也就只是时间问题了。在 1620 年，利尼安·伊·贝尔杜哥（Liñán y Verdugo）出版了一本题为《给造访首都的异乡人的介绍与警告》（*Guía y avisos de forasteros que vienen a la Corte*）的颇为有趣的书。在书中作者强烈推荐旅行者们去寻找那些聪明的、年长的并且拥有杰出想法的基督徒经营的旅馆（警告之一）。这也正好说明了当时恶劣旅馆数量之多。顺带一提，在警告之一中记载着一些使人在意的事情。那就是"因为盐是真正的亲爱之情的象征"，所以在客人来店之初旅馆方会提供一个装满盐的小袋子给客人。但是在笔者贫乏的阅读生涯中，不怎么记得有看到过旅馆主人早早就拿出盐袋子的光景。

虽说没有上一节中裁缝般的可怜，但旅馆的经营者也在文学作品中受到猛烈的攻击，指责他们说谎不眨眼。在马特奥·阿勒曼的作品《古斯曼·德·阿尔法拉切》中，旅馆的主人被人指着骂道，"凶恶又没良心的东西"（前篇第一卷第七章，在同卷的第五章中也被指责为骗子）。虽说在《堂吉诃德》上卷第十六章中也有一位

"慈悲并同情他人不幸"的旅店老板娘登场，但是塞万提斯特意在注释中加上这种情况是十分稀少的。此外，同样是《堂吉诃德》上卷第二章还有下卷第五十九章中也记载了各种旅馆的设施不备、待客态度之恶劣等事。

有关旅馆的伙食这方面，反倒是有令人吃惊的一面。在塞万提斯的短篇小说《鼎鼎大名的洗盘子姑娘》中，住宿客在旅馆打算点菜的时候，却被告知只能做客人自带的食材。这其实在当时是很常见的。在17世纪中期游遍西班牙的布鲁内尔（Antoine de Brunel）也指出了同样的事情，"我们必须马上习得在这个国家（西班牙）旅行的方式，那就是要到各地去采购自己想吃的食材"。从住宿客的角度来看，这是件极度麻烦的事情。但是因为在当时有不少旅店给肉类和葡萄酒标上天价牟取暴利，所以有相当多的旅店是被禁止贩卖食物的。但是根据旅行者F. 伯特（F. Bert）的记述，从马德里到塞维利亚的途中，有家高水准的旅店，客人既可以吃自己带的食物，也可以吃店家准备的菜肴。饭菜的种类会随着地区或者旅店的不同而改变，这是毋庸置疑的。肉菜大多是鹌鹑肉、鸡肉和羊肉，鱼类则是鲷为多。

自然是那些无须客人准备食材的旅馆为好，但是一般来说客人还是得按以下的次序来准备。首先，他们得去询问店家是否还有客房，若是运气好，能够寻得一空位，然后就要像《堂吉诃德》下卷第五十九章中桑丘·潘沙做的那样，在自己把行李放下来提到房间去后，再亲自把马或者是骡牵到马圈去喂食饲料。然后如果没有准备自己的食材，那么他们得亲自出门购买食材交给店家处理。之后，在公共食堂里才能吃上饭菜。当然，至于交给店家的食材是否真的被做成菜吃进了自己的胃中，这也是无法保证的。

　　总而言之，旅行者们别说是不要期待旅馆能够提供舒适的伙食了，就连在旅馆住宿这件事本身，在大部分情况下也被视为一个无法逃避的灾难。可以说，堂吉诃德和桑丘·潘沙只要是住旅店，就一定会卷入或者是制造出各种麻烦事。他们在不得不露宿野外的时候反而不怎么发牢骚，这绝不是偶然。做好野宿准备的桑丘·潘沙，他一直贴身携带少量的粮食和装在皮革袋子里的葡萄酒。这也可以算是他在遇到上述恶劣旅馆的时候，可以免得遭受饥饿之苦的对策。

　　当然，由作家和法国来的旅行者们所描述的西班牙旅店的情况，难免会有些夸张的成分。但是，就算那些从西班牙的角度来反驳法国旅行者们负面看法的文献，也只是停留在"这些看法只是他们为了吹捧自己国家而贬低西班牙的描写，不过是片面的夸张表现罢了"这种程度。几乎没有为我们提供一些能够修改这片面之词的具体论据。而那些西班牙拥护派的人，则是对西班牙作家们对旅馆的批评只字不提，这也不足为奇。

卖　春

　　虽说是卖春，但其中的历史变迁和充当的社会功能却是复杂多奇。并且，单单从好奇心的角度出发，也有数不尽的材料可以拿来说明，这就是卖春。晚期浪漫派的诗人贝克尔（Gustavo Adolfo Bécquer，1836—1870 年）曾经说过，只要世上还有美丽的女子存在，那么诗就不会消失。而只要这世上还有女子的存在，不，只要还有弱小的女子存在着，不惜金钱也要征服这女子的男性存在着，卖春就不会消失。

何为卖春？在这里有一个明确的定义。"卖春，指妇女在以金钱为代价的情况下，遵从自由意志，不被拘束地，经常性地，反复地，加上不间断地进行性交易的行为。并且除此行为以外并没有其他维持生活的办法，只要是被对方要求了性交易，不会根据对方来选择对象或者拒绝，也不因此而感到喜悦，只是以获取金钱为目的的行为。"（J. G. 曼奇尼著《卖淫和拉皮条》）该定义因过于明朗而导致了一些弊端，比如说现在的那些单纯的打工式卖春*就无法适用这个"卖春"的定义。

女性把自己的肉体提供给男子发泄性欲，为此行为收取金钱这一基本结构是从来没有变过的。在路易斯·德·阿拉尔孔的戏剧《可疑的事实》中，男佣对其主人这样忠告道："就是因为如此，千万不能相信她们（卖春妇）。只能带上预算内的金额。像她们那样的女子的目的就只有一个，那就是钱。"（第一幕）就像戈维多说

卖春场所的情景

---

* 这里指的是日本的援助交际或在风俗店打工之类的工作。——译者注

过的那样，只要是和金钱搭上关系，就没有好事。来看看《梦》中的一节是如何描写的。"女性在后面追着男性的金钱，而男性在后面追着女性和自己的金钱，两者一边相撞一边坠入地狱。"（"地狱之梦"）在当时一首作者不详的民谣中，惹了麻烦的女性乌拉卡对自己的父亲费尔南多这样说道："那就把我的身体给出去吧，只要我愿意，对伊斯兰教徒要收费，对基督教徒就免费吧。"这可以理解为是她一时的自暴自弃式的发言。

　　既然是要花费自己的钱财来"购买"女性，那么男性就会尽可能地追求"实惠的购物"。弗朗西斯科·德利卡多（Francisco Delicado，约 1480—1534 年）在他的杰作《厚脸皮的安达卢西亚女人》（La lozana andaluza，1528 年）中一边描绘了众多卖春女的模样，一边描写美丽的卖春女为"由神亲手创造出来的生物"（第十二章，只是在西班牙古文中，"亲手"这个单词还有"赔偿的"意思）。若是假设存在犹如由神亲手创造出来的这般美丽的卖春女，那么接近该女性的行为是该解释为"接受神的恩惠"呢，还是该理解为"这是无惧对神的冒渎"呢？这仅是毫厘之差。德利卡多在该作品中描写的罗马的卖春女，她们是从德意志、法兰西、西班牙还有意大利等国来的。而作为主人公的女性在向旅途中的男性询问卖春女中"哪国人的人品最佳"时，该男子这样回答道，"西班牙女人是最棒的，没有缺点可言"，但这也只是作者的自卖自夸的行为。

　　有时候并不是通过国别来给卖春女排等级，而是具体举出人名。有一首作者不详的诗给塞维利亚的卖春女排等级，从"让我来说的话，伊莎贝尔·德·托雷斯该是第一"开始，各种具体的名字在作品中陆续登场。在先前引用过的《厚脸皮的安达卢西亚女人》的第二十章中，作者滑稽地罗列了数十种卖春女，有"热情的卖春女""献身式的卖春女""化浓妆的卖春女""周日卖春女""已婚卖春女""虔诚的卖春女""不死的卖春女"等等。

既然男性想要追求"实惠的购物"，女性只能尽可能地给自己标上"好价钱"来卖。在洛佩·德·维加的作品《拉·多罗特亚》（*La Dorotea*）中，有一个场景是描写女性主人公母亲的友人在对她进行说教："全部都是学习啊。没有比男人还要好受骗的了。基本上错的都是男人。那些家伙从我们这剥夺走了能够自由发挥才能的学问，那么我们只有学会去欺骗男人了。"（第五幕第十场）

到以上为止都是通过文学作品来观察卖春，在这，让我们把视线转向当时的实际社会。从太古以来，西班牙估计也逃不过卖春横行的景象。并且卖春这种行为过于日常化，导致在当时的西班牙，比起对卖春女的攻击，倒不如说是以卖春的老鸨为攻击对象的居多。比如说在《法典七章》的第七部中详细论述了性问题，有奸淫（第十七条）、近亲乱伦（第十八条）、卖春的中介（第二十二条），但是有关卖春女本身的内容几乎没有出现。

以萨拉曼卡为首的大学所在的城镇里，肯定有着一定规模的卖春街，经常来往学生宿舍的卖春女的事例也大多存在。根据某记录，连塞万提斯曾经被关过的塞维利亚的有名监狱里也有卖春女进出。并且，从16世纪开始，与出征的士兵一起的，也就是所谓的"慰安妇"的存在也得到许可，到了1640年左右，她们的人数被允许增加到军人总数的8%。

在17世纪中叶，马德里的卖春场所的数量达到了惊人的800家之多。正如我们想的那样，出现了各种弊端。那是因为既然在当时的社会只有两种出身："有钱人"和"没钱人"，家中贫困的女性自然是更容易往卖春这个行业走。到了菲利普二世统治末期，一位女子如果想从事卖春的话，她必须先到司法法院那去申述自己年满 12 岁，已经不是处女，并且没有家人可依靠，这样才可能得到正式的许可证。但是不难想象，真正走这一官方程序的女性只是一小部分。

在西班牙多数的卖春街中，最有名的当属东海岸的巴伦西亚了。弗朗德的贵族（Antoine de Lalaing）曾经在 1501 年时途经该城，并留下对治理有序的该城卖春区域感到惊叹的记录。该区域由类似城墙的墙壁围起来，只有一处出入口。如果来客携带有刀具的话，则要寄存在入口处。为了避免产生金钱纠纷，连多余的钱财也会被同时寄存，万事小心至上。当然在客人归去的时候要完好无损地归还给他们。该区域内有道路三四条，无论何处都是艳丽的装饰和打扮过的卖春妇。而且还有两位由市政府出钱雇来的医生照看她们的健康。顺便一提，该市的卖春区长年不衰，直到 17 世纪后半叶才开始衰败，到了最后只剩下七位卖春女固守在此地。而最终，她们七人也都改过自新皈依了修道院。1670 年该区域成了普通的民宅，然后又被规划为火药储藏库，就此关上了其 150 多年的历史大门。

卖春的泛滥会带来性病的蔓延，金钱的纠纷，还有所谓的"老鸨"，也就是背后的经营者之间的冲突。既然从法律途径上禁止卖春是一种非现实的方法的话，那么尽可能地为难卖春女们，使她们生活困难不容易接客，是可以考虑的策略之一。在这里，让我们来一探该政策与现实之间的落差。

在 1383 年，就曾经出台过法律禁止卖春女着防寒的披风，只准披上毛巾大小的披风来代替。穿戴这种短披风的行为，在此之后也频繁被强调，到了塞万提斯的年代，不仅披戴赤色短披肩成了卖春女的一种义务，还禁止她们穿可以在地上拖的长衣和高跟鞋，甚至连跪在教会的小跪垫上祷告都被禁止。

如果完全遵循这类规定的话，卖春女们是无法生活的。但是对制定规定方来说，如果该规定没有奏效的话，那肯定会以市镇村为单位尝试更细的规定。1520 年，在北部的巴利亚多利德市，出台了禁止卖春女在大街、旅店、居酒屋里拉客的规定，但是收效甚微。那是因为，卖春女和负责管理的警察是串通一气的。

在南部的塞维利亚市也曾出台不同的规定。在 1526 年和第二年的条例中，规定卖春女有义务在春季的圣周期间内停止营业，每周要去医生那进行一次诊断，并且要照例穿着赤色短披风。而最初的两个规定，在之后也得到了国王菲利普二世的认同，分别加入 1572 年和 1575 年出台的卖春规定之中。菲利普二世也没忘了加入新的条款。那就是在基督教所谓的四旬节的四十天期间内，卖春女要去教会听从神父的说教并忏悔，最终会被劝说进入修道院。

在卖春女当中，有一些人成为像先前引用过的安东尼奥·德·格瓦拉神父的《亲密书简集》中提到的受欢迎的红人的话，那么她们的经济实力也就自然地上升了。而 1611 年的法令中，不仅明文规定只要是卖春女就算她有钱也不准乘坐马车，还规定女性必须要露出自己的全部面容。这是为了纠正当时许多卖春女们宛如伊斯兰女性教徒般遮挡自己面庞的风气，虽然卖春女们并没有轻易地听从。

在 1616 年塞万提斯去世后，这种毫无进展的角力还在继续着。在 1620 年，尝试实施了以卖春女为对象的卫生管理法。在第二年的法令中为了能够更容易识别卖春职业，这回要求她们穿戴的不是赤色，而是黑色的短披风。国王菲利普四世在 1623 年 2 月 4 号，在回顾了以往所有的无效措施后，出台了从最初就已经知道没有成效的法律，那就是卖春的全面禁止。如果不遵守的话，就要被处以五万马拉维迪（Maravedí）的罚金。如果客观来看，这种做法只能让人联想到他们的目的只是收罚金罢了。在九年后的 1632 年也发布了相同的法律，但是并没有多少实际的意义。

和法律上的规定无关，确实也有不少女性因为忍受不了工作的空虚，陷入深深的悔恨之中。但是姑且不谈宗教上的罪行，作为屡次犯下无法被社会道德原谅罪行的前卖春女们，是不可能被社会大众热情地接受的。在 14 世纪，方济各会第三会的修道女索里亚纳（Na Soriana）为那些改邪归正的卖春女创立了"忏悔者之家"，之后也得到行政上的支持而扩大规模。

此后，这类善意的机构开始逐渐增多。比如说 1587 年也出现在马德里，并在 1623 年大幅度地扩张。而原本与修道会没有关系的慈善家也加入到这种慈善救济中来。1678 年在南方的小城卡迪斯，由寡妇苏萨拉加（Jacinta Martínez Zuzalaga）创立的"遁隐之家"就是一个很好的例子。

但是针对卖春女的法律相继出台，而庇护前卖春女的设施也因为修道会或慈善家的努力而迅速增加，以上的事实也正好为我们从反面述说了当时西班牙的卖春女数量之多。与作为深刻的社会问题无关，对于西班牙的文学家来说，卖春也正是他们极好的素材之一，即使不从正面来描写，单纯地作为他们作品中的一种调味剂，卖春这个素材也是极其方便的。这对塞万提斯那样充满正义感的作家来说也不例外。堂吉诃德一边讽刺，也一边说卖春中的周旋是"小心谨慎之人的工作，对有秩序的国家来说是必要的"（上卷第二十二章），洛佩·德·维加也评价卖春周旋为"使人骄傲的工作（中略）追求和平与一致，多么杰出的工作啊"（《到死为止的友人》

[*El amigo hasta la muerte*]，第一幕），一如既往地为我们展示了他们旺盛的诙谐精神。

只是，仅仅用诙谐精神来解释这一连串的文学家们的态度的话，未免太过于现代了。实际上在深处隐藏着他们秉直的看法。比如说，以教会博士为世人所熟知的圣奥古斯丁（354—430 年）在其初期的著作《论秩序》（*De ordine*，第二卷第四章，386 年）中指出，对于存在于伟大的真善美的框架之中的丑与恶，也是可以给予一定肯定的。这个观点，也许在文学家们表面上诙谐的深处是可以说得通的。在一定的情况下，如果说可以将卖春女视为为了阻止更大的恶的存在的话，那么对这类必须存在的恶而闭上眼睛的行为，也是极具人性的一种处世方法。如此一来，《法典七章》中不针对卖春，而是优先视强奸、违背人伦、男色为问题所在，也就很好理解了。行政方面自知法律的不完备，也为了确保自己的主导地位而不得不出台各式规定，文学家们也不会对这充满人性的攻防保持沉默。笔者的百科全书类的藏书中，有一部是在 19 世纪西班牙出版的全十卷的教会学百科。在该百科中查找"卖春"一项，发现上面记录着："现行的法律不处罚卖春行为的理由是，卖春女会受到周边的人们的鄙视，仅此就已经受到足够的社会制裁了。"从这万般无奈的解说中能够读出一种文学上修辞的人，一定不止笔者一人。

第三章　饮食的研究

路易斯·德·贡戈拉（Luis de Góngora y Argote，1561—1627年）

饮食习惯

不需要引用列维-斯特劳斯，我们也知道饮食在作为生存的最基本条件的同时，也是一个高度发达的文化现象。既然是文化现象，那么饮食就会随着时代与人的不同而出现不同的表现方式。

富人因为财富而衣食无忧，穷人则因贫困而食不果腹，这个结构在哪个时代都是成立的。只是使该现象正当化的理由，却随着时代而变化。在中世纪那样的等级制社会中，饮食是和身份等级相挂钩的。每个人的饮食都必须与自己的身份相符。也就是说，比起因为富有而吃豪华大餐，倒不如说是吃符合身份的食物为当时的社会习惯所要求。下等阶层的人们因为某些偶然而美餐一顿，这是脱离他们作为下等阶级"任务"的行为，属于比我们通常认为的还要严重的违规行为。这种能够让我们联想到托马斯·阿奎那的思想，在14世纪后半叶才在西班牙真正扎根。

穷人就要过穷人的生活……比如说大量食用"大蒜""洋葱"等物，这就是低级身份的最好证据。堂吉诃德对桑丘这样说过："为了不要因为气味而暴露了你平民出身这件事，别给我吃大蒜和洋葱了。"（下卷第三十一章）某女性也用"这个大蒜男"（下卷第三十一章）来骂过桑丘，流浪汉小说《小癞子》中因为食物而烦恼的主人公曾"在早饭的时候吃了几个卷心菜的芯"（第三话），这些描写都非常直白地向读者诉说着他们的社会地位。

堂吉诃德命令桑丘要"保持清洁，指甲不要留，要修剪"（下卷第四十三章），这和现在说明的也是同样道理。就是说，在当时有惯例，只有出生在高贵的家族的人才能留长指甲。所以，在这里堂吉诃德不仅仅是叫桑丘要保持清洁，而且是在命令他要遵守与自己身份相符的生活态度。

反过来也是正确的。在日本，武士就算是饿着肚子，也要装出饱腹的模样来。这种现象随着已经确立起来的等级制度的扭曲，越来越常见。解释该现象的典型例子就是小癞子服侍的第三任主人，虽说是家道中落，但也好歹是个准骑士，他就算是忍耐着饥饿也要嘴里叼着藁的树枝来装作已经饱食一顿（同上第三话）。戈维多也在其流浪汉小说《欺诈犯》中，描写了这种虚荣的景象。戈维多让一位为了装出饱腹样子，而提前准备好面包屑沾在胡子和衣服上的空腹男子在作品中登场（第三部第二章）。这些景象都是一种既滑稽可笑又可悲的严肃仪式。

　　暴饮暴食会导致金钱的浪费，甚至会招来国家存亡的危机。将该问题真正放到国家层面来思考的，就是之前引用过的费尔南德·拿巴雷特所著的《护国论》。费尔南德着力强调，在以前的西班牙倒也还好，但是以发现新大陆为契机，西班牙开始逐渐扩大自己的领土，不仅仅是暴食，那些与西班牙人不合的食物也从新大陆被带入西班牙，并导致各种疾病蔓延开来。如果再加上各种食物浪费的话，最终会导致国家的灭亡（第三十六讲）。

《含有我国国语的通俗谚语的西班牙医学》的扉页

　　禁止暴饮暴食的戒律不管在西班牙还是在日本都是存在的。在1615 年和 1616 年之间，曾经出版了一本奇妙的词典，那就是胡安·索拉潘·德·列罗斯（Juan Sorapán de Rieros，1572—1638？年）

编的《含有我国国语的通俗谚语的西班牙医学》（*Medicina española contenida en proverbios vulgares de nuestra lengua*）。在该书中记载着一则奇怪的格言："吃得多的话，吃的量就会减少。"（谚语之二）因为大胃王的寿命会缩短，所以从其一生来考虑的话，全部能吃的食量是相对减少的。这个想法其实在中世纪的西班牙就有了。在拉蒙·卢利的《一千个谚语之书》（*Libre dels mil proverbis*）中也收录了"好食者不能久活"（第四十二章）这样的格言。而使上述的训诫得到进一步发展的则是马特奥·阿勒曼的作品《古斯曼·德·阿尔法拉切》，该书写道："食物的种类和量只要一多，就会产生有害的体液，而这些体液则会引发各种重病和致命的中风。"（前篇第二书第四章）

在了解这些对暴饮暴食的警戒之后，让我们把视线转移到餐桌上来。直到 18 世纪，西班牙的一般家庭里是没有奢侈的"餐厅"的，基本上是把低矮、容易搬运的圆桌搬到他们吃饭的地方。这种典型的桌子有两个抽屉，一个放面包、装盐的容器和刀，另一个则放桌布和餐巾。吃饭时供个人直接使用的刀要等到 17 世纪下半叶，也就是菲利普四世的时代，才在一般大众中普及开来，所以那之前的刀都是指切开大块的肉时所使用的刀具。而现如今我们使用的调羹则比刀还要早，在 16 世纪的时候就已经在餐桌上出现了。

如果考虑到当时的家庭里没有餐厅这件事的话，洛佩·德·维加的作品里出现以下的台词也就很好理解了。"快把桌子拿来，然后告诉利萨尔达和贝尔萨，快点把桌布给铺好"，在晚餐之后，"已经很迟了，快点把桌子收好。客人想要休息了"（《在角落的平民》[*El villano en su rincón*]，第二幕）。关于餐桌，还有一个有趣的事实。

那就是，除了派对那样的特殊情况以外，妇女是不能和主人同桌进食的，就连国王夫妇都基本上在不同的地方进食。在南部的安达卢西亚地区，不知是否是受到伊斯兰文化的影响，妇女习惯蹲在主人的身边，靠着小靠枕进食。

至于饮食的食材和时间，存在着刚才提到的等级差异，这是不用说的，除此之外，还有一些较大的地域和个人习惯的差异。在这里，粗略地概括一下。

首先看看早饭。出生在与哥伦布发现新大陆同一年的 1492 年，占据西班牙思想史上重要地位的人物之一的胡安·路易斯·比维斯（Juan Luis Vives，1492—1540 年），在迎来思想上的成熟期时，他却使用拉丁语写了一本与其平时的风格不同的书。那就是名为《拉丁语练习》（*Exercitatio Linguae Latinae*，1538 年），并以《对话》的俗称被人熟知的拉丁语学习读本。在该书中记载了许多有关饮食的有趣事项。比如说，早饭吃的是涂上油的由未精选过的小麦制成的面包和当时季节的水果（对话第七）。在《堂吉诃德》下卷中，桑丘·潘沙被公爵夫妇的花言巧语蒙骗，成了某岛的执政官，受到宾客般待遇。当桑丘起床时，有这么一段描写，"因为佩德罗·卢西奥医生的命令，早饭吃了一些沾了砂糖的水果，喝了四杯冷水。但是桑丘还以为这是拿去换一块面包和一串葡萄的"（下卷第五十一章）。

除此之外，还有各式各样的早饭。从刚起床后只喝一杯水的，到拿可可

胡安·路易斯·比维斯
（Juan Luis Vives）

充数的，还有文献记录了在早餐吃猪腿肉的，可谓五花八门。贡戈拉的一首有名的诗中有这么一段："在冬日的早上，享用橙子汁和烧酒。"貌似刚起床后喝杯烧酒的风俗非常普及，在各种文学作品中都有提及。还有记录拿橘子皮做的果酱来配烧酒的。在萨瓦莱塔（Juan de Zabaleta）的《节日的早晨》（*El día de la fiesta por la mañana*）中，描写了一位贪吃鬼吃早饭的样子。他在床上伸着懒腰，把餐巾铺在膝上，再在肩膀上披上别的布料。边用手撕着面包边吃，还等着有人帮他把早餐的盘子端来（第十三章）。可惜的是，作者并没有下功夫描写早餐盘子里具体盛的是什么。

在现如今的西班牙，午饭时间大多是在下午 2 点左右，但是这一习惯并不是古来就有的。虽说时间总会有些偏差，但是基本上是在中午 12 点左右吃午饭。在戈维多的《欺诈犯》（第三部第二章）中也有等着听到 12 点的钟声才开始吃饭的场景。活跃在 16 世纪上半叶的文人佩罗·梅希亚（Pero Mexía）的《对话集》（*Diálogos*）中的台词，"现在 12 点的钟声已经响了，所以就不要说准备（午饭）太麻烦这种话了"（有关招待的对话之二），从中也可以推断出来。在《小癞子》的第三话中，作者巧妙地描写了在过了 1 点之后空着肚子回到家中的小癞子，期待着主人命令他准备午饭，却被主人无视，一直到了 2 点都没有透露出半点准备午饭的意思之后而感到绝望的模样。在刚才提到的萨瓦莱塔的作品中也有出现以下的场景，在过了 11 点后自以为酒肉朋友们会带着食材过来，但是直到下午 2 点都一直在外面与人闲谈，在回家后询问午饭的准备情况（第十三章）。不管怎么说，后者的 2 点在当时应当理解为，就午饭来说是一个非常迟的时间点。在之前引用过的利尼安·伊·贝尔杜哥的都市向导书当中，描写了一位男子因为午后 2 点回到住所却吃不到午饭而发怒的故事（警告之七，"小说与训诫"之十二）。因为午饭的内容比起早餐来更加丰富多样，在这里就不细讲了，我们姑且把视线转向晚餐。

在现在的西班牙，到晚上 10 点才开始吃晚餐的现象也并不少见。在先前提过的比维斯的《对话》中有这么一节对话："已经 6 点了？大家赶快动起来吧，来，快把书都挪开。动作快点，动作快点。去准备餐桌，椅子放这边。把桌布给铺上，餐巾也是。去把面包也切咯。"（对话之七）如此看来当时和现在的情况是不太一样的。但话又说回来，菲利普二世国王在他给自己孩子的信中却有这么一句："这封信就到这儿吧。已经都 8 点了，晚餐也都摆上桌了。"如果当时的人们都是在比较早的时间段吃晚餐，那么就不难理解巴尔塔萨·德尔·阿尔卡萨尔（Baltasar del Alcázar，1530—1606 年）的长诗《晚餐》（Una cena）中的那句"已是 11 时，开始入睡吧，剩下的留给明日"。和现在相比，晚餐的时间较早的理由之一，可能是在胡安·索拉潘·德·列罗斯的医学谚语集中出现过的"想要过健康生活的人，中午要吃少，晚上要吃早"（谚语之七），这种想法开始被人们接受。只是在 17 世纪的文献中，也存在一些男子深夜过了 11 点才回家躺在床上简单地吃些晚饭这种令人感到疑惑的记录。

晚餐似乎是要避开热菜。在 1633 年访问西班牙的某位德国人，也曾经记下在西班牙晚饭吃热食的人几乎没有。在蒂尔索·德·莫利纳的《圣人与裁缝》中，作者也莫名地强调了晚餐并不是温的这件事："冰冷的莴苣两个，然后再煎一个微温的煎蛋。"（第二幕第二场）除此之外，一般来说晚餐都是吃一些朴素的食物，比如面包加奶酪，有时会有一些葡萄或葡萄干。堂吉诃德也对桑丘·潘沙忠告道："午饭要吃少些，而晚饭则要更为慎重。那是因为身体整体的健康是由胃袋来调节的。"（下卷第四十三章）众所周知，像古训谚语之类的大都会出现矛盾。索拉潘·德·列罗斯汇集的谚语说道："中午吃少，晚上则多吃的话，就能睡个安稳觉"（谚语之九）；晚饭不好好吃的话则会梦到无聊的梦境（谚语之八）。此外，人们还被建议在睡前多补充水分。

经过以上一番说明，虽说我们大致对饮食的时间段有了了解，但是对于中午和晚饭的伙食的比例方面还是摸不清楚状况。这也是没办法的事情，毕竟实际的文献资料中存在着矛盾之处。还有一些事实会让我们对午饭与晚饭也产生混乱。在先前提到的那位德国人的记录中，记载着"西班牙人只吃午饭"。而此人正是之前写"西班牙人晚饭不吃热菜"的那位。难不成对于德国人来说，不吃热食就算不上正式的一餐吗？虽然在这里我们无法直接回答这个问题，但是比维斯的《对话》中有句引人注目的记载："你们得知道，既有像古时的人们那样只吃晚餐的人，也有听从近代医生的指导只吃午餐的人。还有人遵从哥特人的习惯，中午吃午饭，晚上吃晚饭。"（对话之十四）

至于午饭和晚饭都吃，一日体验两次饱腹的习惯是不是由 5 世纪初进入西班牙的哥特人所带来的，笔者孤陋寡闻无可得知。但是从 16 世纪比维斯的文章中可以得知的是，像现代人那样理所当然地一日同时享用午餐和晚餐的习惯，起码在那个时代并不是普遍的。而作为人的生理现象的空腹状态，在许多情况下其实是受文化习惯所左右的。

悲叹与破损

那么堂吉诃德又过着怎么样的饮食生活呢？在上卷第一章中，有描写准确地来说应该是他发狂踏上旅途之前，作为乡绅时的堂吉诃德（本名阿隆索·吉哈诺）的饮食习惯的篇幅。"在中午的时候，炖菜里牛肉比羊肉多。晚上大多使用中午剩下的肉，加上细切的洋葱，再拌上香料，星期六是咸猪肉配鸡蛋，星期五吃扁豆，星期天加上一只野雏鸽，这就用去了他四分之三的收入。"

虽说比起羊肉更多地使用了牛肉，但是我们不能仅凭此就认为这是非常奢侈的。其实从这里，反而可以看出乡绅阿隆索·吉哈诺的收入是不太理想的。那是因为在当时的西班牙，牛肉是比羊肉便宜的。1533 年，一磅牛肉（460 克左右）要 10 马拉维迪，羊肉则是 15.1 马拉维迪，也就是说羊肉比牛肉贵了约 0.5 倍。虽说之后，牛肉开始明显涨价，在 1632 年出版的洛佩·德·维加的作品《拉·多罗特亚》（第五幕第二场）中，牛肉一磅要 12 马拉维迪，羊肉要 14 马拉维迪，差距已经在缩小，但还是羊肉贵。考虑到《堂吉诃德》的时代背景的话，两种肉的价格应该是存在着一定差距的。而且，仅仅伙食费就花了收入的四分之三，想要成为骑士这类高等身份的人物，不得不说其恩格尔系数来得太高了。

在这里让我们来重点看看"咸猪肉配鸡蛋"。对于这个部分，西班牙语原文是 duelos y quebrantos，如果严谨地按照字典来逐字翻译的话，则为"悲叹（=duelos）与破损（=quebrantos）"。那么为何"悲叹与破损"会是"咸猪肉配鸡蛋"呢？在考虑翻译的问题之前，让我们先来考虑一下这个被命名为"悲叹与破损"的料理的到底为何物。直至今日，已有多数研究塞万提斯的学者挑战过该料理，但是却没能给我们一个明确的解答。虽说这只是一道菜，但非同小可。因为这是堂吉诃德经常会食用的一道料理。让我们边参考以活跃在国立图书馆馆长这个职务上的博学家罗德里格斯·马琳（Francisco Rodríguez Marín，1855—1943 年）为首的学者们的研究，边抱着徒劳无功的觉悟来接近"悲叹与破损"这道菜的真身吧。

这道菜神秘的理由非常简单，因为它在塞万提斯生活的那个时代出版过的料理书中根本没有记载。但是正如后人所见，在文学作品中这道菜是经常被提及的。

如果要从西班牙料理书籍中选几本重要的话，在 1423 年由恩里克·德·比列纳（Enrique de Villena，1384—1434 年）写的《剪断术》（*Arte cisoria o tratado del arte del cortar del cuchillo*）就是其中一本。该书的副标题是《菜刀切法之书》，副标题提示的内容以外，书中也记载了许多中世纪的料理，作为廷臣礼节的书一直到 16 世纪都还有一定影响力。顺带一提，该书是第一本由近代欧洲的语言写成的烹饪书。

到了 16 世纪，由加泰罗尼亚语写成的《料理之书》（*Llibre de coch*）出版于 1520 年，五年后在托雷多市该书被译为西班牙语出版。作者是诺拉（Ruperto de Nola），在该书中比起西班牙的料理，作者花费了更多的页数在意大利料理上。同样是受到意大利的强烈影响，于 1599 年在马德里出版的由迭戈·格兰纳多（Diego Granado Maldonado）著的《料理技术之书》（*Libro del arte de cocina*）是使用西班牙语写作的最早的正式的烹饪书。进入 17 世纪后，新出版的料理烹饪书也层出不穷。1607 年，特别是 1611 （？）年出版的马丁内斯·莫蒂尼奥（Francisco Martínez Mo[n]tiño）的料理书，也因为作者作为菲利普三世的主厨具有非一般的影响力，多次再版。

但是在这里我们面对的问题是，在以上这么多的料理书中均没有出现"悲叹与破损"这道菜。既然书中没有为我们解明该料理的具体做法，那么我们只有利用其他的资料另辟蹊径。而作为线索的就是先前提到的那些言及"悲叹与破损"的文学作品。

戏剧家洛佩·德·维加的作品《托尔梅斯的山里的姑娘》（*La serrana de Tormes*）中有这么一幕："主人，为了悲叹与破损而使用十二个鸡蛋。"（第二幕）从中我们可以得知该料理与鸡蛋是有联系的。第二个线索也在洛佩的作品中出现，在《贝里沙的勇敢》（*Las bizarrías de Belisa*）第一幕第九场中有这么一句："（她们）一边享用悲叹与破损中炸过的带有脂肪的猪肉。"也就是说，该料理也是和带有脂肪的猪肉（也就是现今的培根肉）有关的。而在洛佩的《巴伦西亚的狂人们》（*Los locos de Valencia*）第二幕第四场中也这样写道："就算是用装有悲叹与破损的平底锅杀了我也无妨。"这第三个线索告诉了我们似乎"悲叹与破损"要么是炸的食物要么是烧烤的。

卡尔德隆·德·拉·巴尔卡作的戏剧《寡妇的哀悼》（*El pésame de la viuda*）为我们提供了几乎决定性的一小节："一点点放入鸡蛋和猪肉／啊啊！悲哀的／伤心的，凄惨的寡妇她有／许多的鸡蛋和猪脂肪肉／那就是悲叹与破损。"从以上的片段中，我们可以暂且得知这道神秘的料理的真身是炒鸡蛋和培根肉，但是先不急着下结论，让我们再从其他的角度来观察观察。

而我们说的其他角度，指的就是将目光放到堂吉诃德在星期六这天吃"悲叹与破损"这点上来，让我们从基督教的肉食禁忌上来考察这个问题。正如世人周知的那样，宗教会禁止一些特定的食物，特别是禁止在特定的日期里食用那些食物。比如说在《旧约圣经》的《利未记》中第九章以后的内容就曾详细记载了犹太教的饮食条例。而从奥古斯丁的文章中，我们也可得知从公元4世纪以后在星期六严控食肉这件事已经近乎成了一种制度。

在这里稍微整理下有关基督教的饮食规定。万幸的是我们有一个便利的资料可以使用，那就是由在历代罗马教皇中也以学识拔萃出众为人所熟知的本笃十四世（1740—1758年在位），在1745年1月12号公布的有关周六肉食限制的历史概要的大敕书。根据该大敕书，我们可以大致得知以下的内容。

公元5世纪初的教皇英诺森一世（402—417年在位）在书信中写到，如果大家因为心中念着基督受难而在星期五禁食肉食，为了纪念主的复活不仅仅是在圣周，连周日都可以禁食肉食的话，那么夹在悲痛和喜悦之间的星期六禁食肉食也不是没有道理的。但是这个规定并没有得到严格的执行，在11世纪下半叶的时候，教皇格雷戈里七世（1073—1085年在位）将星期六的禁食肉食规定缓和为鼓励执行的等级。

那么下个疑问就是，由教皇方面制定的规定是否渗透进西班牙。据前文的本笃十四世的调查，无论是在塞万提斯时代的西班牙，还是马略卡岛、西北部的加利西亚地区、卡斯蒂亚，虽然通常的肉食受到限制，但是动物的内脏、头部和手脚上的肉还是如往常一般被民众食用。只是根据其他的资料，除了卡斯蒂亚之外，西班牙各地区都是鼓励或推崇实施星期六肉食节制的。

在16世纪中叶召开的特利腾大公会议也曾就肉食限制进行了一番审议。根据议会议事录，结论就是，天主教会十分重视在教会指定的日期内施行食肉上的限制，遵守规定的人会得到神的嘉奖，而轻视该规定的人则会受到神的严正惩罚（第二十五部修订规定第二十一章）。

让我们再次回归到文学作品上来。在特利腾大公会议召开的数年前，公布的路易斯·比维斯的《对话》中出现了两处颇为有趣的发言。"在（为了宗教仪式而）通宵的日子，倒满一杯加入面包片的牛奶，然后如果能买到市场便宜的新鲜鱼类，我们就能忍受。""通宵或者遵守小斋（为了回忆起基督受过的苦难而限制肉食）的日子里，作为肉类的代替品，要么吃烧鸡蛋，要么吃煎蛋，或者要么就吃水煮蛋，除此之外就是享用在平底锅里加入醋后滴入一滴未熟葡萄的果汁而做成的西班牙煎蛋。"（两则均为对话之七）这也就是说在特利腾大公会议再次确认之前，英诺森一世所说的该规定是被遵守着的。

而在《对话》公布于世的大约十五年后，在《小癞子》的第二话中有一句，"在星期六的话，那就要吃羊头的"，在更后面的戈维多的《欺诈犯》中也有这么一段，"星期六的食物里，虽说不能吃动物的脑子，但是可以吃头部和舌头"（第三部第九章）。将以上的部分与本笃十四世的报告书相结合的话，会发现在星期六虽说严控肉食，但是这里的严控似乎指的是动物身体的肉。那么从此可以推断出，"悲叹与破损"里使用的肉应该是动物内脏或者四肢，包含脖子在内的头部（大脑也含在其中）的肉。

那么接下来我们要回答的是，为什么这道菜取了"悲叹与破损"这样一个不伦不类的名称。先来看看悲叹（duelos）吧。该单词在由胡安·德·巴尔德斯（Juan de Valdés，1541 年去世）写于1535 年的《国语问答》（*Diálogo de la lengua*）中是作为一个被贴

87

上"丑陋的"标签的西班牙语单词。在 18 世纪末，佩利塞尔（Juan Antonio Pellicer，1738—1806 年）对此提出了一个颇为有趣的解释。根据他的说法，拉曼查地区的牧人会定期将死去的牲畜递送给领主或者主人。饲养主自然会伴随着悲叹度日，将该家畜的骨头折断，也就是在星期六用破损的肉做成料理食用。虽然听上去有些勉强，但是考虑到这道料理的名字本身就是一种异常的存在，出现这类的解释也是不足为奇的。

因为必须克制食肉，所以将悲叹与苦行、禁欲联系在一起的说法也有。在先前提到的《国语问答》中也被引用过，自古传来的谚语中有"与面包一起的话悲叹也无妨"这么一句。而该谚语的原意是，只要有食物就算是悲伤也能忍受，只要有任何好事发生就算是苦劳也能忍受。但是也有学者将其解释为"在悲叹中加入面包吃的话，料理会变得更加美味"。这里的"悲叹"并不是抽象意义上的，而是料理的名字。但是这种说法是站不住脚的。那是因为在卡尔德隆·德·拉·巴尔卡的幕间剧《接待客》（El convidado）中有此谚语的另外一个版本，"有面包的话悲叹也会减轻"。如果此谚语中的"悲叹"是指料理，那么卡尔德隆的这一小节就无法解释了。

在 1611 年，也就是《堂吉诃德》下卷出版四年前公之于世的一部字典里写道："在拉曼查地区，鸡蛋与动物脑子的煎鸡蛋卷被称为破损。"虽然有些猎奇，但是为了取出脑子确实得将头盖骨击碎才行。

笔者探讨了以上的种种解释，对于这个奇妙名称的来源虽说仍存留模糊的地方，但大致上来说有了一定的了解。但是最终的答案依然包裹在重重谜团之中。而将"悲叹与破损"翻译为"咸猪肉配鸡蛋"是否适当这点，在这里也就不深入探讨了。当然，"悲叹与破损"这种直译是不能拿来用的。更何况使用的肉类为猪肉的话，在这里可以通过食物来表达人物既不是伊斯兰教徒，也不是犹太人，而是如假包换的基督教徒这点。

在18世纪初期成立的西班牙皇家语言学院出版的字典第一版到第五版中，将方才介绍过的说法详述为"在拉曼查地区，鸡蛋与动物脑子的煎鸡蛋卷被称为悲叹与破损"，在这之后却改变了原先的定义，在1925年第十五版和1984年第二十版中是这样写的："将鸡蛋，再加上动物的内脏，手脚上的肉，特别是培根或者是大脑油炸过的食物，这是在卡斯蒂亚诸国里属于符合教会规定的半限制肉食的食物。"如果硬要将其简单化来解释的话，那么也许可以直接说是"培根鸡蛋"。然而问题并没有在此就这样解决了。堂吉诃德虽说在星期六吃"悲叹与破损"这道料理，但是并没有说只在星期六吃，在这里又重新回到最初的出发点。

但不管怎么说，在当时的烹饪书中没有出现这道料理这件事本身，就说明了这不是一道能够端得上台面的高级料理。没落的绅士能够吃得上的，可以确定为平民百姓的食物。而从结果上说，虽然有些老调重弹的感觉，塞万提斯之所以将"悲叹与破损"选为堂吉诃德星期六的食物，是因为要让其在走上发狂之路之前，在冒险的旅途上经历各种辛酸之前，就已经每逢星期六食用"悲叹与破损"了，这是为了让其提前准备自我的悲叹与破损。奔向疯癫是以骑士小说为精神上的食粮，以这种悲叹与破损作为生理上的食粮来实现的。在之前引用过的1611年的字典中写着"鸡蛋与培根是上帝的御赐之物"，而"食用"由这两种食材组成的朴素料理的《堂吉诃德》这部作品，不也正是其创造者塞万提斯赐给我们的无可替换的精神上的养分吗？

腐烂的炖菜

继"悲叹与破损"之后，让我们来探讨另一种奇妙的料理"腐烂的炖菜"。并不是为了卖弄玄虚，而是该料理可以说是塞万提斯时代西班牙的代表料理。因为该料理名的西班牙文为 olla（炖菜）+ podrida（腐烂掉的），所以也只能翻译为"腐烂的炖菜"。

在笔者所知的西班牙语历史的范围之内，16 世纪上半叶方济各会的神父安东尼奥·德·格瓦拉是最早提及该料理的。而该料理的发源地貌似为加泰罗尼亚地区，但并没有局限于该地区，而是在西班牙全国各地传播开来，甚至还跨越了国界。

而跨过国境的典型例子之一就是有美食王国之称的法国。侍奉拿破仑的厨师卡雷姆（Marie-Antoine Carême，1784—1833 年）在 1833 年出版的著名烹饪书《巴黎的厨师或者 19 世纪的厨艺》（*Le Cuisinier parisien ou l'Art de la cuisine française au XIXe siècle*）中，详细描述了"腐烂的炖菜"。1866 年，《法国料理辞典》（*Dictionnaire de la cuisine française*）中明文写道，法国料理"火上锅"（pot-au-feu）的由来就是西班牙的"腐烂的炖菜"。而如果我们将时间轴再往前拨一点，在 1787 年于西班牙出版的字典中记载道，法国料理"Pot Pourri"与西班牙的"腐烂的炖菜"相似，也正如其名"腐烂掉的（=pourri）锅（=pot）"。除此之外，大仲马在其 1873 年的《美食大词典》中也曾言及，可以说是完全不缺该料理对法国的影响的佐证。甚至不夸张地说，腐烂的炖菜可以被誉为代表了文艺复兴时期的具有纪念意义的料理。

作为空想社会主义者的巴黎贵族圣西门（Claude Saint-Simon，1760—1825年），在西班牙的拉曼查地区品尝过后也曾对其赞不绝口，这道有着令人不快的名称的料理到底是什么呢？幸运的是，与"悲叹与破损"不同，古老的烹饪书中详细说明了"腐烂的炖菜"的构成。在"悲叹与破损"那节已经引用过的1599年的迭戈·格兰纳多或者马丁内斯·莫蒂尼奥等人的烹饪书中也都非常详细地为我们解释了这道菜。

通过翻阅以上两人的著作，我们可以得知"腐烂的炖菜"与日本的相扑火锅*十分类似。洛佩·德·维加的作品《狮子们的孩子》（*El hijo de los leones*）第二幕中，详述了北部山丘的"腐烂的炖菜"。材料极其丰富，有上等羊肉、肥母牛肉、母鸡（特别是那些睡在公鸡身侧的味道更为鲜美！）、兔子、生火腿肉，还有其他的

炖菜的图

---

　　*　相扑火锅，是将鸡肉、鱼肉、豆制品、蔬菜、大米等放在一个大锅内炖煮，为相扑选手经常吃的一种高营养与大分量的餐食。

香肠类，并且可以根据个人需求加入大蒜、洋葱、白萝卜、胡萝卜等蔬菜。既然是一锅乱炖，那么以上没有提到的食材也是可以随意加入的，同样是在先前引用过的洛佩的作品《拉·多罗特亚》中也曾提到香菜、橄榄等物被放入料理中（第五幕第二场）。

就像当时的谚语所说的那样，"没有蔬菜的炖菜，既没有味道也不能使人满足"。南瓜，青椒，卷心菜，就算是加入从新大陆传来的土豆也无妨。在弗朗西斯科·德利卡多（Francisco Delicado）的小说《厚脸皮的安达卢西亚女人》（*La lozana andaluza*）中写道："咱们家的闺女阿尔东萨啊，不加洋葱的炖菜呢，就像没有鼓乐的婚礼一样啊。"（第二话）虽说洋葱原本是身份低微的人们吃的食物，但是如果炖菜没加洋葱，那就像失去了灵魂一样。正是因为恰到好处地加入各种食材进行炖煮，在洛佩的作品《狮子们的孩子》中才会出现以下的台词："比起国王夫妇的餐桌上出现的豪华而纤细的食物，这种料理才会得到大家的更多好评吧。"

曾经有记录显示使用了橄榄油、醋、砂糖，时而加些牛奶等来调味，虽然实际上说是调味，但真正的技巧是如何将各种食材本身拥有的味道提取出来，关键就是要用小火慢炖。虽说是原味，但在格兰纳多的烹饪书中有时也指那些素材在煮前保有的状态，比如说"撒了盐的猪喉咙肉""没放盐的生火腿肉"等。

和"悲叹与破损"一样，腐烂的炖菜这种稀奇古怪的名称又是从哪来的呢？大致来说有三种解释。第一种是由科瓦鲁维亚斯（Sebastian de Covarrubias，1539—1613 年）在其 1611 年出版的字典里提供的解释。"加入羊肉、牛肉、母鸡肉、阉割过的鸡肉、乳鸽、细长的香肠、猪脚、大蒜、洋葱之类的各种食材，（中间省略）花上足够多的时间慢炖，因为锅里的食材都炖烂变了形，所以被人称为腐烂掉的。"这是个颇为有力的说明。

　　第二种说法是恶臭说。既然是腐烂掉的,那么恶臭说看起来应该是最正统的解释。因为放入了各式各样的食材乱炖,而最终整锅料理开始释放出令人无法忍受的臭味,仿佛将腐烂掉的东西放入锅中一样。但是就算是将各种食材一起放入锅中,真的会释放出恶臭吗?让我们来听听桑丘·潘沙的评价吧:"跑堂的和往常一样,将腐烂的炖菜端了上来,真是越腐烂越香。可以往里面随便加入喜欢的食物。"(下卷第四十九章)虽说写着"真是越腐烂越香",但这里的腐烂并不是字面上的意思。

　　还有别的资料能够为我们提供更多的依据来批判恶臭说。那就是卡尔德隆·德·拉·巴尔卡的短篇戏剧《料理》(*Los guisados*)。在这部充满幽默感的作品中,作为登场人物的"炖菜夫人"有以下这么一段自夸的台词:"我是会将奢侈的食材放进去的。带有脂肪的肉、卷心菜、埃及豆、茄子、洋葱,再加上大蒜。(中间省略)大家都称我为腐烂掉的。这是天大的错误,因为只有在客人多的时候我才会腐烂(烦恼)。"从桑丘·潘沙的发言和客人众多时发牢骚的"炖菜夫人"的发言中,可以看出恶臭说是不成立的。

　　第三种解释,也可以称为写错说。在西班牙北部山区里有种要炖上个两三天的豪华料理,该料理直到今日都还被称为 olla poderida(并不是意思为"腐烂的"的单词 podrida),只有在特别的日子里才能享用。虽然 poderida 这个单词并不存在于西班牙语之中,但是我可以联想到另一个单词 poder。这个是意思为"能够做到某事"(相当于英语的 can)的动词,作为名词的话则有"力量、权力"的意思。所以将 olla poderida 解释为权力者吃的炖菜也并不是不可以。毕竟在古时的谚语中都曾经说道:"牛肉和羊肉是骑士的炖菜。"从这里继续展开，将其解释为"强壮的炖菜、富含营养的炖菜"也是存在可能性的。

但是在塞万提斯时代的文学作品中出现的单词是 olla podrida，下至平民上至贵族都曾经食用过腐烂的炖菜，那么这个词尾变形说是根本说不通、存在矛盾的。而且就算意思不是"腐烂的"而是"权力者的"，那么就根本无法解释为什么在戈维多的讽刺作品《万物之书》中会出现"那个女人长着一副像炖菜腐烂掉的脸"（"有关容貌"之章）这句台词。因为在剧中，该女性长着像猪一样的鼻子，而如果将其翻译为"那个女人长着一副权力者的脸"，不管怎么说这都是不通的。所以到头来还是科瓦鲁维亚斯的解释最令人信服。

至于该料理在当时流行开来的理由，桑丘·潘沙为我们做了非常详细的解释。"现在貌似正在煮腐烂的炖菜。因为腐烂的炖菜里加了各式各样的东西，所以总会遇上自己喜欢的，给自己留下美好回忆的食材。"（下卷第四十七章）不是为了一个人，而是为了口味各不相同的人们都能在同一个锅里得到满足，并且根据伙食费的多少还能调整炖菜的材料，如此便利的料理可不是哪都有的。

虽然现如今已经不能在餐厅里找到该料理，但是在 1820 年的某位军人写的诗中明确提到了这道菜："在汤之后就是威风凛凛的 / 腐烂的炖菜的登场 / 准是有母鸡肉、香肠还有羊肉 / 生火腿肉和母牛肉与埃及豆相辅相成 / 并伴随着新鲜的肥肉露出其面貌。"暂且不顾此诗写得如何，既然能在戏剧的主人公升迁的诗中被歌颂到，那么腐烂的炖菜的味道自然是没话说的吧。

在方才我们提到，该料理甚至还被纳为法餐的一种，但作为英国的政治家和文人而享有盛誉的迪斯雷利（Benjamin Disraeli,

1804—1881 年）在 1830 年 8 月 1 号从西班牙南部的小镇卡迪斯寄出了以下的这样一封书信："西班牙料理主要使用大蒜和劣质的橄榄油，所以不太合我的口，但是其中也有值得一提的料理。其汤底非常不错，可以称上全世界最好吃的，那就是炖菜了。"虽然我们无法确定 19 世纪的炖菜与以塞万提斯为首的文学家们频繁提到的腐烂的炖菜是否为同一料理，但是西班牙发源的大杂烩最终变成了西班牙的传统招牌菜这件事是不会错了。而与一般大众的印象中十分精致的法式料理比起来，西班牙料理就过于喜欢用土里土气的名称。

沙拉与甜品

"为了忍受武器和工作的负荷，那就必须先填饱肚子才行。"（《堂吉诃德》上卷第二章）这是堂吉诃德自己的发言，连主人公都这么说了，可以得知该作品实际上对饮食的描写非常之多。上卷和下卷合起来总共 126 章，有 59 章都有提到食物。平均下来就是每隔一章节就要提一次吃的。以面包为首，饮食并不是由单纯拿来果腹的食物组成的。既然有肉和鱼之类的酸性食物，如果不摄入碱性的蔬菜是达不到营养均衡的。但如果蔬菜吃太多了，反而会在热量上扣分。虽说是老生常谈了，但平衡的饮食生活确实非常重要。所以在这小节里，我们会就当时的沙拉和餐后甜品进行调查。

17 世纪下半叶，英国的日记作家约翰·伊夫林（John Evelyn）在《沙拉》（*Acetaria*）一书中将沙拉定义为"生菜的配菜"，但在这个定义之前沙拉就已经面世了。在《巨人传》的第一部第三十八章中讲述了巨人卡冈都亚在莴苣上浇上橄榄油、醋和盐来做沙拉，并吞食了藏身于莴苣之中的 6 名巡礼者的事迹。

在不久之前的日本，沙拉是与欧洲稍许不同的，指的大都是煮好的红薯与胡萝卜、黄瓜等拌在一起的土豆沙拉。比如说在《堂吉诃德》上卷第四十一章中，奴隶曾经这样说道："我为了制作沙拉，而正在寻找能找到的草（蔬菜）。"偶尔也有往沙拉中加入水果的，这个做法是由加勒比海地区传入西班牙的。顺便一提，在现今沙拉中不可或缺的西红柿也是从新大陆传来的。

而在现在的西班牙，提起混合沙拉，大都指在莴苣和西红柿上浇橄榄油和醋。但在古时的西班牙，有许多种有趣的沙拉。"圣依西多禄沙拉"是只在马德里的守护圣人圣依西多禄的节日上吃的，由卷心菜和蘸了醋的金枪鱼拌在一起而成。而"塞维利亚沙拉"则是由莴苣配上无核的橄榄，偶尔也加上艾篙。拉曼查地区自古以来就有用带核橄榄和洋葱制成的沙拉。这是将洋葱切细后加入橄榄果，然后与水、盐、醋和橄榄油搅拌而成的餐后食用的沙拉。

而在这里出现的一个关键的问题则是，沙拉究竟是要在餐后再食用，还是和别的食物一起，或者是在餐前食用。比如在当代的法国家庭里，在享用过肉类等料理之后，就会经常食用莴苣沙拉。在流浪汉小说《古斯曼·德·阿尔法拉切》中的一节里"像我那样漂亮的肚子里那些无用的新鲜沙拉"（上卷第一书第五章）在肉类料理之前就已经端上来了。而在比维斯从罗马诗人马提亚尔的《语录集》中引用的诗句里有这么一段，"祖先们的晚饭的最后一道菜一直都是莴苣，能教导最近都是在餐前食用的理由吗？"（《对话》之十五）在后者的句子中写的是莴苣，严格上来说并没有指沙拉，但是在主菜前食用像莴苣这类蔬菜却是一个不争的事实。在这个时代人们还曾认为如果食用水煮过的莴苣并拌上醋、橄榄油和砂糖，则会被睡魔袭击，而脱水的莴苣甚至被认为会致死。

谈完沙拉，我们就将目光移到甜品上吧。在已经引用过数次的科瓦鲁维亚斯的字典里，甜品（postre）是由"后面"（postrero）这个单词延伸来的，特指那些餐后的水果或点心类。西班牙首次出现 postre 这个单词是在 16 世纪。出处是在当时的代表文人之一胡安·德·巴尔德斯的《国语问答》中，指着水果问这是否是 postre 的段落。

至于甜品本身，正如科瓦鲁维亚斯说的那样，水果、点心类，再加上蛋糕是当时的主流。蒂尔索·德·莫利纳的戏剧《言语和羽毛》（*Palabras y plumas*）中有这么一句幽默的台词："甜品就是塞牙缝，幸好有许多可以吃。"而紧接着是另外一句："浇上糖衣的枸橼和点心类，作为甜品足足有两盒之多。"（二者均为第二幕）除此之外，比如说洛佩·德·维加的作品《待在自己的角落里的平民》（*El villano en su rincón*）的第二幕中也曾出现将点心作为甜品的一幕。

而奶酪也可以勉强算作甜品的一种。在法国的布里亚-萨瓦兰（Brillat-Savarin，1755—1826 年）的名作《味觉的生理学》（*Physiologie du goût*，1825 年）中也记载了将少了奶酪的甜品比喻为有着关键缺陷的高级品的格言。从其中也可一窥奶酪与甜品之间的关系，但是有时也需要将二者置于不同的层次考虑。比如在比维斯的《对话》中有这么一句："虽然有梨、苹果，还有几种奶酪，但是我还是比较喜好马奶酪。"（对话之七）在这里可以看出水果和奶酪是被同等对待的。

对与主人堂吉诃德一起踏上旅途的桑丘·潘沙来说，暂且不论水果，奶酪却是他不可缺少的。请求提供旅途上的必需品的时候，桑丘回答道："除了一半的奶酪和一半的面包，其他的什么都不需要。"（下卷第五十三章）考虑到拉曼查地区从古至今都是奶酪的产地，这也就好理解了。现在的西班牙大约年均要消费 150 万吨的奶酪，而最大的生产地不是别的，正是拉曼查地区。

与塞万提斯同时代的幽默诗人巴尔塔萨·德尔·阿尔卡萨尔在拿什么与奶酪一起配着吃上面有着意外的记载："现在的俺们，迷恋上了三种东西，美女伊涅斯和生火腿肉，还有就是裹着奶酪的茄子。"女性、生火腿肉与奶酪，再加上茄子，这是何等奇妙的想法。

在这里，我想稍微偏一下题，想就裹着奶酪的茄子做一番考察。表面上《堂吉诃德》的作者是名为锡德·哈迈德·贝嫩赫利（Cide Hamete Benengeli）的阿拉伯人。而在西班牙语里，茄子的单词是 Berenjena，甚至在下卷的第二章中，连桑丘都将这个 Berenjena 和所谓的原作者贝嫩赫利（Benengeli）弄混了。在已经引用过数次的《古斯曼·德·阿尔法拉切》（上卷第三书第七章），还有罗哈斯·索里利亚（Rojas Zorrillas）的《除了国王，无人可免》（*Del rey abajo, ninguno*，第一幕）等作品中也都曾具体提到托雷多的周边地区是茄子的著名产地。而托雷多正是坐落在堂吉诃德和桑丘的故乡——拉曼查地区。如此看来，虚构的原作者与拉曼查地区是通过茄子来作为中介联系到一起的。

迷信也好什么也罢，真正有趣的是隐藏在茄子里的含义。当时的人们认为如果吃茄子会使人心情低落，若是男性，则会促进性欲，使其气色苍白。所以茄子很容易就被当作不健全的食物。所以从这里来看的话，《堂吉诃德》虚构的作者贝嫩赫利这个名字很难不让人联想到不健全的作家。这也是准备这类文字游戏的"罪魁祸首"，塞万提斯本人的有趣之处。

好了，让我们将话题从裹着奶酪的茄子带回到正题上来。若在当时的文学作品中寻找二三例以现如今的感觉来看奇怪的甜品，则有橄榄果、杏仁、胡桃仁等物。虽说也有不少现代家庭会在甜品里加入胡桃仁，但是如果将橡果作为甜品呢？《堂吉诃德》中写道："在肉吃完之后，主人又在毛皮上摆了很多褐色橡子和硬得像灰泥似的半块奶酪。"（上卷第十一章）仿佛是与西班牙的这类用树木的果实做的甜品对抗，在 15 世纪英国的烹饪书中出现的甜品是以沙拉用的植物为主，如紫罗兰、蔷薇的花蕾、雏菊或者蒲公英的花瓣之类。

以现在我们的想法，比起干硬的树木的果实，甜品自然是能滴出果汁来得好。比如说在洛佩·德·维加的戏剧《活着的死者们》（*Los muertos vivos*）中，园丁对自己侍奉的宅子的女主人说了以下让人联想到他们丰富的饮食生活的台词："这边的笼子里有，红色的樱桃和绿色的梨，有着蜡般光泽的麝香梨，还没熟透的榅桲。杏仁被蜜糖包裹着，胡桃也充满朝气，樱桃也被血一样的颜色染红。"（第二幕）姑且不论杏仁和胡桃，比维斯在其作品《对话》中，主张甜品仅限于那些水分多的东西。"在宴会的最后适合端上水分多的。这是为了让食物能够在胃里安分下来，而不让蒸汽升至大脑。"（《对话》之十七）

话说回来，当时社会对甜品的看法也是大致分成两种。还有一种就是认为水分过多的水果是有害的。《堂吉诃德》中的一节这样写道："让人把水果撤下了，因为水果水分过多。又让人撤去另一盘菜是因为那菜太燥热，而里面有太多香料，吃了会让人口渴。水分摄入过多的话就会使构成人的生命的体液无效，消耗殆尽。"（下卷第四十七章）在桑丘的面前，难得端上来的菜就这样一道一道地消失了。这处引用是书中用来整桑丘的，但从实际的医学角度来说，在当时除了葡萄酒等物以外，人们倾向于避开食用水分过多的食物。而水果之中当属枇杷最为糟糕。甚至在当时"喝水之人没有好血统"这句俗语也被人们反复使用，这就是象征性的证据。

虽说甜品和沙拉都是帮助消化的食物，但是就像上述的情况那样，面对同样的事物所持有的态度也是截然不同的。比如说，午饭后的午睡别说是有助于消化了，甚至还被当作肥胖、偏头痛、痛风的元凶来对待（索拉潘·德·列罗斯的医学谚语集第十则），但佩罗·梅希亚的《对话集》（有关接待的第一对话）中认为清澈的夜晚的月光才有助于消化。

而给予这类五花八门意见的，大都是医生，可当时的普通百姓们却又秉持着医生所言不可信的原则，可谓是狼狈不堪。时至今日，有许多人作为医生的同时也是文学家，这也逐渐成了西班牙的一个特征。而塞万提斯也正是出生在医学世家的文学家。那么我们也该从饮食篇往医学篇前进了。

第四章　病与死

弗兰西斯科·德·戈维多（Francisco de Quevedo，1580—1645 年）

严重的皮肤病

　　13 世纪是被称为癞病的传染病在欧洲最为盛行的时期，直到
15 世纪后半叶，该病在西班牙的气焰才突然开始迅速衰退。但即便
如此，到了塞万提斯的时代也并没有完全根除。以中世纪阿斯图利
亚斯·莱昂王国的弗鲁埃拉（Fruela）二世在即位一年后就因患上
麻风病而驾崩（925 年）为开端，该病的恐怖就一直被人们传承下

去。而也正是因为该病的衰退，所以对患者的监视才更加严格，这是为了阻止其复发和感染。事实上，在 16 世纪，仅阿斯图利亚斯地区就有 50 所以上的专门医院（隔离场所），由患者的"自备金"和有志者捐献给教会的献金来运营。

《旧约圣经》也曾多次提到癞病。特别有名的是《利未记》中第十三章第三节。"祭司要察看皮肉上的灾病，若是灾病处的毛已经变白，灾病的现象深于肉上的皮，这便是大麻风的灾病。祭司要察看他，定他为不洁净。"除了肉体上的痛苦以外，患者往往还忍受着精神上的痛苦。而至于肉体上的痛苦的程度，则可以从卡尔德隆的圣体剧《君士坦丁的癞病》（*La lepra de Constantino*）中的一节一探究竟。"被未知的剧痛袭击着。发了疯似的撕咬自己的手，疯狂抓扯自己的胸膛。"只是，这里的疼痛是否真的来自癞病，则值得怀疑。

卡尔德隆的《圣体剧集》1677 年初版的扉页（笔者所藏）

对于古代的医学来说，这个病充满了神秘。亚里士多德也曾经发问道："为何人类以外的生物并不会染上癞病呢？"（《论问题》第十卷，"自然学诸问题摘要"第三十三）中世纪西班牙的学者塞维利亚的圣依西多禄（636年去世）在其百科全书式的书物《语源论》（*Etymologiarum*）的第四卷第八章中也曾稍微提到。也有人将该病解释为像古埃及一样，是受家族血统影响的遗传病。

实际上，在《圣经》、亚里士多德、希波克拉底、希罗多德等古代文献中被提到的癞病是否就是现今的麻风病，这是非常可疑的。因为该病的正确诊断基础要到1842年才正式确立。在西班牙古文中用来指代该病的单词也是以复数存在，难以区别相互之间的差异。直到17世纪初才能将麻疹与猩红热或者水痘的症状区分开来，而16世纪曾在西班牙滞留过的犹太裔葡萄牙医生卡斯特洛·布兰科（João Rodrigues de Castelo Branco，俗称 Amato Lusitano）还将流行性感冒视为受到星辰轨迹的影响，那么古时将癞病作为重度皮肤病的总称这件事也就不值得惊奇了。在方才引用过的《圣经》部分，日本圣经协会的新共同译本将其重译为"这是重度的皮肤病"。本书不使用麻风病，而是采用癞病这个词语，是因为在医学不发达的古代有太多的迷信附着在此病之上，因此想从这个立场来展开自己的论述。

既然无法了解该病的病因，那么自然地就会出现一些五花八门的治疗法。从中世纪的著作中取一例子来作说明。由贤王阿方索十世编的《宝石论》（*Lapidario*）曾受到公元1世纪的罗马植物学家戴奥科里斯（Dioscorides）的强烈影响，但在论述宝石和矿石的该书中却为我们说明了癞病的疗法。根据书中记述，在金星沉于海中之时，大海上会出现坚硬的柱形石。将该石用植物茎的汁液浸泡后得到的溶液为患者涂上，随后皮肤上会冒出毛发并开始脱落痊愈。

溶液也是可以饮用的，只是饮用的话在治疗此病的同时也会失去肉欲。

埃尔·格雷考"富恩特的医师"（可见左手的拇指上的戒指）

中世纪以来，"石头"与疾病治疗有着密切的关系。在已经引用过的小说《埃斯特瓦尼约·冈萨雷斯的生涯与事迹》的第八章，描写了一位大拇指上戴着镶嵌着一颗大石头的戒指的医生。事实上，在当时的文学作品中经常提及戴着镶有珊瑚或者绿宝石戒指的医生，这大都是因为相信其对所有病症都有疗效。在《堂吉诃德》完结三年后出版的比森特·埃斯皮内尔（Vicente Espinel，1550—1624 年）的小说《准骑士马克斯·德·奥夫雷贡的生涯》（*Vida del escudero Marcos de Obregón*）中，有一位戴着像烧串末端的环一样大的戒指的医生登场（第一部第四章），在马特奥·阿勒曼的作品《古斯曼·德·阿尔法拉切》中也无法想象出现"不戴手套和戒指的医生"（下卷第三书第六章）。戈维多在小作《万物之书》（*Libro de todas las cosas*）中讽刺地说道："若想成为名医，那么就得先从行头开始装扮，拇指得要有大的绿宝石戒指，叠好的手套，大衣，还有夏季时用的织有琥珀的帽子。凑齐上述说的，就算没有读过书也能为人治病，你就已经是医生了。"认为戒指带有医疗效果的并不限于西班牙，像是在英国等地也有国王特意令人制作认为有治疗效果的戒指，这些戒指被称为 cramping rings。

当然，区区一枚戒指是不可能有治疗功效的。既然没有临床结果，那么就只能为其贴上迷信的标签。在被认为是 16 世纪的名医的安德烈斯·拉古纳（Andrés Laguna）所作的书《土耳其旅行》（*Viaje de Turquía*）中，作者将把医疗与石头（宝石，矿石）联系在一起的学说反驳到体无完肤。"有凭借石头而免于一死的人吗，有即使生着病却凭借石头而免于腹痛的人吗，有带着石头而在战场上不负伤的人吗，有凭借石头而不需要进食的人吗，有凭借石头在冬季也不需要靠近火堆旁的人吗，有夏天为了喝冷饮而不去寻找积雪或硝石的人吗，有因为持有石头，而免掉已经命中注定的地狱的人吗？"（第二部第二十二章）

在 13 世纪中叶的一部作者不详，带有强烈的戏剧要素的长篇诗《耶稣的幼儿期与死亡之书》（*Libro de la infancia y muerte de Jesús*）中，描写了患有癫病的小偷的幼儿与圣母玛利亚一同入浴后立马痊愈的场景（第 170–182 行）。随着时代的前进，到了 17 世纪，另一种别样的入浴场景出现在文学作品当中。卡尔德隆的圣体剧《君士坦丁的癫病》中写到纯洁无垢的血液治愈了癫病，同样是卡尔德隆的圣体剧《治疗与疾病》（*La cura y la enfermedad*）中，也宣称过使用人类血液来治疗癫病。这些都是沿袭自君士坦丁大帝为了治疗癫病，而宣布必须得搜集幼儿的血液来入浴这个故事。在圣体剧《无时无刻不奇迹》（*No hay instante sin milagro*）中，卡尔德隆明确地为我们解释了其来龙去脉："只有用他们的血液入浴，才能救我。"

但是，在先前提到的国王阿方索十世编纂的《圣母玛利亚颂歌》（*Cantigas de Santa María*）中记载了这样一个故事，说天神使一位过着吊儿郎当生活的青年患上癞病，这位青年住入修道院中向圣母祈祷了大约千次，在经历三年的吟唱之后，圣母将自己的母乳浇于这位青年的身上，治好了他的疾病（第93歌）。肉欲与天罚是相关联的这种迷信也继续盛行在世间。在诞生于15世纪，16世纪后开始繁盛，被称为罗曼采的西班牙传统叙事歌谣中也能见到此类迷信的身影，先前引用过的卡尔德隆的《君士坦丁的癞病》中也出现过"罪恶的癞病"这类单词。正因为如此，17世纪初期的字典将异教徒称为癞病患者，为癞病加上"错误的教诲"的意思。

西班牙西北部城镇奥维耶多的市政厅在1543年曾公布癞病患者市外流放令："三日以内没有从该城离去的癞病患者要被处以百下鞭刑。"这不仅仅是因为上述的迷信所带来的歧视，更为我们揭晓了这是在当时的医学对该病束手无策的情况下的无奈之举。洛佩·德·维加在《唐·胡安·德·卡斯特罗》（*Don Juan de Castro*）中则轻率地将患者写为"无法想象这是人类的模样"，塞万提斯也在其戏剧作品《幸福的无赖》（*El rufián dichoso*，第三幕）和《帕纳萨斯山之行》（*Viaje del Parnaso*，第五章）中提到癞病患者，我们要意识到这些不仅都是带有歧视色彩的，更是扩大了人们对这些不为人知现象的恐惧。比如责令患者剃头使其显眼，或者让其在脖子上挂上铃铛行走，好使听到铃铛声的人能够逃走等，颁布这些耻辱性规定的黑暗的过去也是基于类似的想法。

谈些题外话。疾病，特别是传染性疾病与环境卫生有着密切的联系，这是毋庸置疑的。所以，考虑到之后的内容，在这里我们也稍微考察一下当时西班牙的卫生状态。17 世纪的法国人 F. 伯特在其珍贵的西班牙游记中记载了他对马德里道路的观察："总的来说，道路算是宽广，但是估计连一辆车的泥垢都未曾清除过。到处都是污泥，路边丢弃的垃圾的污染非常严重，看来西班牙人那么执着地喷香水的原因就是这个了。"家里没有像样的厕所，到了晚上得从窗户往道路上倾倒排泄物，根本无法外出。更让人惊奇的是，尽管在 17 世纪道路上到处是被丢弃的猫狗尸骸或者污物，但马德里的空气还是与其他地方不同，并没有出现卫生上的问题，所以大多认为（马德里）将这类恶臭除去了。连伯特与同时代的法国旅行者布鲁内尔都为我们作证，马德里的空气已经"将污染原因排除掉了"。这个毫无根据的俗说直到 17 世纪末由生于意大利的米兰却活跃在西班牙的医生胡安·包斯蒂斯塔·华尼尼（Juan Bautista Juanini）在刊行一系列有关公众卫生的著作之后才被否定。然而，城镇的肮脏并不仅是人口显著集中的马德里独有的现象。灌溉北部巴利亚多利德的皮苏埃加河就因为市民的垃圾废弃物而被堵塞断流，并不得不留下了 1577 年河道大扫除的记录。

再加上，塞万提斯时代的西班牙人是不入浴的，他们的卫生状况可想而知。中世纪统治西班牙的伊斯兰教徒因为喜好入浴而留下的无数浴场，在收复失地运动中被基督教徒组成的西班牙军悉数破坏。之后，西班牙人在征服美洲大陆的时候，吃惊于原住民们的频繁入浴，甚至连伊莎贝拉女王都担心入浴会为原住民带来疾病，而命令征服者在必要时刻阻止他们入浴。在前文引用过的格瓦拉的《亲密书简集》中，3 世纪的罗马皇帝奥勒留在解释健康的秘诀时说道："这是因为每年（并非每日——引用者注）都入浴，每月（人工的）都呕吐，每周绝食一日，每日一小时散步。"只是在同日的书简中，他还写到古希腊人不识医者却无事的原因在于"每年五月摘长于自宅的香气浓厚的草，每年放一次血，每月入一次浴，每日只吃一顿"。（以上两者均落款 1510 年 12 月 27 日）

并且即使到了 17 世纪，埃纳雷斯堡大学（马德里大学前身）医学系教授阿方索·利蒙·蒙特罗（Alfonso Limón Montero）依旧主张"健康之人不可入浴"，尤其戒备那些温泉疗养。1611 年的科瓦鲁维亚斯的字典中也记载道，"使用浴池会让人虚弱无力，让人变得弱小，成为胆小鬼"。若是知晓以上道理，那么也就很好理解为什么走上剑术之路的堂吉诃德不肯入浴了。

瘟　疫

中世纪以来，毋庸多言，在欧洲最令人感到恐惧的疾病就是黑死病（瘟疫）了。黑死病从公元前就为人所知，虽然在公元 750 年以后大约有三百年黑死病都隐藏起身影，但是特别在 14 世纪中叶开始突然复苏并展示了威力。而在西班牙，1348 年 6 月 1 日在南方的港口城市阿尔梅里亚发生了瘟疫，两年后莱昂·卡斯蒂亚王国的阿方索十一世死于腺鼠疫震惊了全体国民。此后，横跨 16、17 世纪，该病数次席卷欧洲，将人们置于恐怖的深渊之中。桑德雷（Marcel Sandrail）的名作《疾病的文化史》（*Histoire culturelle de la maladie*）粗略计算欧洲有 2700 万人死于该病，村上阳一郎氏在其著作《瘟疫大流行》中概算全世界大概有 7000 万人死于瘟疫。

那么西班牙又是什么情况呢？ 虽然在 1802 年华金·比利亚尔

瓦（Joaquín Villalba）出版了全两卷涵盖了从迦太基人到达西班牙（公元前 6 世纪）以来的西班牙疾病史的著作，但是书中仍存在着许多不明点，真正的研究等这之后才会登场。即便如此我们也能从该书中大致了解到以下有关 17 世纪的情况。在三次大流行中，最初的那次从 1598 年到 1602 年为止，以西班牙北部为中心蔓延。仅在以古罗马水道桥遗迹为名的塞哥维亚，就据说在 1599 年死了12000 人。第二次是在东海岸的巴伦西亚爆发的瘟疫，是横跨 1647年至 1652 年的大流行。第三次则是以南部的卡塔赫纳为疫情中心地，从 1677 年一直到 1686 年。全体算起来大约有 125 万人丧生。

此般危机的场面是不可能不反映在文学作品上的。16 世纪的克里斯托瓦尔·德·比利亚隆（Cristóbal de Villalón）的小说《克罗塔隆》（*El Crótalon/El Crotalón*，古时打击乐器的一种）的第一章就向我们诉说瘟疫的可怕："这种病是会在腹股沟、腋下，或者是喉咙上发脓疮的一种。（中略）如果染上该病则会发非常严重的高烧，在 24 小时以内脓疮转移到心脏的话那么就必死无疑。"

有关瘟疫的病原体，让我们听听圣依西多禄的话吧。"由受到污染的空气侵入体内后在内脏中扩散开来。虽说该病大多是空气中的物质导致的，但没有万能的神的决断是绝不可能发病的。"（《语源论》第四卷第六章）并不是只有中世纪才会认为病原体是空气污染。萨帕塔的《杂录》中提到了 1582 年在马拉加的瘟疫，"因为原因是被污染的有毒空气，所以城镇的上空连一只鸟都没有"。顺便一提，苏亚雷斯·德·菲格罗阿的小说《旅人》（*El pasajero*）里也写道："嫉妒是与瘟疫相似的疾病，是从空气污染而来，会带来死亡。"

而当时的人们还认为大气污染会给农作物也带来伤害，人类因为粮食不足导致抵抗力的低下，而愈发容易染上瘟疫。在 1548 年的巴利亚多利德会议上，以该会议的名义正式宣布了粮食不足和瘟疫的关系。1572 年开始作为巴利亚多利德大学的医学院教授长达二十年，甚至在 1578 年成为王室御医的路易斯·梅尔卡多（Luis Mercado，1525—1611 年）在接到菲利普三世的委托后，于 1599 年出版了《瘟疫之书》（*Libro de la peste*），在书中他也追认了空腹与瘟疫的关联。因为梅尔卡多医生的名气之大，别说巴利亚多利德、马德里，甚至连威尼斯和法兰克福等地都出版了他的全部著作，所以正如字面意思一样，活跃在国际上的他提倡空腹与瘟疫关联，这种学说有着强大的说服力而被各地接受。

因为 16 世纪末流行开来的瘟疫多从潮湿的北部开始往南传播，所以将潮湿视为瘟疫的原因之一的立场也开始出现。"从（北方的）卡斯蒂亚开始南下的疾病（瘟疫）和从（南部的）安达卢西亚开始北上的饥荒，请上帝一定要守护我们"（《古斯曼·德·阿尔法拉切》前篇第二书第二章）这句话在当时作为标语被反复使用。作者马特奥·阿勒曼的祖父也是死于瘟疫。北方的巴利亚多利德在 16 世纪曾数度遭遇瘟疫的来袭，尤其是 1597 年以后威力极为猛烈。两年后瘟疫几乎蔓延到了马德里以北的全部地区，连巴利亚多利德的卖春场所都被改建成瘟疫患者用的医院。

正如桑德雷和村上氏指摘的那样，也有将犹太人当作传播瘟疫病原体的罪魁祸首的说法（特别是 14 世纪中期以后）。（传言犹太人）使用猫头鹰、蜘蛛、蛇的排泄物制成的毒液来污染河流、水井、泉水等水源。除此之外，在 17 世纪上半叶还有谣言说法国为了摧毁帝国而到处释放有毒尘芥，结果导致在米兰爆发了像孟佐尼（Alessandro Manzoni，1785—1873 年）在历史小说《婚约者》（*I*

Promessi Sposi）中描写的那般瘟疫，并蔓延到西班牙本土，该谣言导致了各地的混乱。

虽然引用了意大利的近代作家孟佐尼，但是说起因瘟疫而被世人熟知的文学作品，自然是同为意大利出身的薄伽丘的《十日谈》。在英国则有由丹尼尔·笛福（Daniel Defoe）描写 1655 年伦敦的瘟疫惨状的《疫病流行记》（*A Journal of the Plague Year*，1722 年），法国则有加缪（Albert Camus）的《鼠疫》（1947 年）等杰作。其中年代最久远的《十日谈》中有一节描写了仅仅与患者对视就被感染的场景。但这些并不是不了解医学的文学家们的专利，连同一时代作为法国的外科医生，服侍过三位教皇的侍医的盖·德·肖利亚克（Guy de Chauliac）在谈及 1348 年亚维农流行的瘟疫时，都明确讲到瘟疫在咳出血痰的时候最容易感染，仅仅是对上视线就会感染。他还将此见解写入其著作《大外科学》（*Chirurgia magna*），此书于 1658 年被翻译为西班牙语并多次出版，所以该想法的影响不可小视。

姑且不论"视线感染说"，就连到了 17 世纪人们都还不清楚瘟疫是否为空气传染病。从剧作家洛佩·德·维加身上也能看到他的迷惑不解，他一方面写道"瘟疫之病，应该是只由空气传播的"（《秘密的婚约》[*El desposorio encubierto*]，第一幕），但又一方面说"衣服将亚洲的瘟疫传给了你"（《世上该相信的事物》[*Lo que hay que fiar del mundo*]，第三幕）。

患者使用过的衣物或家具必须一样一样地烧毁处理掉。萨帕塔的《杂录》中记载的"单是触碰过藏有瘟疫之病的衣物就会致死，这真是令人惊奇，可疑的家具类都烧掉了"的确是事实，而在旅途中的人也必须证明自己不是从瘟疫的感染地而来。1579 年在塞维利亚出现了瘟疫流行的前兆后，马上清洗了以道路为首的公共设施，从瘟疫感染地来的人或物资的流入全部终止，并将患者隔离到特定的医院。并且为了净化城市里的空气，他们将几处地方长有的那些具有强烈恶臭的植物统统烧毁。

面对瘟疫的医师

处于如此境界的并不只是西班牙。《埃斯特瓦尼约·冈萨雷斯的生涯与事迹》记载书中主人公在尝试进入法国的亚维农的时候，因为没有携带写有他并不曾滞留瘟疫蔓延的城镇的证书而被拒绝进入（第五章）。如果谋划着硬闯关卡的话，则有火枪队伺机在一旁。就算带有证书进入城镇里，在到达旅馆后也有义务使用醋来将自己随身穿过的衣物进行消毒。

那么，如果不幸染上病的话怎么办呢？从结论上来说，并不存在真正有效的疗法。对此的研究成果比预期来得要差，难以找出有效的治疗法。单单就今日我们所能掌握的资料而言，在 1500 年以前的西班牙有三本，16 世纪有四十七本，而 17 世纪就有七十三本有关瘟疫的专业书出版。作为第一线的文人被人熟知的佩德罗·西鲁埃洛（Pedro Ciruelo）就是以写《对瘟疫医药管理有关的神学上的 讨 论》（*Hexameron theologal sobre el regimiento medicinal contra la pestilencia*，1519 年）等类似题目的书为特色。

临床上的主流还是放血、泻药、催吐药等旧方法。在多次提到医学的小说《土耳其旅行》中就写有一位男子在足部出现瘟疫的前兆之后，接受了大约 1000 毫升的放血，又服用泻药卧床五十日之久的事迹。比森特·埃斯皮内尔的小说《准骑士马克斯·德·奥夫雷贡的生涯》中称得上为名医的人都不奉行粗暴的治疗法，首先要"在一开始用糖浆来慢慢调养体液，之后再适当使用泻药，由此治愈患者的病患部位"（第一部第一章）。根据萨帕塔的《杂录》，国王菲利普二世的妻子伊莎贝尔（Isabel de Valois，1546—1568 年）于 1565 年在马德里染上重病，喉部长了一颗大肿瘤，无法进食，被诊断为只剩一天的生命，阿尔瓦公爵和御医团在与国王商谈之后实施了意大利的名医所推荐的泻药疗法。在午前 7 点让其服下泻药后，竟在 11 点就完全恢复健康。这类的泻药五花八门，但是在卡尔德隆的圣体剧《治疗与疾病》中是胆汁和醋混在一起调制的。

在伪医学横行的世道，在西班牙出版了一部放眼全世界都不可小视的瘟疫研究书。那就是胡安·托马斯·波塞尔（Juan Tomás Porcell，1528—1583 年）的《在萨拉戈萨的瘟疫报告与治疗再加上瘟疫普遍的预防》（*Información y curación de la peste en Zaragoza preservación contra peste en general*，1565 年）。根据该书，像瘟疫这类疾病，仅仅通过观察尿液或者脉搏是不够的，医生至少每日都要接触患者一次才行。因为是传染病，所以医生必须在自知危险的情况下与疾病搏斗。胡安·托马斯·波塞尔是最初有系统地解剖瘟疫牺牲者的人，并一丝不苟地将情况一一报告。该书中详细记载了五具尸体的解剖报告。最初的例子是怀孕六个多月的年轻妇女，在开始感受到疼痛后的第四天就去世了。为了让胎儿能够作为基督教徒接受洗礼而进行了剖腹产，胎儿还活着，在接受洗礼后才断了气。这位女性的左腕的正下方长了一颗巨大的肿瘤，根据解剖的结

果，胆囊中装满了黄色的胆汁而变得肥大，肉与肋骨之间发现了像
蛋黄似的固体状肿瘤，但消化器官一切正常。

解剖死于瘟疫的女性

　　只有凭借这般勇气并且在不间断的努力的积累之下，才能最终
使不治之症变得可以治疗。但在到达这一步之前，还是得靠上天。
在今日的西班牙南部古都科尔多瓦还能看到模仿天使的石像，这是
当初该地瘟疫肆行的时候，向大天使拉斐尔祈愿的遗迹。

　　但是一般来说，被当作瘟疫的救难圣人而闻名的是圣罗克（西
班牙语为 San Roque），他再三地出现在西班牙的民间故事和文学作
品当中。据说这位圣人出生在 13 世纪末法国的蒙彼利埃，去世于
1327 年。虽出生在富豪家中，却舍弃财富加入圣方济各第三会。在
前往罗马的途中，途径一个备受瘟疫困扰的小镇，并留下专注于救
济活动。上帝通过他发起奇迹驱赶了瘟疫。在罗克到访过的其他城
镇也都出现类似的事情。而上帝为了测试罗克的忍耐力，不仅使其

发高烧，还让弓箭射中其大腿。罗克一直忍耐着，并在恢复健康后朝着故乡又踏上了旅途。途中，在一个人烟稀少的地方染上病而做好了死的准备。而那个地方就是西班牙的普拉森西亚（Plasencia），西班牙教会史的有关文献中持有的立场是 1321 年罗克在该地染上瘟疫。他待在一棵树下时，有一条嘴里衔着面包的狗朝他走来，并舔舐他大腿上的伤口。自此以来，此狗不知从何处每日都出现在他面前，重复上述的行为直到罗克痊愈为止。从那时起，这位圣人的形象就与狗联系到一起，作为抗瘟疫的守护圣人而被世人熟知。

圣罗克之图

　　话说回来，如果说《堂吉诃德》与瘟疫有着间接的联系，也许诸位会大吃一惊。文艺复兴时期的荷兰鹿特丹人文学者伊拉斯谟（1469？—1536 年）的重要作品之一《基督教骑士手册》（*Enchiridion militis christiani*）的西班牙语版于 1526 年出版。但是该书从一开始就被认为是带有新教与异端气息的，因此引发了种种争议。1527 年，在北部的巴利亚多利德，由近三十名的神学者组织召开了一场会议来判定该书是否抵触了基督教本来的教义。

但在同年 8 月 13 日的演说中，赞同伊拉斯谟思想的主席，也就是宗教裁判所的裁判长，突然宣布瘟疫发生，所以已经过长达六周审议的会议就此无限期延期，成了实质上的流会。在此之后，虽说也有一定程度的讨论，但是支持派的有权者以国王卡洛斯一世的名义代笔书写了认同伊拉斯谟思想的书简。所以在事实上，因为得到了国王的署名认可，这场争论也就此定了调。凭借这场因瘟疫而流产的会议，伊拉斯谟的诸作品得以在西班牙广为流传。连对此方向研究作出最大贡献的 M. 巴塔隆（Marcel Bataillon）都说"如果西班牙没有伊拉斯谟作品流传，大概西班牙是不会出现《堂吉诃德》的"，可见其作品对塞万提斯的影响之深。瘟疫（？）丰富了西班牙精神史，甚至还成了诞生《堂吉诃德》的间接的媒介，疾病的历史可谓文学史本身。

梅　毒

"就算染上这病（梅毒），也已经不会让人失去名誉与权威了。倒不如说，现在正染上，或曾经染上的廷臣才会看起来更像是一个廷臣"，托雷多大主教巴托尔梅·德·卡兰萨（Bartolomé de Carranza，1503—1576 年）在《基督教义要理》（Catechismo cristiano，1558 年）中对梅毒蔓延的情景如此叹息。梅毒与上一节的瘟疫不同，没有公元前的"传统"。那么，究竟是在何时、何地才出现的呢？

法国的查理八世从 1494 年开始到第二年翻越了阿尔卑斯山去

远征意大利的那不勒斯。而此次的法国远征军是最先与梅毒联系在一起的。时任罗马教皇儒略二世（1503—1513 年在位）侍医的胡安·德·比戈（Juan de Vigo）在其 1514 年的著作中记载了以下的事情："在 1494 年 12 月里，当时带有不为人所知的性质的疾病几乎在意大利蔓延。"但是，这个记述很快就被发现与事实存在出入。根据资料，查理八世进入那不勒斯的准确时间应该是 1495 年 2 月 22 日，比比戈的记述内容晚了两三个月。但是能够确定的是，在那时的确是从那不勒斯开始爆发传染性的怪病，并迅速地在意大利全国传播开，还扩散到法国、德国与英国。在 15 世纪内就几乎传遍了整个欧洲。

因为那不勒斯是传染源，所以弗朗西斯科·德利卡多在其小说《厚脸皮的安达卢西亚女人》中写道："从西班牙来的人称其为'那不勒斯病'（mal de Nápoles）。"（第 54 节）虽然法国这边是叫作那不勒斯病，但因为是法国人带进来的，所以西班牙大众一般还是称其为"法国病"（mal francés），意大利人自然也是采用后者（mal franzoso）。被称为医用化学鼻祖的瑞士人帕拉塞尔苏斯（Paracelsus，1493—1541 年）也在其 1536 年出版的《大外科学》中将某位法国男性的买春行为作为该病的发端（第一部第七章），并自始至终都将此病称为"法国病"。就像这样，大家开始互相指责对方的"罪过"，波斯人称其为"土耳其病"，波兰人称其为"德国病"，而俄罗斯人则称其为"波兰病"。

西班牙方面则突然提出了一个新解释，将事件的发展推向了一个出乎意料的方向。塞维利亚的医生，罗德里格·迪亚斯·德·伊斯拉（Rodrigo Díaz de Isla）在 1539 年出版的《梅毒论》中指出，是和哥伦布（西班牙语则为科隆）一起远渡新大陆的船员们从伊斯帕尼奥拉岛（现在的海地与多米尼加）将梅毒带回的，它在欧洲的最初发病记录则是在 1493 年的巴塞罗那。

在当时的西班牙，支持这个学说并对其进行各类补充的人不在少数。以戈萨洛·费尔南德斯·德·奥维多（Gonzalo Fernández de Oviedo）为首的新大陆专家们和编年史学家们就是很好的例子。费尔南德斯·德·奥维多在写给卡洛斯一世的《印第安自然史提要》（*Sumario de la natural historia de las indias*，1526 年）中断言道："能准确向陛下报告的事是，这种疾病是从印第安传来的，在印第安人间也十分常见。"（第七十五章）

哥伦布一行结束第一次航海回到西班牙南部的港口巴罗斯是在 1493 年 3 月 15 日。就算梅毒自古以来就存在于新大陆，哥伦布一行也将这种疾病一并带回，但无法通过空气传播的梅毒有这么容易就在巴塞罗那发生传播吗？出现在巴塞罗那的疾病与那不勒斯的是同一种吗？说起来这些疾病真的是梅毒吗？我们虽抱有各种疑问，但是完全不存在答案。但不管怎么说，该病已经不能再称为"法国病"了，西班牙也成了大家的目标。佛兰德、荷兰、葡萄牙，甚至连伊斯兰教的人都开始称其为"西班牙病"。

该病颇为有趣的地方并不仅限于起源与传播路线。比起瘟疫，该病与文学有着更多的联系。最初提到梅毒的文学作品是斯特拉斯堡大学的德国法学家塞巴斯蒂安·布兰特（Sebastian Brant，1457—1521 年）写的 124 行诗，神圣罗马帝国皇帝马克西米利安一世的书记官约瑟夫（Joseph Grümperk）也在 15 世纪末到 16 世纪初之间写下了有关梅毒的诗。

将该病命名为"梅毒"的是在维罗纳出生的意大利诗人兼医生吉罗拉莫·夫拉卡斯托罗（Girolamo Fracastoro，1478—1553

年），他在 1521 年用拉丁语写的诗《梅毒既法国病》（*Syphilis*，*sive morbus gallicus*）中对其命名。只是他在传染病方面的诸研究，直到 19 世纪末人们才开始给予评价。在西班牙出版的第一本正式的梅毒研究著作是由国王斐南迪的侍医，弗兰西斯科·洛佩斯·德·比利亚洛沃斯（Francisco López de Villalobos，1473—1549 年）在 1498 年出版的长篇诗《医学提要》（*El sumario de la medicina*，特别是其中第 366 节以后的内容），该诗为其在 25 岁时写的巧妙作品。

比利亚洛沃斯说的"无论诗文、散文、科学书籍、史书 / 都没有记载的疾病"的原因是什么？在先前引用过的德利卡多的小说中，则将其由来归于储水池和葡萄酒桶中混入了狗的血液等不纯物质（第 54 节）。在另一方面，比利亚洛沃斯则采用三个立场来解释（第 369–376 节）。首先是神学家们的主张，即天罚。第二是占星师们的主张，即火星与土星相合后发生的。第三个则是医生们的主张，即身体里的黑胆汁与盐分过多的黏液是元凶。

既然提到了"体液"，那么就在这里简单地介绍下四体液理论。特别是在塞万提斯的时代再次受到大众追捧的古希腊医圣希波克拉底（约公元前 460—前 375 年）的四体液理论，在当时是作为医学上的客观事实而被人们接受。根据该理论，人体中流淌着四种体液（humor）——血液、黏液、黑胆汁、黄胆汁，健康的人四种体液处于一种平衡的状态。引用过的小说《埃斯特瓦尼约·冈萨雷斯的生涯与事迹》的副标题就是"良好 humor 的人"，这是有"良好性格，幽默的人"和"体液均衡的健康的人"两重意思的双关语。

虽说梅毒是由黑胆汁与黏液的异常而引起的，但黑胆汁（melancolía）的"melan"在希腊语中是"黑色"的意思，"colía"

则是"胆汁"的意思，整个单词又与"忧郁症"是同个意思。"悲伤"虽不是疾病，但"忧郁"在医学上就是被归为疾病的。至于黏液，文人米格尔·萨武科（Miguel Sabuco，1588 年去世）在其作品《人类本性的新哲学》（*Nueva filosofía de la naturaleza humana*）中提到："胃中的气体在冲上头部后会诱发困意，之后凝结成白色液体。再往后该液体就与黄胆汁一起变为黏液，并引起疾病。"

因为梅毒病原体的梅毒螺旋体在 1905 年才被发现，所以和我们在本书中已经见识过的疾病一样，在梅毒治疗上也出现过许多的失败与反复试验。焦急的人们因为无法解明病因而将梅毒称为"圣约伯之病"，一边将责任转嫁给圣人一边继续摸索找寻治疗法。

在当时，梅毒的基本疗法就是发汗法。塞万提斯的短篇小说《假婚》（*El casamiento engañoso*），就是以一位患上梅毒的男子在巴利亚多利德的医院里经过连续二十天的发汗治疗后，晃晃悠悠地从医院走出来的场景开始。这种疗法是在通风不好的小房间内实施的，将火盆放置于房内后，用厚毛布类将患者裹住。注意平日饮食，保持安静和充足的睡眠。有时也会给患者喂食催汗的药物。完成整个治疗，平均需要四十余日，从时间上来看 3 月与 8 月中旬是被认为有利于进行治疗的。染上梅毒的并不只是男性。在戈维多的一首诗中，有一位名为玛丽卡的卖春妇，诗以"玛丽卡在医院 / 出了汗"作为开头。但是在出自唐·胡安·曼努埃尔（Don Juan Manuel）之手的中世纪民间文学《卢卡诺尔伯爵》（*El Conde Lucanor*）的第十四话中，发汗被认为是死亡的前兆。但因为时代的变迁而将解释颠倒的例子并不罕见。

当时的人们认为在实施其他疗法的同时，一并采用发汗疗法会显著提高疗效。阿古斯丁·莫雷托（Agustín Moreto）的戏剧作品《以轻蔑还以轻蔑》（*El desdén, con el desdén*）中有"法国病患者 / 是涂白色药膏来治疗"（第一幕）这么一个情节。这里的"白色药膏"指的是以水银为主的药物，在先前引用过的夫拉卡斯托罗的著作中也暗示了一种使用水银的驱梅疗法。但是这种水银疗

愈疮木

法的副作用过于强烈，带有危险性这点早就被世人知晓，比利亚洛沃斯也在先前已经引用过的长篇诗中对此疗法发出了警告（第414节）。在16世纪初期，水银就从驱梅疗法的第一线退了下来，被以愈疮木为首的药用植物替代。

以新大陆的伊斯帕尼奥拉岛为原产地，在该地自古以来用以治疗性病的愈疮木在1508年被引入西班牙，并在1517年进入意大利。该木材可以多功能地利用，比如将树液煎煮后作为口服药，树脂可拿来做硬性下疳或者脓包的药膏贴，其中所含的碱则可以用于泻药。愈疮木甚至拥有"神圣之树""生命之树""被祝福之树"等各类别称，在16世纪上半叶开始被人们视为珍宝。

《厚脸皮的安达卢西亚女人》的作者弗朗西斯科·德利卡多曾在罗马染上梅毒，深受其苦，但在1525年通过愈疮木的治疗而得到了"痊愈"，他不仅在该作品中断言"我的愈疮木论述，应该能够让诸君了解我恢复健康的方法"（正文结束后的"礼赞篇"），还实际上在1529年在威尼斯发布了《愈疮木活用法》一书，加速了愈疮木的流行。1529年也是那位帕拉塞尔苏斯将由三卷组成的《法

国病的起源与由来》的原稿交给出版社的那年，他自己对愈疮木的
效果持有怀疑的立场。

恰如佩罗·梅希亚在《对话集》中说的那样，"找到病原体这
件事和为什么该药（愈疮木）能治愈这件事均处于未知状态"（"有
关医生的谈话第二部"），但不管怎么说，在当时愈疮木被大量使
用。早晚各一次，每次都必须煎上9盎司的愈疮木药后边阿汗边饮
用。克里斯托瓦尔·德·卡斯蒂列罗（Cristóbal de Castillejo，1550
年去世）也在某首诗中诉说道："啊愈疮木／巴克科斯的神／维纳斯
与丘比特的敌人／（中略）／我被放入了温室之中／忏悔自己的恋情／
借助你的力量／一刻都不能合眼。"

放血法就不用说了，连使用混有橄榄油、蜂蜜、食盐等物的
洗肠剂，调配了大蒜、芦荟、柠檬等物的药膏等方法都曾被尝试
过（比利亚洛沃斯的诗，第416节以后），具有决定性的驱梅疗法
却还是处于未知状态。碘剂、铋剂、砷等物也曾被拿来用于治疗。
戈维多在1635年写的讽刺小说《众生之机》（*La Hora de todos y la
Fortuna con seso*）中，有趣地描写了在发汗、水银、放血等疗法均
不奏效的时候，医生们绞尽脑汁的模样。人们提出了往体外排出侵
入骨头的体液、驱魔、咒语等方法，因为元凶是在头部，所以烟草
的烟雾可以奏效等议论百出（第三十四章）。虽然并不只有西班牙
才相信从新大陆带来的烟草具有净化头部等医疗效果，但是尤其从
16世纪下半叶起，在西班牙出版了相当多数量的议论烟草药效的书
物。

作为毫不含糊直截了当地攻击对手的第一人，戈维多在他那政
治色彩极为浓厚的散文作品《红衣主教阿尔芒·德·黎塞留的头部
访问与解剖》（*Visita y anatomía de la cabeza del Cardenal Armando de*

Richelieu）中，认为发狂的头部才是梅毒的来源，"在找寻这种猛毒的源头究竟是在哪个头部时，我发现红衣主教黎塞留的头就是"。说起黎塞留（1585—1642年），他甚至坐到了法国国王路易十三世宰相的位子。戈维多从骨子里厌恶黎塞留，在其他的作品里他也痛骂黎塞留。根据戈维多的治疗法，只要往黎塞留的头部送入烟草的烟雾就可以消灭聚集在那里的病原菌，并最终灭绝梅毒。

但无论什么办法，那终究只是一个没能真正发现病原体的时代。和许多其他疾病一样，以现今的角度来看，那些可疑的治疗法占了绝大多数。给像梅毒这种血液性疾病的患者服用泻药等行为实在可笑至极，使用愈疮木的治疗法也是大同小异。

综上所述，当时的人们只能像洛佩·德·维加在《可疑的长子》（*El mayorazgo dudoso*）说的那样，向神祈祷"愿主能够从法国病的危险中保佑我们的健康"。而实际上染上梅毒的人，就只有像《埃斯特瓦尼约·冈萨雷斯的生涯与事迹》中登场的作为性病患者的卖春妇那样皈依瘟疫圣人罗克，向其进言在解决瘟疫的同时顺手也治愈同为皮肤病（？）的梅毒（第六章）。

蛀 牙

在本书中再三登场的洛佩·德·维加在他寄给赛莎公爵的书信中，就多次倾诉自己深受蛀牙之苦，在作品《感谢的恋人》（*El amante agradecido*）中说到"因为牙疼而死的人／一个人都没有"（第二幕），当然洛佩也不是死于牙疼，而是心脏病。虽然在蛀牙究竟算不算是"疾病"这个问题上有不同的意见，但是本书将蛀牙／

牙疼视为广义上的疾病。

根据先前也已经引用过的内容，作为和塞万提斯同年代的医生，收集各类医学相关的谚语并附上详细解说的胡安·索拉潘·德·列罗斯所说，牙齿有三种功能。首先第一种就是为了消化而将食物咬碎。第二种则是能够巧妙地利用舌头而熟练说话。第三种是小而洁白的牙齿可以使人拥有良好外观（以上来自谚语第三十八的解说）。

至于第三种功能，在各类文学作品中都曾被提及。牙齿要洁白又有光泽。由费尔南多·德·罗哈斯（Fernando de Rojas）执笔的15世纪末的戏剧作品《塞莱斯蒂娜》（*La Celestina/ Tragicomedia de Calixto y Melibea, libro también llamado La Celestina*）中提到，理想中的女性该为"嘴巴要小，牙齿要既小又白洁"（第一幕），堂吉诃德也曾硬说杜尔西内娅的牙齿像"珍珠"一样（上卷第十三章）。而若说起从正面角度提到牙齿的作品，则有阿古斯丁·德·罗哈斯的长篇小说《愉快的旅途》第三卷中的一个短喜剧，在文中写道："想要外表不错并且擅长说话，就得有一对洁白的门牙。"

那么究竟要如何才能保持一副洁白的牙齿？阿古斯丁·德·罗哈斯这样说道："醒来后首先要擦拭牙龈。在此之后，若是夏季则用凉水漱口。"（同前著作）水是非常有效的，在冬季寒冷的时候，则是用手的温度将凉水稍微捂温后再漱口为好。用水来漱口不仅可以让牙龈保持健康，还可以冲洗掉附着在牙上的残渣，漱口水偶尔会用混合白葡萄酒、茴香汁液等物的药液来代替。不管怎么说，我们需要意识到在那个时代还没有牙刷的存在。

《堂吉诃德》上卷第十八章中，被殴打到断了牙齿的主人公叹息道："从小到大，门牙和臼齿别说被拔，就连掉也一颗都没掉过，也从来没有得过蛀牙和齿龈炎。"他还评论道："桑丘哟，教你一件事吧。没有白齿的嘴巴就像没有了石磙的磨，门牙比钻石还要来得珍贵。"作为堂吉诃德疯癫的代价，他失去了胜过磨和钻石的东西。而提起齿龈炎，阿古斯丁·德·罗哈斯的短喜剧中提过，在午饭或晚饭时，用水稀释过的白葡萄酒来漱口会有良好效果。

像堂吉诃德那样受到外敌的袭击而物理上失去牙齿的情况姑且不论，还有哪些是可能得牙病的原因呢？阿古斯丁·德·罗哈斯认为，要避免食用甜食、牛奶、萝卜、贝尔萨菜、包菜、洋葱、奶酪、凝乳和鱼类。肉是没有问题的，但是在啃筋和骨头的时候需要十分小心。吃完凉菜后不可马上食用温菜（反之亦然）。

虽说在当时没有牙刷，但是这并不意味着人们仅通过漱口就能完成口腔清洁。对于口腔清洁方面，牙签在这时就起了相当大的作用。在《堂吉诃德》上卷第五十章中就曾出现了用餐后的骑士靠在椅子上"像往常那样用着牙签"的描写。而堂吉诃德也曾说，若他没有踏上骑士之道，大概会步上制作笼子和牙签的物品的道路（下卷第六章）。在先前提到的索拉潘·德·列罗斯的解说中，教导人们用少量的盐来清洁牙齿后，再用牙签剔去牙缝间的残渣。根据阿古斯丁·德·罗哈斯的意见，牙签的材料为胡桃木或柳枝居多，其中质量上乘的当属使用了天鹅翅膀部分的。而对于有产阶级来说，牙签也成了一种奢侈品，甚至有人将珍珠和宝石镶入牙签。

不管有多注意，到头来总是会有得蛀牙并开始牙疼的时候。洛佩·德·维加在其小说《阿卡迪亚》（Arcadia）第四书中写到"用献给古代神话中的地下神哈德斯的柏树，消除了牙痛"，但是并没有写到如何使用柏树。作为16世纪塞维利亚的医生，以草药研究出名的尼古拉斯·莫奈尔德斯（Nicolás Monardes）认为，烟草的叶子可以缓解牙痛。用浸泡于烟草叶汁的布片擦拭牙齿后，再将叶片揉成小球用布片包裹后放在牙上。索拉潘·德·列罗斯还劝人们用香木、乳香、一小片烤过的明矾、少许迷迭香煎制而成的液体漱口。只要有一颗蛀牙，那么周边的牙齿往往也会陆续变成蛀牙。关于这点，索拉潘·德·列罗斯指示道："如果长蛀牙了，则要用腐蚀剂将筋肉（大概指牙龈）烤过，防止周边的牙齿也变成蛀牙。"（谚语第三十八的解说）

若是牙蛀得严重，那么就不得不将其拔掉。"大人您提到将牙拔掉，鄙人是惊吓不已"，这是一开始引用过的洛佩·德·维加寄给赛莎公爵的书信中的一句。考虑到连麻醉都没有的情况，要用钳子来拔牙，洛佩的抱怨也并非夸张。再加上 16、17 世纪时并没有现如今的牙医，拔牙的必须是之前已经说明过的理发师医生和放血师。既然如此，戈维多说出下面一番话也就不足为奇了。"将他人的牙齿看作老鼠般，用钳子追着跑，一旦将钳子放入口中，就不管三七二十一直接拔掉，还要无赖般地要求付钱，在目击这场景之后我是没有体验过如此压抑的事情的。"（《梦幻集》中"死亡之梦"一章）

让我们来看看文学作品中描写的拔牙场面吧。首先是卡尔德隆·德·拉·巴尔卡的作品，在《天国的情侣》（*Los dos amantes del cielo*）第二幕中为我们描写了理发师医生弱智的场面。为人拔牙的医生完全没有文化，连"倒数第二个"（penúltimo）这个单词都不知道。患者诉苦倒数第二个牙齿疼，结果他把最里面的那颗给拔了。被拔了牙的患者向医生抗议后解释了"倒数第二个"的意思。这回知道意思后的医生反而从剩下的牙中拔掉了倒数第二颗。到头来坏牙留下来了，两边的好牙却被拔掉了，简直和相声打诨一样。

拔牙的道具是钳子。在《埃斯特瓦尼约·冈萨雷斯的生涯与事迹》中有这么一段，用钳子夹住一位喊着牙疼的犹太人的牙用蛮力一扯，结果别说蛀牙，连下巴都要被扯下来了。在卡尔德隆的《从一个原因到两个结果》（*De una causa, dos efectos*）第一幕中，就有类似漫画般的拔牙的光景。理发店医生用钩杆突然手工制作起了弓。用弦乐器的弦将蛀牙与箭头绑在一起，然后朝着空中放箭。结果自然可以推测出来。

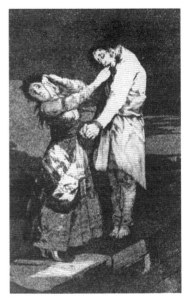

戈雅《奇想集 No.12》
（从绞刑死者身上拔下牙齿）

同样是拔牙，拔的若是乳牙，那就简单了。任其自然脱落，或者是倾听索拉潘·德·列罗斯的以下建议："7 岁小孩的前排牙齿开始出现松动的话，就待他入睡时，用细线捆住牙齿然后拔掉。如此一来就会因为在睡梦中而没有任何感觉。"（谚语第三十八的解说）并且，这位万能医生索拉潘·德·列罗斯认为，一旦小孩子开始长乳牙，得用母鸡的脂肪或者兔子的脑浆涂在牙齿上，至于有何效果就不得而知了。

自然掉落的牙齿也好，被拔掉的牙齿也好，牙齿在日本是极易与迷信联系在一起的。在先前引用过的《塞莱斯蒂娜》的第七幕中有这么一句台词，"拔了处以绞刑的人七颗牙齿"，这是因为牙齿被认为对施展魔法是有效的。就算进入新的时代，人们依然相信拔掉的牙齿与魔法有着紧密的关系。在洛佩·德·维加的《拉·多罗特亚》中也提到"貌似有女性为了自己撒的谎言而使用了牙齿"（第五幕第二场）。同样是在洛佩的有名戏剧《奥尔梅多的骑士》（*El caballero de Olmedo*）中也有位古怪的女性说道："昨日被处以绞刑的强盗的槽牙对我来说是必要的。"

话说回来，本书目前为止的解说，疾病都有自己的圣人，牙齿的疾病也不例外，是有圣人的。《堂吉诃德》下卷第七章中可以看到这样一句，"请边祈求圣女阿波罗尼亚的保佑边过来"，《埃斯特瓦尼约·冈萨雷斯的生涯与事迹》第七章中也有"圣女阿波罗尼亚的患者来了"这部分。这位圣女阿波罗尼亚或者说阿波罗尼亚是欧洲蛀牙的救难圣人，在前面的《塞莱斯蒂娜》中，描写了一位单相思的男性为了接近女性，而以自己受蛀牙之苦为由来博取对方的同情，并让女性为他吟唱圣阿波罗尼亚的祷告。

在公元 3 世纪，诞生于亚历山大港的阿波罗尼亚是位虔诚的基督教徒，却正好遇上罗马皇帝德西乌斯对基督教徒的迫害。大多基督教徒都从亚历山大港逃了出来，阿波罗尼亚却因为留在家乡而被敌人逮捕。她被威胁放弃基督教信仰，并在被殴打到脸部变形之后，连牙齿都被一颗一颗拔掉。她忍受着拔牙的剧痛向上帝一心一意祈祷，发誓守护

圣女阿波罗尼亚

比以前还要牢固的信仰。敌人将她带到火堆边，用火刑来威胁她。她却自己看准时机跳入熊熊烈火之中而殉教。那天是249年2月9日。至此在天主教会典礼历上，2月9日被定为圣阿波罗尼亚的节日。

关于这位圣女阿波罗尼亚，有一首作者不详的歌谣流传下来。"在天国的大门前／站着阿波罗尼亚。／圣母玛利亚大人靠到身前／说道：'阿波罗尼亚哟，有何贵干？／你是在睡梦中呢，还是清醒着呢？'／'我的圣母大人，我既没有睡着，也没有醒来。／牙齿过于疼痛快要死了'／'以维纳斯之星（金星）和日没的太阳之名祈愿，愿你的里面的牙齿和前排的牙齿都不再疼痛。'"

这在天文年间（1532—1554年），也就是大致从塞万提斯出生前后到成功实现了全口义齿的实用化的这个时间段的日本看来，是异常奇怪的，但是那些依靠圣女的人们却是一本正经的。西班牙在全口义齿的研究领域上，不用说及不上日本，甚至比邻国的法国也来得落后。作为矫正牙科的创始者，欧洲最初的全口义齿开发者正是法国的皮埃尔·福沙尔（Pierre Fauchard，1678—1761年）。

但是绝不能仅凭全口义齿和牙周炎的研究就来判断牙科学。据传由卡尔德隆执笔的宗教剧《三个裁判合为一个》（*Las tres justicias en una*）中有这么一句台词："那位姑娘还这么年轻就装假牙了！"（第二幕）这就是比起福沙尔，在更久远的时代就已经存在假牙（就算不是全口义齿）的证据。更何况，在西班牙有一位人物是可以和福沙尔平起平坐的。那个人就是弗兰西斯科·马丁内斯·卡斯特里略（Francisco Martínez Castrillo）。在理发师医生作为拔牙师横行的时代，他长年作为菲利普二世的王室牙医，西班牙就不用说了，说全欧洲的牙科学都以他为始祖都不为过。《简洁的总结性对话——有关牙齿和口腔的绝妙的成果》（*Coloquio breve y compendioso. Sobre la materia de la dentadura y maravillosa obra de la boca*）是他在 1577 年的著作，该书在十三年后发行了增订版。无论哪版都比福沙尔早了百年有余，其中有些成就甚至被视为现今的口腔卫生学的先河。我们只能说，非科学的民间疗法和虽说不起眼但稳健的研究共存的现象，在当今世界也好，古代也罢，都是未曾改变的。

塞万提斯的医学常识

在意大利帕多瓦大学拿到博士学位的英国人 R. 布莱克默（Richard Blackmore，17 世纪）是一位做到国王威廉三世御医的名医。关于这位名医，有件有名的逸事，他为了深化自己的学识，向同为英国名医的 T. 西德纳姆（Thomas Sydenham）求教读书意见的时候被推荐了《堂吉诃德》。若这个逸事是真实的话，那么可以认为这是西德纳姆考虑到布莱克默也是诗人（所以推荐《堂吉诃德》），但这也可以认为是西德纳姆对《堂吉诃德》中包含了相当多的医学知识这件事的一种肯定。

在之前的章节中提到，塞万提斯的父亲是理发师医生，而母亲的祖父则是正规的医生。而在其故乡的埃纳雷斯堡大学则有许多未来的医生在求学。同业者相聚在其父亲的地方一起进行医学谈议的时候，塞万提斯也一定在旁听了许多。

但他的父亲充其量也就只是个理发师医生，并不是现今社会所认知的那种执业医生，倒不如说像行商之人，为了寻找患者而四处奔波。这位将来的文豪少年也应该多次目睹父亲挨家挨户行医的场面。卡尔德隆·德·拉·巴尔卡的戏剧《假占星师》（*El astrólogo fingido*）中有这么一节："像那边的行走的医生一样大声吆喝'有需要治疗的患者吗？'吧。"（第二幕）父亲为了寻找患者的喊声，少年塞万提斯对此究竟是如何看待的呢？

虽说塞万提斯拥有医学知识，但他并没有在医学系待过。除了他自身的生活环境以外，那种天生的强烈好奇心一定起了相当大的作用。"就算是散落在路边的碎纸片，我也喜欢读"，《堂吉诃德》上卷第九章中的这句话非常能够代表他出乎常人的求知欲。通过他的求知欲与医学之间的关系，我们在此可以做出一个推测。

让我们将目光聚焦在塞万提斯参加了发生在希腊的一个小港湾，土耳其大舰队与基督教军队之间的勒班陀海战这件事上。在1571年10月7日的战斗中，他被敌人的子弹击倒，被送往意大利的墨西拿的医院疗养。许可他"回归社会"的公文是于第二年的4月29日签发的。在这段长期疗养期间，我们可以推测，他充分发挥了强烈的好奇心，累积了各类医学知识，并做了将这些知识运用在自己的文学作品中的周到准备。从他为故乡的大学里不仅是出名的医学系教授还是一名著名的哲学教授的王室外科医生弗兰斯西克迪亚斯所著的泌尿科医书送去赞美的十四行诗这件事也可以看出，塞万提斯对医学的热心程度之高。

若是要考察塞万提斯的医学教养，那么就有必要重新回想一遍同年代的医学理论基础。古希腊的希波克拉底提出了左右人体健康的四体液理论。至于该理论，我们已经在"梅毒"这节中讨论过了。将希波克拉底，和同样写了153部医书的古希腊的盖伦（约公元129—200），以及阿拉伯医学的阿维森纳和16世纪比利时的解剖学者维萨里合在一起，就能大致构成塞万提斯时代的医学知识框架。那么，在讨论塞万提斯之前，我们就必须先简单地了解一遍他们的理论。

最初的希波克拉底的四体液理论，自从古希腊的哲学家恩培多克勒（约公元前493—前433年）以来，经常与四原质论（四根说）联系到一起，议论的深度愈发复杂。在西班牙，比如说先前引用过的塞维利亚的圣依西多禄在《语源论》中也重复同样的主张。这些主张大体说，血液是与空气，黏液是与水，黄胆汁是与火，黑胆汁是与土相互关联（第四卷第五章），物质世界则由以上四种原质以绝妙的比例构成。17世纪的卡尔德隆也在他的圣体剧《治疗与疾病》（*La cura y la enfermedad*）的一幕中明言道："四种原质／是与四种体液相对应的／这我是知道的。"如此一来，医学就脱离了狭义的医学而与世界观直接联系在一起，作为知识分子，也不可避免地需要关注医学。

将这点与"上帝仿照自己的模样造人"（《旧约圣经·创世记》第一章第二十七节）相对照，再与13世纪后犹如大河般流动不息

弗莱·路易斯·德·格兰纳达

的西班牙思想，即人类是"与上帝的模样相似而被创造出来的/迷你世界"（洛佩·德·维加作《神志清醒的疯子》[*El cuerdo loco*]，第二幕）合在一起理解，医学与神学是不可分的。作为被造物的人类构成迷你世界、小宇宙的话，与上帝模样相似的人体构造也一定是十分合理的存在。

　　来看一个例子吧。哲学家弗莱·路易斯·德·格兰纳达（Fray Luis de Granada，1504—1588 年）在他的著作《信仰的象征性绪论》（*Introducción del simbolo de la fe*）的第一书中详细描述了人体构造理论。他通过引用盖伦，在第一书第二十三章中断言，解剖学是"能够认识我们的造物主的确凿无疑的线索，会为我们指引方向"。对他来说，解剖学能够解明作为小宇宙的人体，所以成了能够正确认知上帝，巩固信仰的一种理解方法。弗莱·路易斯·德·格兰纳达的这部著作的第五书的概括在 1592 年于日本天草，以《费德斯的导师》（ヒデスの導師）为标题被翻译为日文出版，与《罪人的导引》（ぎゃ ど ぺかどる，长崎，1599 年）并称为日本的基督教文学的核心作品。如果当时不仅仅是《信仰的象征性绪论》第五书，连第一书也被翻译的话，那么就会比杉田玄白的《解体新书》（1774 年）还要早近两百年将盖伦和维萨里的解剖学知识介绍到日本。

　　在现代的认知下，将解剖学与神学联系到一起的弗莱·路易斯·德·格兰纳达被划分到"非科学"上是万万不可的。我们要知道，连通过解剖 30 具以上的尸体而得到人体结构知识的达·芬奇都未曾对人类＝小宇宙这件事表示过怀疑，以提出血液的小循环（心脏→肺→心脏）而被人熟知，西班牙的米格尔·塞尔维特（Miguel Servet，1509—1553 年）都将这个主张放到以《基督教的复活》（*Christianismi restitutio*）为题的书中论述。

在西班牙的解剖学领域，维萨里还是拥有巨大的影响力。他作为盖伦的信徒开始自己的生涯，凭 1543 年出版的《人体的构造》（*De humani corporis fabrica*）建立了近代解剖学的基础。并且，从 1559 年到 1564 年，在维萨里滞留西班牙的这段时间内，他还担任过王室御医。除了维萨里以外，同时代的西班牙解剖学者胡安·巴尔韦德·德·阿穆斯科（Juan Valverde de Amusco）的贡献也十分巨大。他与维萨里同样作为医生在意大利开展自己的研究，在维萨里的影响下，他的主要著作《人体构造史》（*Historia de la composición del cuerpo humano*，1556 年）在 1560 年被翻译为意大利语，1589 年被翻译为拉丁语广泛传播于欧洲各地。但是弗莱·路易斯·德·格兰纳达等人却采用了最初维萨里的想法，将人体比喻为建筑物，主张"与盖完墙壁后，为了更加美观而涂上石膏以作装饰这件事相同，造物主为了使人体更加美观，在骨架上覆盖了皮肤"（《信仰的象征性绪论》第一书第二十四章）。

虽然在西班牙的人体解剖实践并不是一帆风顺，于 1501 年开设解剖学讲座的巴伦西亚大学成了西班牙的解剖学重镇。而萨拉曼卡大学则是晚了正好五十年才开设了解剖学讲座，即便如此，对于为了在该大学拿到医学博士的所有学生，规定必须最少解剖六具人体。就像解剖在日本成了道义问题一样，在西班牙也不是那么容易被人们接受。在塞万提斯出生的 1547 年，在本书中至今已经引用过许多次的，由佩罗·梅希亚出版的《对话集》中写道，"依我来看，尸体解剖不仅残酷，而且毫无效果和根据。因为活体的皮肤的颜色也好柔软程度也罢，尸体都保持不了"（"有关医生的对话第二部"），但又摇摆不定地提到，医生"必须要了解人体的构造与组织，人体内有的体液，并且还得知晓哪个体液发生了变化"（"有关医生的对话")。

　　而塞万提斯就生活在这样一个向近代医学过渡的时期里。在《堂吉诃德》中，塞万提斯说成为周游的骑士之人必须具备"是医生，特别是本草学家"这个条件（下卷第十八章）。周游的骑士不知何时会遭遇不测，得会使用药草来做紧急处理才行。受伤时，有关外科的心得、内科知识，甚至连已经在先前提到的有关牙齿的知识也是必要的。在之后的章节中我们还会提到塞万提斯自己似乎还曾阅读过精神医学相关的书物。在《堂吉诃德》中甚至还有提及眼科的内容。"卑劣的巫师缠上了我，在我的双目上施上了云雾使我得了白内障。"（下卷第十章）而在所谓的家庭医学的基础问题上，即与健康管理、卫生和饮食相关的部分（下卷第四十三章，四十七章）也已经在之前讨论过了。

　　塞万提斯将提出四体液理论的希波克拉底形容为"医学的指针之光"（下卷第四十七章）。当然，塞万提斯本身也是处于四体液理论的潮流之中，在《堂吉诃德》上卷第二十一章中写道，"缓和下黄胆汁，甚至是黑胆汁后再骑马"。这里的"缓和黄胆汁"指的是"摄入零食"，为了果腹大多数情况下会选择食用橙子。被认为是希波克拉底著的《格言》在那个时代的西班牙成了临床医学的基础，比森特·埃斯皮内尔的小说《准骑士马克斯·德·奥夫雷贡的生涯》中甚至还提到了有医学生能够背诵《格言》（第一部第四章）。

　　在塞万提斯的作品当中，有几处被认为汲取了阿拉伯医学的阿维森纳派的记述（诗集《帕纳塞斯山之行》[*Viaje del Parnaso*]，第六章等），阿维森纳是西班牙的文化人必须知道的医生。比如说在基尼奥内斯·德·贝纳文特（Quiñones de Benavente）的幕间短剧

《与病人相关的有名幕间剧》（Entremés famoso de enfermo）中也能看到医生以下的台词："因为这是由黑胆汁系的体液引发的疾病 / 一定要重视 / 对此阿维森纳言道音乐是有效果的。"

《堂吉诃德》以下的部分为我们展示了塞万提斯真正的医学知识。那就是，比起"配上拉古纳医生的注释，由迪奥科里斯博士描述过的所有植物"，还是想吃面包和大西洋鲱鱼的鱼头这部分（上卷第十八章）。而这位迪奥科里斯，是公元 1 世纪的罗马植物学家，服务于罗马皇帝尼禄和维斯帕西亚努斯，在其著作《药物论》（De materia medica）中记载了大约六百种植物，长年以来作为本草学的基础文献保有权威。

《药物论》西班牙语版的封面

　　而将迪奥科里斯的著作翻译为西班牙语的，就是在本书中已经登场过数次、作为文学家的安德烈斯·拉古纳。生于 15 世纪末或是 16 世纪初的塞哥维亚，拉古纳在萨拉曼卡和巴黎求学，并在英国、意大利、尼德兰等地累积研究经验。他精通古典语言，参与了亚里士多德、西塞罗、琉善（Lucian）等人的著作翻译，本人著有瘟疫论、痛风论、解剖论等著作。作为人文学者和医生享有盛誉的他被罗马教皇儒略三世（1550—1555 年在位）、西班牙国王卡洛斯一世、菲利普二世聘为侍医。

　　拉古纳医生学术上最大的贡献就是完美地翻译了原文是希腊语的迪奥科里斯的《药物论》，并添上大量详细的注释，修正了原文中七百处以上的错误。该书翻译版在 1555 年于安特卫普第一次出版，西班牙本国的版本则是在 1566 年的萨拉曼卡发行并重印，因为此翻译版含有注释，所以该书直到 18 世纪都保持了较高的学术信誉，并且对当今社会有一定意义，1968—1969 年在马德里发行了豪华的复刻版。以"作为医生，特别是作为本草学家"为主旨来描写堂吉诃德的塞万提斯，将目光聚焦于拥有故乡的埃纳雷斯堡大学医学部教授头衔的拉古纳的成就上不仅是件极其自然的事情，而且不得不说为我们展示了塞万提斯那无处不在的敏锐慧眼。

　　不用说先前解说过的放血，从"吐出过剩的黄胆汁"（《堂吉诃德》上卷第六章）这句话中可以得知，塞万提斯还考虑到了泻药和脉搏（下卷第十章、第七十四章等）。甚至连尿液相关的事物都有涉及。《堂吉诃德》上卷第二十二章中登场的老人说自己"长年患有尿道病，一刻也不得安宁"。从老人的语句中，可以认为他得的是所谓的前列腺疾病。而从被认为是安德烈斯·拉古纳所作

的《土耳其旅行》中的"脉搏与尿液是医生（判断）的标准"（第
一部第七章），或者阿隆索·德·卡斯蒂略·索洛萨诺（Alonso de
Castillo Solórzano，1584—1647？年）的小说《说谎的少女》（*La
niña de los embustes*）中收录的幕间剧中医生的台词"不看小水（尿
液）是不行的"等例子中可以看出，在这类疾病的诊断中尿液检查
是极其重要的。

塞万提斯并不是专业的医师。但是，他对医学的广泛兴趣与掌
握的知识早已超越一般的爱好者，这也是不争的事实。论述塞万提
斯与医学关系的专著，单单是笔者的手中就有 6 本，从这之中也能
大概知晓。根据对塞万提斯使用的医学用语的频度调查结果，最频
繁使用的是解剖学类，第二是临床医学，第三是精神医学，与当时
的文学作品整体的倾向比起来，第一和第二的顺序是反过来的。虽
说塞万提斯大多将"解剖学用语"用在比喻上，我们没有必要完全
接受这个统计数值，但是他将家庭环境，最重要的是自己对医学的
兴趣投射到自己的作品当中，这部分最终在后世也诱发了意想不到
的研究热潮。

第五章　动物奇谭

提尔松·德·莫利纳（Tirso de Molina，1583？—1648年）

猫

你会很神奇地发现，在希腊和拉丁的那些古典作品中，几乎没有猫的出现。亚里士多德全十卷的《动物志》中也仅有只言片语提及了猫，而在诸多动物都登场的《圣经》中也无处寻觅猫的存在。

古埃及人被认为是最初驯化野生猫为家猫的人。在埃及，猫是一种被视为神灵的存在。在加茂仪一氏的《家畜文化史》中，猫被古埃及人当作一种善灵，或者一种可以带来幸福的动物，就算不是故意为之，只要是意图杀害猫的人都会被处以刑罚。而伊斯兰教的创始人穆罕默德爱猫也为人们所熟知，从他以来在伊斯兰世界里爱护猫的想法也就渐渐传播开来。

但是，不要说是古埃及的那种"猫大人"的想法，甚至是连家猫都没能轻易被欧洲接受。在公元 1 世纪左右，猫才开始传入欧洲，像英国等地直到 10 世纪前后饲养家猫还是比较罕见的，而猫在文学作品中的登场则要花上更多的时间。

说到这里，也许大家会联想起欧洲文艺复兴时期的文学家中不乏爱猫人士，比如意大利的塔索和彼特拉克，法国的龙沙等人。但是说起广义上的文学作品与猫的最初的交集，还应该是《伊索寓言》中的给猫的脖子上挂上铃铛的那则有名的故事。在中世纪西班牙文学中也能找到此故事的踪影。

在一部被认为是创作于 1350 年到 1400 年之间、作者不详的故事集中收录了五十八篇故事，其名为《猫之书》（*Libro de los gatos*）。与标题相反的是，故事集实际上的内容与猫几乎没有任何关系，但是收录的第五十五篇讲的就是老鼠们试图在猫的脖子上挂铃铛这个有名的故事。只是该作品并没有在没能给猫挂上铃铛的地方结束，而是继续将故事发展下去，低级圣职者试图反抗高级圣职者，却因为担心事后遭遇报复而最终谁也不敢反抗，故事为我们描写当时社会等级制度的枷锁。也就是说，恐怖的猫是指代恐怖的高级圣职者的。

为猫系上铃铛这个故事即使到了塞万提斯时代的西班牙也是非常有名的，比如说在洛佩·德·维加的戏剧《恋人的佣人》（*La esclava de su galán*）的第一幕中也作为比喻被引用过。而洛佩·德·维加则是与之后会解释到的戈维多并列为西班牙文学中论猫者的两大支柱之一。维加使用韵文创作了一部以《猫之骚动》（*La gatomaquia*）为题的长篇小说，而在其中登场的角色几乎都是猫。在该作品中，猫们能开口谈笑，经历悲痛的爱情，燃烧嫉妒的火焰，可谓是展开了一场悲喜交加的剧情，并从此中睥睨人间众生。在第一部中洛佩展现出自己执笔的决心："以诗神缪斯所赐予的才华，我用诗文记载两只勇敢的猫咪的争斗，爱情之事与骚动。"因为该书是在 1634 年出了第一版，比夏目漱石的《猫》还要早 271年。在书的第一部中，有另外一只精通医术的猫来劝说因相思成疾而气血涌入头部的猫去放血的场景，先前说明过的放血的道理在这里也是有效的。洛佩似乎对猫的拟人化抱有极大的兴趣，在 1613年的戏剧《愚蠢的淑女》（*La dama boba*）的第一幕中，成功有趣地描写了一只猫的分娩的情景。在小猫快要出生的时候，母猫因为激烈的疼痛发出悲鸣，"啊，啊，要生了，亲爱的"，呼喊着作为丈夫的公猫，甚至连猫产婆都登场了。

洛佩·德·维加的署名

从在埃及被神化，到被穆罕默德疼爱，再到被洛佩·德·维加选为戏剧作品的主人公，那么在塞万提斯的时代，猫就已经成了被世间珍惜的存在吗？事实是否定的。18 世纪法国的著名博物学者布封（Buffon）认为与狗不同，猫是不诚实而无用的存在。追溯西班牙古典文学的话，我们会发现持布封观点的作品数不胜数。不仅仅是"不诚实"，猫几乎等同于"小偷"。戈维多的流浪汉小说《欺诈犯》中有这么一段："一直被喊作是猫的父亲，被叫去抓老鼠去了。"（第一部第二章）无须查找当时的字典或谚语集，将猫＝小偷这个概念代入重读以上这句的话，则会发现"父亲"其实是受到奇耻大辱的。其他以猫来比喻小偷的例子也极其之多，并不仅限于戈维多，在已经引用过的《众生之机》等作品中也有用同样的角度来描写的场景。比如说，在《众生之机》的第十三章中，描述了为了驱赶以面包屑与奶酪碎片为生的老鼠而饲养了猫的剧情，但是到头来，猫不仅仅抓了老鼠，还把爪子伸向了重要的粮食，最终人们把小偷猫给杀了，并喊着"老鼠哟，快回来吧"。

灾难源源不断地落到了被断定为小偷的猫身上。以《堂吉诃德》下篇第二十章和巴尔塔沙·葛拉西安的《评论之书》第二部第三篇为首，在戈维多或贡戈拉的诗中也多次提及使用猫皮制作而成的钱包（特别是私房钱用的钱包）。这种钱包是非常奇怪的，因为要首先切断猫的头部和脚，然后从中把肉身抽出制成袋状，然后用袋状的表皮来制作钱包。在笔者所知的范围之内，1953 年出版的某部有关戈维多的著作中，那位思维有些错乱的作者在书中记载道："用猫皮做的，拿来藏私房钱的钱包到现在都还在塞哥维亚有卖。"

猫还不仅仅被做成钱包。在先前引用过的戈维多的那首描写了凄惨的猫的一生的诗中有如下片段："咱们的一生正如众所周知的那样，是缥缈虚无的，活着要被狗吃，死了则是被人类享用。"在这里，我们稍微把注意力放到猫被人类食用这上面。在同首诗中，戈维多这样说明道："咱们可不能这么早就死咯，这理由就是，因为一旦我们的皮被剥了，模样就会和兔子相似。"兔子和猫从外表上来看十分相似，更何况那些剥了皮的切掉耳朵的兔子，就更难与猫进行区别了。

事实上，在古典文学中也不乏那些将兔子作为猫的替代品的记述。查阅 17 世纪出版的字典，会发现字典将"挂兔头卖猫肉"解释为"用赝品来欺骗对方"。现代西班牙语中"用猫来代替兔子"（dar gato por liebre）这句意思相似的俚语就是从这里来的。那么让我们举一些例子吧。在戈维多的小说《梦与谈话》（*Sueños y discursos*）中有这么一小节："据说三天前来了一位骗子，用猫来代替兔子卖给别人而受到了惩罚。"（恶魔警官之章）兔子与猫的商品价值如果对等的话，猫的评价也就自然会上升。传言是洛佩斯·德·乌贝达所作，出版于 1605 年的长篇小说《奸诈女胡斯提娜》（*La pícara Justina*）中的"贵府入手了死猫之后，还大张旗鼓地说这是兔子嘞"（第一卷第三章第一节）这句的来源，联想先前的解释也大致能够理解。

西班牙版挂羊头卖狗肉这种勾当干得最多的就是那些恶劣的旅馆了。为了节省费用，骗旅行者说这是兔子，却实际上给他们食用猫肉。在这里简单举一个例子。蒂尔索·德·莫利纳的戏剧《安东纳·加西亚》（*Antona Garcia*）中写了一段旅店的老板娘和住宿客的颇有意思的对话。"客人 A：'其他还有什么吗？'老板娘：'有兔子。'客人 B：'不会是猫吧？'老板娘：'在我们旅店，从来不会发生这种事情。'"（第三幕）从该幕客人的反应中可以看出在当时存在着以猫肉来代替兔肉给客人食用的旅馆。

而话说回来，猫并不是单单作为兔子的代替品来被人食用这么简单。打一开始就有些人会吃猫肉。在本书的"饮食的研究"这章中的"悲叹与破损"这节，引用过的诺拉写的《料理之书》中记载了有关猫肉的料理。在这里将该料理的做法稍微简单地概括一下。猫的头部是要被丢弃的（如果吃了猫的脑子的话，食用者就会失去理性）。在小心翼翼地剥除毛皮之后用薄布包裹，然后埋于土中。放置一昼夜后取出烧烤，在烤时需要均匀涂抹大蒜和橄榄油，然后为了让肉质更加鲜美，要适度地用棒子之类的东西敲打。烤完后，将肉盛于大盘之中，浇上酱。作者在书中强调该猫肉料理是非常美味的，而该书的 1929 年版的注释者也在书中明言，此猫肉料理直到 20 世纪都还被一些好事之徒食用。

如此看来，相信大家对于在西班牙猫也不一定只是作为把玩的宠物这件事有了一定的了解。戈维多在另一首描写进入发情期的猫的诗（Romance）中轻蔑地写道，只要到了一月份"家伙们就会互相求爱，（那哭泣的声音）无论哪种都是非常低劣不堪入耳的"。顺带一提，洛佩·德·维加用"marama-o"来表达发情期的猫叫，而同时代的短喜剧天才奇尼奥内斯·德·贝纳文特则用"maranya-o"，与日语的发音"goro-nya"说像也是像的。

猫就算没有被人杀害，遇到各种不幸的概率也是很大的。用现代的感觉来说，就是在一些非常奇葩古怪的游戏中是要用到猫的。罗德里戈·卡罗（Rodrigo Caro，1573—1647 年）的《享乐的时光》（Días geniales o lúdicros），为我们提供了大量以前西班牙游戏的珍贵信息。根据该书中的记载，在当时有种游戏，胜利的条件是将猫逼到小河或水坑附近并使其落水，或者尽可能地将猫逼到离水源最近（对话五的第五小节，在《堂吉诃德》上篇第八章中也曾提到过）。在卡尔德隆·德·拉·巴尔卡的戏剧作品《从一个原因到两个结果》（*De una causa, dos efectos*）中也出现过一种游戏，就是将猫捆绑在滑轮上吊起来，然后用棍子殴打猫的胯下（第一幕）。

"猫有七条命"这句自古以来的谚语还保留在现代西班牙语中（在印度或者埃及则是九条）。这是一句比喻几乎不会死的谚语，也就是不死之身。而在西班牙语古文中，该谚语并不是以七条命，而是以七个灵魂的形式出现的，而据说只有猫与女性是可以拥有七条命或者是七个灵魂的。虽然在法语或者意大利语中也有类似"猫有七条命"的谚语，但是似乎只有在西班牙才会强调猫与女性的关系。

天主教异端的一派诺斯替教派认为，女性所拥有的魔性与猫是存在联系的，但是若是要将16、17世纪的西班牙文学与诺斯替教派扯上关系，这就有点不合常理了。只是，在西班牙文学中永远不缺那些猫（特别是母猫）化身为女性的故事。仅看洛佩·德·维加的作品，我们也能在《没有复仇的惩罚》（*Castigo sin venganza*，第三幕）、《已婚女性的模范与忍耐的试练》（*El ejemplo de casadas y prueba de la paciencia*，第二幕）等作品中看到此类剧情的存在。在1617年6、7月前后洛佩寄给赛莎公爵的一封信中，洛佩为我们明快地解释了女性与猫之间的关系："女性和数种动物之间有着不可思议的相同点。她们像蚂蚁一样小心谨慎，像变色龙一样见异思迁，像蝮蛇一样有毒，在内心深处就像猫一样。这么说是因为女性就算向我们男性献上自己的真心，也是建立在其拥有猫的内心，即拥有好几颗心的基础之上的。"

虽说西班牙古典文学中存在着许多会受到当今爱猫人士和女性

攻击的描写，但是如果从猫与女性之间的联系这个角度来看的话，那就是对于男性来说两者都是难以理解的存在。这么说是因为猫会经常与奇异的自然现象联系到一起。在阿古斯丁·德·罗哈斯的《愉快的旅途》中，他向我们报告了一件有趣的事情，那就是猫非常容易受到月亮的影响，随着月亮的阴晴圆缺猫的瞳孔大小也会发生改变（第二卷）。就算猫与这些自然现象没有联系，但猫被认为是一种十分难以理解的动物这个看法是超越时空的。带领现代拉丁美洲文学走向兴盛的代表人物博尔赫斯（Jorge Luis Borges，1899—1986 年）也在其题为《猫》的诗中以这样的诗句来强调作为异邦人的猫："你存在于另一个异质的时间当中。你像梦一样，是封闭境界的主宰者。"而高傲的人类却不屑与"封闭境界的主宰者"共处，想要入侵那境界却发现无法达成自己的目的后，不惜以言语诽谤攻击对方。可以说在西班牙古典文学的世界里，这类趋势还是比较明显的。

狗

"犬猴的关系"是日语中指代性格不合的成语。而在西班牙语，以及法语和意大利语等语言中，自古以来关系差的就是猫与狗。既然水火不容的是"猫犬的关系"，那么偶尔会看到的"猫犬医院"这类名称从西班牙语等语言的角度来看则是不怎么顺眼的。

狗被认为是人类最初的家畜。虽然笔者还没有亲眼见过，但是在马德里的东南方向有一处地方名为阿尔佩拉，在那里保存着被人类饲养的狗的洞穴壁画，从中可以得知，自史前时代人类就已经与狗亲密相处了。

只是虽然狗只有一个字，但也分为宠物用、狩猎用、放羊用等各种类型，在这里我们主要通过文学作品中描写狗的情节来接近狗的形象。而这种形象又是极其复杂的，是由高度评价的立场（比如说比起猫来能够带来较大的实际利益）和将其视为下等存在的立场相互猛烈地交错在一起的。

在 16、17 世纪的西班牙的贵妇人之间，非常流行将狗（特别是小型犬）作为玩赏之物来饲养。克里斯托瓦尔·德·比利亚隆的小说《克罗塔隆》中的贵妇人有这么一句台词，"正如你所见，我是如何珍惜我那可爱的小狗阿梅尼塔的"（第十九话），与小狗嬉戏的贵妇人也在戈维多的讽刺诗中登场。甚至连国王菲利普三世的妻子玛加丽塔王妃也饲养了小狗，还因此与国王发生过不合。当时的女性对狗过于宠爱，男性们对此似乎也是束手无策。安东尼奥·德·格瓦拉也不例外。在此引用一节他写给一位贵妇人的信件："夫人您的狗不幸因（狗的）分娩而死去后，夫人您陷入极度的悲伤之中，发了高烧躺在床上受苦的消息我通过信件得知，说实话，夫人您的悲伤对于我们来说成了一种爆笑的原因。"（《亲密书简集》1524 年 2 月 8 号）

当然，并不只有女性才会宠爱狗类。在阿拉贡国王胡安一世（1387—1396 年在位）还是赫罗纳公的时候，他曾给自己饲养的狗取了阿马迪斯这个名字。从文学角度来看，为狗取了这个名字是非常有趣的。阿马迪斯是骑士小说的代表作《阿马迪斯·德·高拉》（*Amadís de Gaula*）中主人公的名字，将狗命名为阿马迪斯，也正可以说明该骑士小说的流行程度。

高度评价狗是因为它们对人类是非常忠诚的。在中世纪的大学者塞维利亚的圣依西多禄的《语源论》中，作者也极力称赞狗为"唯一听到自己的名字会做出反应的一种动物，爱护主人，守卫家园。只要是为了主人连命都可以豁出去，狩猎也毫不犹豫地跟来。甚至有狗会守在主人的骸骨身边不肯离开。这种特性，在人类以外的其他动物身上是看不到的"（第十二卷第二章）。以上对狗的忠义的评价自古以来保持了一贯性。比如说作为古希腊英雄中的医神阿斯克勒庇俄斯，《旧约圣经》中的托比亚斯，猎人的守护圣人圣胡贝图斯（727年去世）等人的绘画中也都有狗作为伴侣陪伴。在日本的童话中，最初来到桃太郎家的也是狗，类似忠犬八公的事迹在欧洲也是数不胜数。而在中世纪的贵妇人的墓碑上，经常会雕刻上狗的形象，这也正是圣依西多禄所指出的忠诚心的象征。当然，即使到了塞万提斯的时代，狗类的忠诚心也是丝毫不变的，《堂吉诃德》中也提及了看门狗（上卷第二十三章）。

狗的忠诚心是由它们卓越的嗅觉而积累的印象，这是老普林尼在《自然史》中指出的。说起以这种嗅觉为武器而大放异彩的狗类，在16、17世纪的西班牙文学当中则是相当多地提及"阿尔瓦犬"。比如说塞万提斯的幕间剧《达甘索的村长选举》（*La elección de los alcaldes de Daganzo*），用狗来比喻那些能够将多数民谣倒背如流的人，形容他们像"阿尔瓦犬"一样准确。在阿尔瓦-德托梅斯这座城里，有条狗可以嗅出一个人是否是犹太人并咬住犹太人不放，对此毫无办法的犹太人们将此狗告上了法庭，"阿尔瓦犬"就是从这个故事而来的。《奸诈女胡斯蒂娜》中也安排了通过嗅觉区分犹太人并咬上去的"阿尔瓦犬"登场。

就这样，忠诚心受到赞赏的狗的角色从守卫型看门狗开始向攻击性猎犬转变。在擅于描写风俗业的胡安·德·萨瓦莱塔（Juan de Zabaleta）的作品《节日的早晨》（*El día de la fiesta por la mañana*）中，就算是捉住兔子的猎犬开始贪图猎物，只要主人一声令下就会将猎物放下，"真是一种顺从的动物"（第十七章）。在这里顺便补充一点，在古代狩猎中用到猎犬时，一般情况下并不是让它们去将猎物诱导出来好让主人用枪射杀，而是让它们直接去捕捉猎物。

就算是性情温顺，甚至能够熟练完成跳圈杂技并会向人撒娇的狗（洛佩·德·维加的《拉·多罗特亚》第四幕第三场），翻阅历史来看，一旦这种忠诚心化为仇恨，它们也会受到人们的残酷对待。比如说，法国的外交官雅克·卡乐（Jacques Carel，sieur de Sainte-Garde）在落款为1665年7月8日的一封发向马德里的书信中，详细记录了有关西班牙斗牛的报告，其中写到西班牙人往斗牛场中放入几条狗任它们被牛活活咬死来取乐。

还有更残酷的事情。在拥护新大陆印第安人的自由与生存运动中成为中心人物的卡萨斯（Bartolomé de las Casas，1484？—1566年）神父在1552年出版的《西印度毁灭述略》（*Brevísima relación de la destruición de las Indias*）中报告，作为征服者的基督徒们，为了猎杀印第安人而去训练狗类，让它们去寻找并咬死逃脱的印第安人。就像将该书翻译为日文的石原保德氏添上的详细注释记载的那样，记载西班牙人将狗作为有效武器来利用的编年史学家不仅仅是卡萨斯一人，从中我们可以得知此方法在当时被广泛地使用。

从人类的视角来看狗是忠诚的，那么从其他动物的视角来看，狗就是向人类谄媚出卖同胞的伪善者。在基尼奥内斯·德·贝纳文特的幕间剧《狗之梦》（*El sueño del perro*）中，登场人物将狗定义为"既冷漠又难以相处"，但我们可以理解为这是从根本上体现狗的一种两面性的台词。

透过历史来看，狗反而是更多被作为责骂的对象。比如翻开《圣经》，首先你根本找不到赞美狗的部分。《新约》中的"万万不可将神圣之物给予狗"（《马太福音》第七章第六节）等处就是非常有象征性的例子。

在南部的塞维利亚近郊的小镇莫龙（Morón）的贫穷修女会（嘉勒修女会），于1693年采纳了一条相当有趣的内部规定。根据该规定，将儿童与狗放入修女院中而搅乱修女们虔诚信仰心的修道院长要被逐出教会。虽然将该规定与《圣经》中的记述联系在一起是比较困难的，但是修道院的规定甚至具体到连狗都涉及，实在是有趣。这还没完，在该内部规则的下方更能看出该修女会是彻头彻尾地厌恶狗类。"不管是（普通的）狗也好，小狗也罢，狗是扰乱寂静的，污秽的，让灵魂堕落之根源，（中间省略）必须在十二小时以内将其杀死或者驱逐。"只不过白色和黑色的小狗反倒成为道明会修道士们的象征，这也确实让人摸不着头脑。

自古以来，犹太人就被侮辱为"犹太的狗"，这是众所周知的。在西班牙，比起塞万提斯还要早得多的13世纪的冈萨洛·德·贝尔塞奥（Gonzalo de Berceo），在他的诗集《圣母玛利亚的奇迹》（*Milagros de Nuestra Señora*）中也写到了"家里有这个背叛者的狗"（第362连a）。当然即使到了塞万提斯的年代，这种想法也并没有改变，在流浪汉小说《埃斯特瓦尼约·冈萨雷斯的生涯与事迹》中也有用字面意思上的"犹太的狗"来辱骂对方的场面。

而用狗来侮辱别人这个行为不仅是对犹太人，还适用于穆斯林身上。比森特·埃斯皮内尔在小说《准骑士马克斯·德·奥夫雷贡的生涯》中，使用"狗教"来指代伊斯兰教（第二部第八章）；在被认为是出自洛佩·德·维加之手的戏剧《威尼斯的奴隶》（*El esclavo de Venecia*）中，终于要逃离君士坦丁堡回到故乡西班牙的基督徒这样说道："再见了，我要踏上旅途了 / 往我深爱之地去。在这么多条狗的中间 / 没有人能够活下去。"（第三幕）对此，塞万提斯也有同样的想法（比如说《堂吉诃德》上卷第九章）。

　　如果单单是上述的情况，那还好说，穆斯林也有时会反过来用狗来称呼基督教徒。在塞万提斯的戏剧作品《阿尔及尔的故事》（*El trato de Argel*）中的第二幕，描写了穆斯林贩卖基督教徒俘虏的场景，穆斯林大声叫喊道："要小狗崽子吗？"在已经引用过数次的同年代的小说《土耳其旅行》中，土耳其人指着基督教俘虏说道："这条狗竟然知道我告诉他的以外的事情。"还有像《堂吉诃德》上

《阿尔及尔的故事》出版扉页（笔者所藏）

卷第四十一章中写的那样，穆斯林称呼土耳其人为狗的场面。或者也有无关对方的宗教或种族的，像洛佩·德·维加的杰作《羊泉村》（*Fuente Ovejuna*）中那样用"这个平民狗！"来愚弄的场面。就像在同样是洛佩作的《给聪明的主人的侍奉》（*Servir a señor discreto*）第一幕里写的那样，不仅将"狗"具体到"格雷伊猎犬"，连用来进行诽谤中伤的例子也有。总而言之，包括异教徒在内，狗成了被污蔑的群体的总称。

既然评价都降到了这么低的地步，那么就像对猫的恶作剧那样，也就不可避免地会有些灾难降临到狗的身上。在一本出版于1627年有关西班牙语谚语的书中，提到了在谢肉祭的季节里的某个游戏是将狗裹进毛毯里扔到空中去（实际上不仅仅是狗，有时猫也成为这个游戏的牺牲品）。简单地说明一下，谢肉祭是一个为消除、对抗基督教义中的绝食和禁欲而产生压力的节日，而狗成了他们缓解压力的目标。

但是有时人类也会受到这个游戏的波及。根据在上一节中引用过的罗德里戈·卡罗的《享乐的时光》，将"活祭品"裹入毛毯中由数人一起扔到空中的这个游戏，从古罗马时代开始在12月中旬举行，是萨图尔努斯节中独特的景象。而且可怕的是，要在半夜的时候将喝得烂醉如泥无法动弹的男子裹入大型毛毯扔向空中（对话五的第一节）。

《堂吉诃德》上卷第十七章插图

　　如此解释，那么《堂吉诃德》上卷第十七章中"他们将桑丘放在毛毯中央像谢肉祭时的狗一样，高高抛起，开始戏耍桑丘"，还有马特奥·阿勒曼的《古斯曼·德·阿尔法拉切》中"他们像对待谢肉祭时的狗一样，开始用毛毯将我抛向空中"（上卷第三书第一章）也就很好理解了。

本图出自中世纪的狩猎书

　　就像在猫那节中指出的，存在洛佩写的古典作品《猫之骚动》，而以狗为主人公的当时西班牙文学的代表作则是塞万提斯的短篇小说《狗的对话》。在该作品中有一处不太清楚的地方，就是人类从狗的背后用手把狗嘴扯开，然后朝狗嘴里吐口水的场景。有关这个动作，存在着各种解释，比如说这是防治狂犬病的咒语，或者这是为了确定这条狗是否温顺，或者是特定的某人的唾液是对狂犬病有效的，还有说这是可以让狗安静下来的行为。如果从最后一个为了使狗安静下来的立场来看，在中世纪狩鹰的时候，有鹰匠将含在口中的水喷向老鹰的喙使其落下的习惯，因为狗和老鹰在狩猎中都十分活跃，所以这种类推的确是存在可能性的，正所谓爱好者们的探究是不知停息的。

马

　　同样是四足，但单从直接给人类带来帮助这点上，猫和狗都比不上马的一只脚。从几万年前开始，马就在运输上发挥作用，大约从四千年前开始成为坐骑。而汽车取代马在交通工具上的地位，在漫长的历史中也只能算是最近的新闻。

　　从旧石器时代开始，西班牙就有森林野马出没，从 13 世纪下半叶时一本名为《马之书》（*Libro de los caballos*）的兽医著作中被人改编过的事实中也可以得知，西班牙与马之间的关系绝非一般。尽管如此，西班牙还是斗牛给人们留下了更强烈的印象，无论如何都无法将其与马的形象联系到一起。

　　即便如此，到了 16 世纪，所谓的西班牙马却驰名欧洲全境。虽说无法得知"西班牙马"的真正起源，但经过了长年累月的品种改良，它们登上华丽舞台的时刻最终到来了。当时的西班牙国王是哈布斯堡家族的卡洛斯一世，众所周知，在 16、17 世纪统治西班牙的也正是哈布斯堡家族，他们将西班牙的王朝仪式大范围地传播到欧洲也就变得顺理成章。西班牙马作为一种仪式的延长，开始被重视并扩散到欧洲各地去。而在哈布斯堡家族的根据地，奥地利维也纳的骑术学校的成立就是一个典型例子。正式名称也恰好是"西班牙骑术学校"（Spanische Reitschule）。关于这间奥地利的"西班牙骑术学校"究竟是何时开始正式办学，严格来说目前无从可知，只知道出于振兴马术技术的目的于 1572 年宣布成立。

谈起古时对马的使用，最先想到的就是战争与旅行了。特别是西班牙，在新大陆与印第安人间的战斗中，马发挥了巨大的作用，这是世人皆知的。殖民者并不仅仅让马来搬运重武器装备。对于那些从未见过马这种动物的印第安人来说，他们的恐惧可想而知。

那么马和旅行又有着什么样的关系呢？在 16、17 世纪的西班牙，若是真要来一场大旅行的话，比起骑马倒不如乘船，既方便又快。根据有关书籍记载，在 16 世纪只要是风向对头，乘船大约一日可行 200 公里，但是陆路的话，即使走主要道路也最多 135 公里。归根结底，我们必须牢记一点，那就是当时欧洲的路况几乎没有好的，和南美洲的古代印加帝国的完好修整过的街道完全无法相比。

但是仅靠乘船不能抵达的目的地也有很多。在这个时候，想到的就是马了。在 15 世纪上半叶，西班牙人佩罗·塔富尔（Pero Tafur）用了四次长途旅行将欧洲几乎全境和中近东地区都走了个遍。他的《世界各地的周游与旅途》（*Andanzas y viajes por diversas partes del mundo avidos*）在当时的旅行记当中可谓是珠宝般的存在。该书的开头部分，作者在南部的瓜达尔基维尔河口的桑卢卡尔-德巴拉梅达（Sanlúcar de Barrameda）上船出发，一开始先向着直布罗陀海峡航行，他还写到，以"陆路时需要的马"为首的各类必需品一样都没带就出发了。看来塔富尔是熟知船和马并用时的方便的。

那么是否只要有适当多的资产，谁都可以骑马？事情可没有这么简单。因为在阶级制社会，骑马本身就是一种高等身份的象征。就像在本书的"骑士"一节中写的那样，只有骑士才能骑马。所以自称是骑士的堂吉诃德，就算坐骑是瘦马也必须得骑。正所谓瘦死的骆驼比马大。而作为仆人的桑丘·潘沙骑同等级的马也是一种礼违反礼节的所为。既然堂吉诃德本身是下级贵族的绅士身份，那么他原本应该和神职人员一样，只能骑由母马和公驴交配所生的骡子。而王室经常赠送骏马给贵族或者外国使节，这其中自然含有给予对方敬意的象征意义。

实际上在西班牙，比起马，反倒是驴或者骡子的需求更大。这并不是什么不可思议的事情，毕竟在相较起英国或者北欧世界更炎热的西班牙土地，马还是不大适应的。虽说马要敏捷，并在必要的时刻能够输出马力，但比马个头来得要小的骡子更为耐热，也拥有出色的耐力，更能够适应西班牙的气候风土。直到今日也是如此。根据 1975 年的资料，在西班牙有骡子 53 万头，驴子 36 万头，而马只有 28 万头，大约为骡子的一半。

想要出远门的时候，若是自家没有养马或骡子，那么只有向人租借了，和今日的租车一样。戈维多的《欺诈犯》中的主人公从埃纳雷斯堡出发到塞哥维亚，因为这不是步行能到的距离，所以就向人借了匹骡子（第二部第一章）。比维斯《对话》中也有这么一节，一位想要出门野餐的年轻人说"我从一位奸商那借了马"（对话之九）。

为什么说是奸商呢？因为在出租马，特别是骡子的业者中，有许多向顾客收取非法费用之徒。甚至连国王菲利普二世都曾亲自颁发法规，在 1594 年的法令中他规定骡子的租借费每日为 60 马拉维迪。而在长达数月的长期旅行中租借骡子的情况，则规定 4 杜卡多为上限。当然饲料费用得是租借方来承担。

正如先前解释过的那样，为了让马能够适应西班牙的风土而进行"品种改良"的骡子，却和富裕的大学生之间存在着意想不到的联系。在苏亚雷斯·德·菲格罗阿的对话体小说《旅人》中记载着以下描述埃纳雷斯堡大学的医学生懒散的段落："就算是难得的早起，上午也在闲逛各个地方中一下子就度过了，到了十二点吃完午饭就往家里走。下午两点时骡子就已经在外面候着了。到了晚上回到家食用晚餐后稍作休息，还是因为太累而直接上床睡觉了。"（第三章）

比起他国，在西班牙马车的普及并不顺利，类似日式的小轿子才一直是主角。特别是身份高贵的女性们会经常乘坐这类小轿子。轿夫们用蓝头巾包着头，抬着坐在轿子或者椅子上的客人。在 16世纪的时候，甚至还成立了轿夫们的同业行会。甚至连出席 16 世纪中叶的特伦托会议的西班牙代表团，都没能亲身体验到舒适的马车之旅。此后，虽然马车普及开来，但实际上拉车的却是骡子。直到 17 世纪末，也就是卡洛斯二世（1665—1700 年在位）时代才真正出现名副其实由"马"来拉的马车。不仅马车的乘坐舒适性，比起骡子拉车要舒服，马骑起来也要舒服得多，蒙田（Michel de Montaigne，1533—1592 年）也述怀道："因为不管我身体好坏，我都觉得坐在马上最舒服。"（《随笔集》第一卷第四十八章）*

而在西班牙文学史中，就有两匹非常有名的马。首先就是在中世纪叙事诗中享有里程碑意义的作品《熙德之歌》中主人公骑士熙德的名马巴维耶卡，毋庸置疑，还有一匹自然是堂吉诃德的爱马洛西南特了。名马巴维耶卡这个名字出乎意料地还有"蠢货"的意思，洛西南特则含有"世上所有的驮马中的第一名"的意思。在这两部作品各自面世之后，巴维耶卡成了名马的代名词（比如说《堂吉诃德》上卷第一章），名马洛西南特则成了瘦马的代名词（比如说在《埃斯特瓦尼约·冈萨雷斯的生涯与事迹》第七章）。

---

   *　潘丽珍、王论跃、丁步洲译本。

　　除此之外，在此还有必要提及两匹虚构的马。其中一匹就是《堂吉诃德》下篇第四十一章中出现的木马轻木销。虽是木马却拥有魔法的力量翱翔天际，从中世纪开始这匹木马的故事就十分有名。在 16 世纪初，一部写有该故事的作品从法语翻译为西班牙语，似乎塞万提斯是在读完该译本后将其模仿改写了。堂吉诃德和桑丘坐在普通的木马上，坚决地实行了他们那空想中或者说是疯癫的飞行，让包括读者在内的所有观众们都目瞪口呆，狂笑不止。

　　而另一匹马则是以俊鹰（Hippogriff）之名而被世人熟知的传说中的马，它有鹰的头部与翅膀，却有狮子的前爪前脚却是狮子。在塞万提斯去世的正好一百年前，1516 年出版的意大利骑士小说《疯狂的奥兰多》（*Orlando furioso*，又译《疯狂的罗兰》，阿里奥斯托所作）中登场的怪兽就是这匹马，它在西班牙文学中也经常被提及。《堂吉诃德》自然不用说了（上卷第二十五、四十七章），洛佩·德·维加的《猫之骚动》中也解释道："在《奥兰多》中俊鹰虽然出现了，那是由马和狮鹫合体而来的怪物。"（第七部）在卡尔德隆·德·拉·巴尔卡的代表作《人生如梦》（*La vida es sueño*），开头就是一句"猛烈的俊鹰／与风竞走着"。从庶民的角度来看，正因为是可望而不可即的存在，所以马才成了传说，也进一步成了怪物。

　　《旧约》中写到，马与骡子"必须通过马嚼子和缰绳来限制他们的动作"（《诗篇》第三十二章第九节，同样可参考《箴言》第二十六章第三节），但人们往往认为马是一种本能，更多时候是一种爱欲本能的化身。同样是《旧约》的《耶利米书》第五章第八节中的"他们像欲火焚身的肥马一般，向邻居的妻子发出爱慕的嘶喊"就是最好的雄辩。在洛佩·德·维加的长篇牧歌体小说《阿卡迪亚》的第四卷中，指出让马食用烟熏过的红豆容易长肉，让女性吸收马粪中升起的水汽则会增大受孕概率，可以说这是洛佩考虑到《圣经》中的上述描述而写的。

马的本能并不只集中在爱欲上面。倒不如说马平时是一种乖巧的动物，只要有过经历，这是谁都会知道的事实，这也是马能成为人们的旅途伴侣的原因。《堂吉诃德》上卷第四章中，有一场景描写作为主人的堂吉诃德跟着爱马前进的方向出发，主导权反而在马身上。此类光景在之前的骑士小说中也曾出现过，塞万提斯描写的这类行为方式既是事实，也体现出了堂吉诃德对洛西南特的喜爱与宽容。虽然在当时还有一些持极端言论的人，比如说圣依西多禄在《语源论》的第十一卷第一章中写道："当自己的主人被杀死或者死去的时候，有许多马会流下泪水。除了人以外，拥有悲伤痛恨感情的动物只有马。"但堂吉诃德异于常人的爱马之心似乎也是继承了这类想法。

鸡

鸡是许多事物的象征。在古希腊，鸡象征健康，经常被作为礼物送给心爱的男子。在古代波斯的琐罗亚斯德教中，公鸡被当作太阳与光的象征。除此之外，因国家与时代的不同鸡也分别象征着不同的意思，比如说死亡、复活、监视等。而在西班牙，根据1611年在科瓦鲁维亚斯出版的字典，鸡是与性欲联系在一起的。

若是前往西班牙的邻国葡萄牙，定会被当地的特产店中充斥着鸡玩偶与印着鸡的图案的装饰品的光景吓到。这是由以下的传说所导致的。在西班牙西北部的加利西亚地区，有一位男子被诬告为杀人犯而判了绞刑。在执行之前，那位男子曾让人带他前往审判长的家中去亲自主张自己的清白，但是审判长当时正在宴会中，并没有理会他。无罪的这位男子说，若是要处决他的话，现在在餐桌上的烤鸡就会打鸣，他留下这句话后就被带走了。到了处刑的时辰，结果烤鸡真的就开始鸣叫起来，审判长被吓到脸色发青，急忙赶往刑场。所幸绑脖子的纽结比较松，顺利将该清白的男子救了出来。也就是说，鸡发挥了作为真实的证据和保证之后的幸福的功能。笔者孤陋寡闻，无从得知葡萄牙的这则传说的正确起源时间，但是也许与 1580 年西班牙国王菲利普二世兼任葡萄牙国王，并且在之后的近百年时间里葡萄牙成了西班牙的属国一事有关。

　　不管是古文还是现代西班牙语中都有一则将鸡与命运联系在一起的说法："另外一只鸡会唱歌吧。"*这是"事情可能会是另外一个样子"的意思，比如在《堂吉诃德》下卷第七十章中就出现过这种用法。这个惯用句的由来是《新约》。面对胆怯的彼得，耶稣说道："你愿意为我舍命吗？我实实在在地告诉你，在鸡叫以前，你要三次不认我。"（《约翰福音》第十三章第三十八节）正如耶稣的预言那般，彼得真的就三次不认耶稣。而鸡叫则是再自然不过的事情。如果彼得有勇气公开说认识耶稣，那么会有不一样的故事。

　　根据鸡是公是母，象征的意思有时也会发生改变。洛佩·德·维加的《猫之骚动》第三部中，称那些柔弱的男子为"母鸡"。戈维多的《欺诈犯》中也有以下一节，直译过来则是"我看穿那个像母鸡一样的靠不住的男子"（第二部第三章）。在这种情况下，"母鸡"是作为"柔弱，胆小"的意思来使用，在现代西班牙语中这种用法也依然存在。公鸡则是相反，在许多情况下含有男子汉气概、傲慢、花

* Otro gallo me（te...）cantara.

花公子等意思。

　　且说，鸡本来该是热带的动物，并且很早以前就开始在西班牙作为家禽饲育。在 1493 年哥伦布第二次航海中，鸡被从西班牙带到了新大陆，甚至取代了当时在美洲处于主流的火鸡的地位，反倒是火鸡被传到欧洲。顺便一说，在塞万提斯的时代里，一只鸡需要花费 6 雷亚尔（根据基尼奥内斯·德·贝纳文特的幕间短剧《鸡之舞》[*Baile de los gallos*]）。回想起当时作为西班牙无敌舰队的粮草官的塞万提斯，他的日薪是 12 雷亚尔。也就是说塞万提斯工作一天能买两只鸡。

　　提起鸡，我们能够联想到的第一件事就是早晨。但其实这是非常复杂的，因为倘若你仔细阅读古典文学的话，则会发现西班牙的鸡似乎是在深夜里鸣叫的。在这里，让我们关注一下鸡鸣的时间。首先在阿古斯丁·德·罗哈斯的长篇小说《愉快的旅途》中这样写道："鸡极大地受到太阳，也就是天体的第四天的影响，在日落的时候察觉到太阳的消失，比起其他动物更早地进入休息。到了深夜，察觉到了太阳的来临并传递给大家，叫醒正在睡的家伙（第二卷）。"根据文艺复兴的天体知识，太阳多被认为处于第三的金星天与第五的火星天之间的第四天。姑且不谈这点，在这里需要注意的是，鸡"能够在夜晚感知到太阳的来临"，并且叫醒贪图睡眠的家伙这点。

　　比起在深夜鸡鸣以外，更有甚者。笔者在调查 1523 年的异端审判所的记录文书中曾遇到过"鸡鸣之后，进入深夜"的用词。在该情况下，到底鸡是在几点鸣叫的？严格上说，该是在"深夜以前"鸣叫，但是若将其解释为"鸡鸣之后，立马进入深夜"的话，则与阿古斯丁·德·罗哈斯的例子没有太大区别。姑且先不急着下结论，让我们再观察一会。

在先前，我已经提到了被称为罗曼采的西班牙独特的传统民族歌谣，并且也引用过数次。该诗歌是以八音节，在偶数行押韵为规则。直到今日，虽然有不计其数的歌谣传承下来，但其中广为流传的《克劳洛斯伯爵的罗曼史》（*Romance del Conde Claros*）的开头部分是这样写的："夜也渐渐深了，在鸡将要鸣叫的时刻，被爱缠身的克劳洛斯伯爵，无法去休息。"这也是在暗示鸡在深夜时鸣叫。在《堂吉诃德》中也将鸡鸣时刻指代深夜：今后希望不要在"最先鸡鸣的时辰"里喧闹（上卷第十一章）。现代西班牙语中，也将圣诞节深夜的弥撒称为"鸡的弥撒"。不管怎么说，从上述内容中可以得知，鸡并不与早晨，而是与夜晚，尤其是与深夜的关系更加密切。

但是若说西班牙的鸡只在深夜鸣叫，这也是不正确的。中世纪的民间文学作家唐·胡安·曼努埃尔留下了一部名为《国家书》的重要著作，在该书中作者写道："正如大人们所知道的那样，在度过大部分的夜晚之后鸡会叫，这是像在白天要到来的时候，通知夜晚已经过去的公告员一样的角色。如此一来，人们就会从晚上的睡眠中醒来，意识到是时候去做自己家庭需要的事情了。"（第二卷第十章）在贝雷斯·德·格瓦拉（Vélez de Guevara）的讽刺小说杰作《跛脚恶魔》（*El diablo cojuelo*）中，"在这个时间里给自己的坏马装马鞍，转身看那只鸡的愚蠢的猎人好了"（第二部）。在这里，"鸡的"则含有"夜明时分"的意思。在传统民谣中也颇为有名的《奥利诺斯伯爵的罗曼史》（*Romance del Conde Olinos*）以"他在深夜中死去，她在鸡鸣时刻死亡"为结尾。

虽然这个问题越讨论越复杂，但是仔细一想，在日本说的头遍鸡鸣，从古时起指的就是丑时（凌晨 2 点左右）的鸡叫，第二遍鸡鸣指的是寅时（凌晨 4 点左右）的鸡叫。而在古罗马，人们则将凌晨 3 点称为 gallicinium（鸡鸣）。古罗马人一般习惯早起，在天微亮的时候就开始了一天的生活。但对于后者来说，也未必是因为清晨鸡鸣太吵而被迫起床。

即使我们将焦点转移到现代西班牙文学，也无法得出准确的答案。诺贝尔奖得主诗人胡安·拉蒙·希梅内斯（Juan Ramón Jiménez Mantecón，1881—1958 年）有一首题为《一点钟》的诗，有"鸡在叫。虽然没有时钟，但知道是一点钟"这样一小节。而因为电影而出名的何塞·玛丽亚·桑切斯 – 席尔瓦（1911—2002 年）的《稚情》（原题为《马塞林诺，面包和酒》）的第一话中写道："某天清晨时分，公鸡都还没有打鸣的时候，修道士们听到门边传来一阵哭泣声。"根据后者的描述，到了早上鸡都还在睡梦中，更不要说在深夜打鸣了。

虽然该问题越思考越混乱，但是甚至连西班牙本国的学者们也没少为该问题烦恼，的确是十分有趣。从中世纪西班牙语中举一例的话，贝尔塞奥的《西洛斯的圣多明哥的生涯》（*La vida de Santo Domingo de Silos*）中有这么一句："在头遍鸡鸣的时候起床的修道士们。"（458 连 c）既有一些学者将这个时间断言为"凌晨两点"，也有人将其视为"天亮前"或者"深夜"。

虽说无法给其下个最终的结论，但也不是完全没有线索。笔者在仅仅一个鸡鸣时间上花费如此之多的笔墨的原因在于，对于古时的人们，特别是没有时钟的一般人来说，鸡鸣的时间与星宫的移动和白昼时的太阳位置之类相同，是能够从本质上左右生活方式的重大事情。

方才引用过的阿古斯丁·德·罗哈斯的《愉快的旅途》给了我

们一个线索。一位名叫米格尔·拉米雷斯的男子说："你说这个动物（鸡）是什么，不就是那个在深夜与天明时会打鸣的吗？"之后，罗哈斯这样回答道："鸡这种动物，是多数动物中最先感知到太阳到来的。并且将此告知大家，带着期待今日也是美好的一天的愿景叫醒大伙开始工作，这并不值得惊奇。"（第二卷）先从提问开始看的话，可以发现鸡会分别打鸣两次。面对米格尔·拉米雷斯的问题，罗哈斯的回答乍一看像是在逃避问题，但难道不能像以下那样解读吗？

那么我们可以理解为鸡是在"最先感知到太阳到来"的时候先打鸣一次，然后在真正天亮的时候再来一次打鸣。也就是说，打鸣并不仅限于"深夜"。而"深夜"也无须严谨地限定在午夜 12 点前后这个范围内，我们可以尝试考虑这个时间是指鸡根据本能提前感知到太阳升起的时候，也就是比起夜晚更加接近早晨的时候。

就算这个解释是成立的，但同时颇为有趣的是，与目前为止讨论中判明的一样，鸡在西班牙人的想法中比起早晨的光线的形象，倒不如说是一种黑暗的形象。从这种角度来看，近代诗人加西亚·洛尔迦（Garcia Lorca，1898—1936 年）的诗集《吉普赛人谣曲集》中有"公鸡们的洋镐，在找寻天明而挖着坑时，索莱达·蒙托亚他，从黑暗的山上下来"这样一小节也就很好理解了。

但是，面对扮演宝贵闹钟角色的鸡，人们往往却是报以忘恩的态度。遭受天降横祸的，不仅仅是已经讨论过的猫与狗。鸡的受难主要集中在先前解释过的谢肉祭，人类主要的手法有两种。首先，青少年们会靠近，将石子或者橘子扔向鸡，最终使用刀将鸡捅死。虽然扔橘子听上去有些奇妙，但是无须追溯到古希腊的诗人忒奥克里托斯，在欧洲，特别是作为伊比利亚半岛的传统，橘子是作为热恋中的女性的象征。将热恋中的女性扔向或者献给象征着爱欲的公鸡，这个行为正象征着酒池肉林般的谢肉祭仪式。在克里斯托瓦尔·德·比利亚隆的那本描写变身为公鸡的哲学家毕达哥拉斯与鞋匠的大叔之间的巧妙对话的小说《克罗塔隆》中，公鸡模样的毕达哥拉斯被活生生地拔掉了毛，并被砍掉头，最终成了晚饭的小菜（最终话）。

还有一个将鸡作为活祭品的游戏。首先将鸡埋在地中，只露出头来。事先抽签选出，或者由学校的老师任命一位少年（被称为鸡王）将眼睛蒙上，持剑朝着无法动弹只能发出哀鸣声的鸡的所在地前进，用剑砍向他们认为有鸡的地方。若是恰好将鸡头砍下，鸡王则会享有名誉与喝彩。在古典文学作品中多次提及此类鸡王，戈维多的《欺诈犯》（第一部第二章）或者出自阿韦亚内达的《堂吉诃德》伪作下卷（1614年）的开头章节等都是典型的例子。将鸡悬挂空中，从全力奔跑的马背上，同样用剑砍落头部的情况也有。

这种行为就像是分别将日本的砍西瓜和流镝马用奇异的方式改编过一样。通过虐待狂似的切断作为爱欲的象征的鸡首，让先前的欲求不满爆发出来，以此来准备将要到来的禁欲的四旬节。由此看来，谢肉祭确实是一种随心所欲，并充满了人类欲望的行为。在古印度文明中作为圣鸟被崇拜的鸡，事到如今也只能说是被糟蹋了。

第六章　诸　术

佩德罗·卡尔德隆·德·拉·巴尔卡
（Pedro Calderón de la Barca，1600—1681 年）

炼金术

　　值得高兴的是在市场上已经有许多有关炼金术的日文书。以 C.
G. 雨果、R. 贝努利、F. S. 泰勒等人为首的著作也均已被翻译为日
文，而在日本，种村季弘氏的系列著述也广为人知。可以说这些也
正是炼金术被学者认为是一种无法单纯地用超自然科学来解释、含

有深奥内涵的佐证。

简单来说，炼金术就是将没有什么价值的廉价金属转变为金、银这类的贵金属。正是因为人们心底有这种一攫千金的梦想，所以从人性到世界观，都与其有关。而若是追究金属的组成成分，则可以追溯到造物主的层面上去，甚至连宇宙观也会受到炼金术的左右。将廉价金属转变为贵金属的这种企图，也可以看成是一种灵魂净化的类比。

炼金术最初出现在公元前后的亚历山大。之后经由伊斯兰世界被系统化，以由著名的切斯特的罗伯特（Robert of Chester）从阿拉伯语翻译为拉丁文的《论炼金术的合成之书》（*Liber de compositione alchimiae*，1144 年）为首的伊斯兰炼金术著作在中世纪传入欧洲后被简化细分，在 15 世纪时迎来了全盛期。据说阿拉伯语原著的作者是哈立德·伊本·亚齐德，他是倭马亚王朝的第二代哈里发的王子，据传于 704 年去世，所以距离炼金术正式传入欧洲，中间隔了相当长的时间。

从通史的角度来看，西班牙的实验科学领域是相当落后的。只是在炼金术领域，考虑到是从伊斯兰世界传入这点，并且中世纪的西班牙与伊斯兰世界保持了紧密的关系，西班牙在当时欧洲处于领先地位的可能性也是相当大的。还有，将炼金术传入欧洲的切斯特的罗伯特本人也曾在 1141 年从英国远渡至西班牙北部，作为潘普洛纳的执事长，当他再度回到伦敦居住也已经是六年后的事了。

话虽如此，当时西班牙的炼金术还是强烈地给人一种落后于德国、意大利、法国的感觉。就像方才指出的那样，炼金术在 15 世纪迎来自己的全盛期，所以到了塞万提斯生活的年代，炼金术已经开始呈现出下滑的趋势，或者陷入低迷期。

但是在文学上，作家们还是执着于炼金术，并在大多数情况下采取愚弄的态度。可以说这和在骑士小说处于衰退期的时候，随着将其诙谐讽刺化的《堂吉诃德》的出版，反倒给了正处于衰退期的骑士小说最后一击的现象十分相似。接下来，笔者会尽量避免进入教义论的领域，而是以西班牙文学对上炼金术时的反应为中心进行讨论。

将无聊的金属转化为金或银的炼金术对于文学来说也是非常合适的题材。因为可以活用在教育他人世上没有那么多天上掉馅饼的美事上面。比如说，单是看中世纪文学，就会发现不仅有唐·胡安·曼努埃尔在《卢卡诺尔伯爵》第二十话中讲述了一位对炼金术异常关心的国王被骗子卷走全部财产的故事，还有《骑士西法尔》第两百零三章中同样记载了一位痴心于炼金术的国王被作为家臣的骑士欺骗的内容。

若是以轻浮的态度进入炼金术领域的话，一方面，发生以上的结局也是必然；但是在另一方面，也有许多人严肃认真地看待炼金术，这也是事实。在中世纪的阿方索十世的《宝石论》中，记载了一段人们应该倾听的段落。"从事被称为伟业的炼金术之辈，必须时刻警惕着不要玷污知识这个名字。这是因为炼金术是改良事物的，而不是改恶的技法。所以在知识和技法上都不得诀窍的人将贵金属与廉价金属混合在一起的时候，是无法改良廉价金属，反倒会损害到贵金属。"（埃斯科里亚尔版 H.I.15，fol. 21c）所以炼金术必须在用尽全部智慧的基础上进行一系列的实践，并且只有领悟了知识和技巧的人才能实施。

就算如此，究竟为什么会让人们产生这种想法呢？根据阿拉伯的著名炼金术士贾比尔·伊本·哈扬（Jābir ibn Hayyān，约 721—815 年），各类金属从根本上是由水银（女性原理）和硫黄（男性原理）这两种要素组成的。所以只要将二者的比例调整到理想状态，就能获得纯金。当然，这说起来很容易。想要获得贵金属，必须克服几个难点才行。特别是找到"贤者之石"（lapis philosophorum）是绝对条件。

我们可以将"贤者之石"看成是一种将廉价金属转化为贵金属的媒介物质。在洛佩·德·维加的作品《拉·多罗特亚》（La dorotea）中有一句台词是这样写的："赫拉达，你似乎读了特雷维桑的炼金术嘛。"（第五幕第七场）特雷维桑是 15 世纪意大利的炼金术士，据说是他发现了贤者之石。像这样的传言被夸张，导致其他的炼金术士也开始急躁。塞万提斯在短篇小说《狗的对话》中，让登场的炼金术士说出："让石头变成金子或银子的贤者之石，我可以在不到两个月的时间内造出来。"到了戈维多，他甚至在《众生之机》中写道："我已经弄清了贤者之石的秘密（中略）让你看看我如何用草、蛋壳、毛

帕拉塞尔苏斯

发、人血、尿，还有废弃物提炼出黄金来"。（第三十章）

人们并不是一味地支持贾比尔·伊本·哈扬提倡的水银与硫黄的金属二要素学说。出生在 15 世纪末的瑞士的帕拉塞尔苏斯（Paracelsus）就提出了硫黄、水银、盐的三原质论，提供了一种崭新的视点，其中硫黄对应灵魂，水银对应精神，盐对应肉体。这种想法在西班牙也被许多的炼金术士接受。并且，这位帕拉塞尔苏斯还在西班牙周游了格拉纳达、塞维利亚、圣地亚哥德孔波斯特拉、萨拉曼卡、莱昂、萨拉戈萨等地。

话说回来，戈维多对炼金术的关心程度，在同时代的文学家中也是出类拔萃的。比如说从先前提到的同一章节中的另外一段发言就可以略知一二。"我拥有（拉蒙·柳利的）《伟大之术》，（中世纪加泰罗尼亚的炼金术士）阿诺德·德·威兰诺瓦（Arnaldus de Villanova），（8 世纪中叶阿拉伯的炼金术士，据说是《金属贵化指导大全》[Summa perfectionis magisterii] 的作者）贾比尔，（阿拉伯医学的鼻祖）阿维森纳，（6 世纪以色列的僧侣）莫里埃努斯（Molienus），罗吉尔·培根，（被视为炼金术的始祖的）赫耳墨斯·特里斯墨吉斯忒斯，帕拉塞尔苏斯，（16 世纪上半叶活跃在德国的炼金术士兼医师的）菲利普·乌斯塔德，（16 世纪瑞士的博物学家）艾伯尼莫斯·康拉德·格斯纳（Conrad Gesner），（16—17 世纪初期的德国医生）克罗利乌斯，（与塞万提斯死于同一年的德国医生）利巴菲乌斯（Andreas Libavius），还持有赫耳墨斯的（艾莫拉德石板上雕刻上炼金术原理的伪书）《翠绿石板》（*Tabula Smaragdina*），怎么可能造不出金子来？"

当然，就算采用帕拉塞尔苏斯的想法，自然也是造不出来贤者之石的。而事实上，当时的炼金术士们还使用了除硫黄、水银、盐以外的各种素材进行了反复试验。蒸馏、升华、结晶、过滤、干馏、合金化——大概是能用上的方法都用上了。相对于炼金术的目的是在于精炼出理想化的金属，化学的目的则是在收集有关物质的正确知识，并且找寻进一步的应用方法，所以两者之间的鸿沟是非常明显的。但是在重复进行炼金术的试验的过程中，却间接地推动了近代化学和医学的发展。不难想起那位伟大的牛顿也曾热心于炼金术一事。

炼金术的魅力并不只在于只动手就可以造出财宝，还在于精炼出来的金子有医疗效果。可以服用的有医疗效果的金子经常被提起。葛拉西安的《评论之书》（第二部第三评）中就提及过这类液态金子的制造。16 世纪的女子修道院也曾出现过尝试炼金术的记录，不难想象她们的目的并不只在于金子本身。

国王菲利普二世时代的西班牙虽被称为"日不落之国"，但是经济情况是几乎处于破产状态的。装满新大陆的金银财宝的船只就算回到西班牙，也无法充裕西班牙的国库，而是被用作偿还国债。为了重建财政而将希望寄托于炼金术上的大环境也渐渐地形成。

作为"谨慎王"而为人所知的菲利普二世，在 1559 年给了德意志炼金术士 P. 斯腾伯格（P. Sternberg）实验机会。虽然该实验以失败告终，但是在八年后国王再一次将希望寄托在炼金术上。当时的作业是在书记官佩德罗·德奥的宅中实行的，实验的进展由书记官定时向国王报告。比如说在 2 月 1 日的报告书中记载道："明天准备进行溶解阶段。看起来色泽不错。应该能在这之后结束。希望上帝能够助我们一臂之力。"而国王则答道："说实话，朕是不信这些的，但是这次我不怎么怀疑。"虽然我们无法得知具体的结果，但是大概也可以推论出来。

出生于意大利博洛尼亚的莱昂纳多·费奥拉万提（Leonardo Fioravanti）将《物性论》（*Della Fisica*）一书献给了菲利普二世，在该书中作者强调"在全世界有许多人因为炼金术而拥有巨额财富"。国王对此作出何种反应我们也无从得知。作为帕拉塞尔苏斯学派的重要人物，费奥拉万提从 1576 年开始在西班牙滞留了近一年，并与西班牙的各类知识分子结下了深厚的友谊。这本书是混杂了意大利语与西班牙语的奇书，第四章是血炼金术论，并在卷末收录了巴伦西亚诗人路易斯·德·森特列斯（Luis de Centelles）所作的诗《有关贤者之石的民谣》（*Coplas sobre la piedra filosofal*）。

看来即使身为"谨慎王"，也无法抵挡住诱惑。在 16 世纪末，菲利普二世在自己设立的壮观的埃斯科里亚尔修道院的灵庙里，让一位名为理查德·斯坦尼胡斯特（Richard Stanihurst）的人进行了炼金术相关实验，该男子还于 1593 年向国王献上了炼金术的相关书籍。

再三实验却拿不出任何成果，只有嘴上功夫的炼金术，从中世纪以来就受到了许多批判。就像是与实验的反复失败统一步伐似的，炼金术肯定派与否定派的意见相互交错。上到 1317 年前后，教皇若望二十二世命令处罚那些援助炼金术士之人，下到 1468 年在意大利的威尼斯，1493 年的德国纽伦堡分别明令禁止炼金术。而翻阅西班牙的阿方索十世的《法典七章》，也可以找到一些限制炼金术的条例，虽说没有直接提及炼金术，但是上面写道使用火刑来处罚那些使用金属类制造假金子的，及支持这类行为的人（第七部第七条第九项）。

但是实际上的效果又是如何呢？炼金术原本就有着很强烈的密教与超自然的特性。若是单单施加一些法律条规就能够让炼金术烟消云散的话，炼金术也就得放弃本身的特性了吧。而事实上，炼金术的工房依旧在暗地里运转。但是只要炼金术士们没有拿出明眼可见的成果，文学家们就会死抓着这点不放，一遍又一遍地嘲讽。

作为文艺复兴的大思想家，在本书"饮食的研究"中也数次引用过的胡安·路易斯·比维斯就曾将炼金术士称为"破坏金属之人"（《对话》之十五），并且多次发言刺激那些认真对待炼金术的人的神经。

而在塞万提斯活跃于文坛的年代里，最执着于攻击炼金术士的文学家就是戈维多。在先前的引用中也能看出来，戈维多对于炼金术的关心是异于常人的，并使用自己一流的修辞痛骂炼金术。我们也可以将他这种行为解读为正因为他对炼金术的高期望，所以在遭到背叛时的反抗也就越激烈。炼金术对他来说已经是一种"盲目的教义"（这个形容经常出现在嘲讽炼金术的十四行诗中），"帕拉塞尔苏斯这类名副其实的妖术师，纯属无药可救之人，竟然胆敢反抗希波克拉底和盖伦的医学"，必须受到排挤。后者的引用也同样出自戈维多的散文集《西班牙拥护论与当今时代》（*España defendida y los tiempos de ahora*）的第四章。虽说比不上戈维多的毒舌，贝雷斯·德·格瓦拉在《跛脚恶魔》第二部中也给炼金术补了一刀："在那个地下室里，用好几个风箱制成的炉子燃着烈火，并将塞有各种原料的锅放在上面，说是要用贤者之石精炼出金子什么的，那个头脑发昏的炼金术士。"

炼金术若只是以梦醒了为结局的话倒也罢了，一旦成了危害，那么就不是醒来就可以那么简单了。戈维多也巧妙地主张炼金术有以下危害："成为炼金术士，若想从石头、草、粪，还有水里造出金子的话，就去开家药店或药草店吧。如此一来，就可以将自己卖的所有东西都转换为金子了。然后再放弃从金属烧炼出第五元素（作为超越希腊自然哲学的四元素的物质，也被称为第五实态、第五精髓）这种想法。要不然别说是从粪中提取出金子了，最终会将金子变成粪。"（《万物之书》"为了在一日之内学完所有学问，力学与自由七艺"之章）若将颇为珍贵的贵金属变成了粪土，那可是不得了。炼金术是一种通过贵金属与廉价金属的组合，将廉价金属升华为贵金属的想法，所以反过来也有将贵金属变得一文不值的危险，像在苏亚雷斯·德·菲格罗阿的小说《旅人》中炼金术士"越是想通过钻研累积得到财富，越是有可能变得一贫如洗"的情况也并不罕见。

若只是文人们的嘲讽，不听也就罢了。但虽说不上是同道中人，却从研究同种化学现象之辈那里出现了正式的反击的话，炼金术士的立足点就变得危险起来了。事实上，在 17 世纪下半叶，通过炼金术而一攫千金的梦想被英国的化学物理学者罗伯特·波义耳（Robert Boyle，1627—1691 年）在其著作《怀疑的化学家》（*The Skeptical Chemist*）中掷入低点。生于塞万提斯过世十年后的波义耳明快地宣布古希腊的四元素说也好，炼金术的三元素说也罢，都不过是先验的观念论罢了。而波义耳的主张在西班牙也出乎意料地被迅速接受了。

拥有横跨数世纪之久传统的炼金术的火焰，虽说直到 19 世纪为止仍被少数人继承，但是大势在 17 世纪左右就已经熄灭了。最终就像东洋起源的中世纪谚语集《黄金美事》（*Bonium o Bocados de oro*）中写的那样，"没有那种播种植物的炼金术"。若不是这样的话，在戈维多的《众生之机》中，煤炭商人朝着一位自称是炼金术士的人也不会说道："我卖煤炭，你烧煤炭。所以我才能造出金银财宝，而你只会制造出炉渣。真正的贤者之石指的是便宜买入、高价卖出这种行为。"（第三十章）

也正如塞万提斯在《堂吉诃德》下卷第六章中的巧妙的比喻写的那样，"所有自称是骑士的人并不一定都是真的骑士，既有（真正的）有钱人，也有利用炼金术的人"。对塞万提斯来说，若是世上存在真正的炼金术，那一定只能是诗学。诗"是一种完美的炼金术，只要得到写诗的心得，那么也就可以将其变为无价之宝的纯金吧"（《堂吉诃德》下卷第十六章）。

占星术

和其他各类占卜一样，笔者也对近来的西洋占星术没有任何兴趣。但是对于古时人们如何看待占星术一事却颇有兴趣。要说为什么，这是因为占星术并不是那种时准时不准的把戏，而是与炼金术一样，是可以左右世界观的严肃的事物。在本节，我们将观察西班牙文化的黄金时代在面对大致于公元 1 世纪时形成体系的黄道十二宫占星术时的反应。

在进入正题之前，我们有必要先稍微了解一下古时的天体观念。虽然说是"古时"，但是根据时代、人物还有地点的不同，天体观念也随之发生变化。比如说支持同心球学说的亚里士多德就认为从月球到黄道带为止有八天，活跃在公元 2 世纪的亚历山大港的托勒密从离心球与周转球的组合的立场出发，认为存在九天。但是在中世纪的西班牙，拉蒙·柳利在《骑士道之书》的序章中提倡有七天，唐·胡安·曼努埃尔《骑士与准骑士之书》（第三十五、三十七章）中认为在地球之外存在七个天。

同样是在中世纪，阿方索十世继承经院哲学，认为有十天加至高天的十一天。在文艺复兴时期，不仅限于西班牙，赛科诺伯斯克（Johannes de Sacrobosco 或者 John of Holywood）在经历过多次重版的《天球论》（*Tractatus de Sphera*）中也是记载十一天，在此之后也是如此。比如说塞万提斯也在《贝尔西雷斯与西希斯蒙达的苦难》中写道："对着据说有十一天的天体发誓。"（第二卷第五章、第三卷第十一章）

在考虑中世纪西班牙与占星术的关系时，阿方索十世是无论如何都不能等闲视之的。虽然他作为《法典七章》的编者已经在本书中数次登场，但他还是论述推选国王、占卜战争运势时天体的作用等事物的《十字之书》（*Libro de las cruces*），由十五篇论考组成的《天文学知识之书》（*Libros del saber de astronomía*），还有以后者为基础的《阿方索星辰表》（*Tablas alfonsíes*）等书的编者，享有极其重要的地位。

《阿方索星辰表》是阿方索十世委托两位犹太人学者执笔完成的，里面记载了从 1262 年开始十年间的星座观测的成果。该书取代了阿尔·查尔卡利（Al-Zarqali，1029—1087 年）的《托雷多星辰表》（*Tablas toledanas*）的地位，在 13 世纪末经由拉丁语翻译在欧洲广泛流传，特别是在 15 世纪到 17 世纪期间还曾多次重版。该书的影响力之大，直到 17 世纪开普勒的《鲁道夫星辰表》（*Tabulae Rudolphinae*）出现才从第一线退下来，并在此期间经历数次修正，一直发挥着作用。而事实上，像这类的修正也正是阿方索十世所期望的科学该有的样子。在该书的序文中，阿方索十世极力主张有关天体的研究必须经历无止境的修正。这是因为天体的运动期是以千年为单位的，是不可能由一代人来解决的问题。

话说回来，在塞万提斯诞生四年前的 1543 年，哥白尼完成了有名的《天体运行论》（*Nicolai Copernici Torinensis De revolutionibus orbium coelestium*）。似乎是受到这个影响，在 1561 年的萨拉曼卡大学讲义概要上明确记载了论述哥白尼的内容（只是最终并没有实施）。作为奥斯丁会士的迭戈·德·苏尼加（Diego de Zúñiga）在 1584 年的《约伯记注解》（*In Iob commentaria*）中，主张哥白尼的理论并不与圣经的教义相矛盾，并在 1584 年于萨拉曼卡大学教授了哥白尼的理论。西班牙于 1582 年采用格里高利历来替代儒略历，这比英国早了 170 年（日本是在 1872 年）。而说起塞万提斯去世的 1616 年，伽利略被迫宣誓放弃日心说与地动说。如此一来，我们可以得知，塞万提斯生活的年代也是天文学知识与认知突飞猛进的年代。只是，这些成果也只是自然科学史上的事实，至于是否被其他领域的知识分子和平民接受，就得另当别论了。

在这里让我们关注下晚于塞万提斯二三十年出生的两位文豪吧。戈维多在《众生之机》中写道"一直以来固定不动的地球"来支持旧的托勒密派的天动说（第四十章，在第三十六章中也能看到同样的主张）。而另外一位则是洛佩·德·维加。洛佩的作品中不仅出现了像分至经线、本轮、子午线、地轴、天顶、对跖点之类的专业名词，还知道月球是受到太阳光才会发亮，月球上有环形山和月海的存在，并且他也理解潮汐形成的原因。但在他的戏剧《由克里斯托弗·哥伦布发现的新世界》（*El Nuevo Mundo descubierto por Cristóbal Colón*）中的这个独白又是如何呢？"月蚀的影子是（地球的）球体，这也为我们述说了（地球）在天体中是不动的。"（第一幕）也就是说，他虽然采用了地球球体说，却坚持与地动说水火不相容的立场。

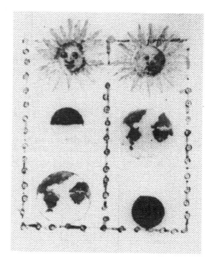

月食的图解

从科学史的立场来看，即使阿利斯塔克斯（公元前4—前3世纪）已经提出过地动说的可能性，但这个学说依旧不被人们放在眼里。在另一方面，地球球体说却意外地被人们轻易接受了。这是托勒密在其代表著作，也是古代天文学的"圣经"《天文学大成》（*Almagest*）中明确提倡的概念，并在16、17世纪的西班牙文学作品中被有意识地，而且是近乎固执地重复提及。

以堂吉诃德本人认为古时的骑士们的名字用"圆的地球，全土地都知晓的"（上卷第十九章）为首，克里斯托瓦尔·德·比利亚隆的小说《克罗塔隆》的第二话中也叙述道："就算到处都有山峰，到处都有峡谷，也不会怀疑地球是球体这件事。"除此之外，笔者在很早之前就注意到在当时的文学作品中奇妙地强调地球是球体这点。阿古斯丁·德·罗哈斯的《愉快的旅途》（第三卷），苏亚雷斯·德·菲格罗阿的《旅人》（第二章），塞万提斯的《阿尔及尔的故事》（第二幕）就是很好的例子。倒也不是因为次数醒目，而是在一些没有必要强调地球是球体的地方硬是要强调这点让人觉得有趣。

在这种状况下，对于占星术与天文学之间的分界线并不明朗这点，我们在这里必须得给予一定的理解。虽然先前引用过的托勒密因《天文学大成》而得到了权威者的名声，但他又同时写了一本名为《占星四书》（*Tetrabiblos*）的重要占星术书。西班牙的阿方索十世也是同样的情况。

二者之间的界限不鲜明指的是，即使使用"天文学"这个词，也不一定指代严密的科学研究，反过来，虽说是"占星术"，也不一定会被贴上非科学的标签。而无论是文艺复兴时期还是巴洛克时期，一般来说"占星术"的使用频率高些。连文艺复兴时期世界观的基础都是由占星术构成的，"于我内部者，均为天物"（Tortum in nobis est caelum）这句话甚至拥有公理般的重要性被反复强调。

如此一来，占星术就不只是单纯的"术"，也可以成为"学"。塞万提斯就是支持占星术成为"学问"或者是"科学"的一员。在面向困惑不知何时播种为好的百姓时，堂吉诃德说道，"这门学问叫作占星术"（《堂吉诃德》上卷第十二章）。同样是塞万提斯所作的《贝尔西雷斯与西希斯蒙达的苦难》中说道："我既不是魔法师，也不是算卦先生，而是占星术士。只要通晓这门学问，就几乎能做到占卜。"（第三卷第十八章）在这里需要注意的是，即使是认可占星"学"的塞万提斯也不敢断言"可以占卜"，而是采用了一些委婉的说法。

直到 16 世纪，占星术毫无疑问在广义上是被认知为科学的。但问题在于，认知上的科学中混杂着有益的占星术与伪占星术。就算是认可占星"学"的塞万提斯也在《堂吉诃德》下卷第二十五章中弹劾那些使用卡牌来占卜的占星术，称其"现如今在西班牙非常流行，（中略）靠着谎言与无知，使伟大的学问真理变得毫无价值"。

一旦对天空的探究强化了人们对其的认识和理解，那么相关书籍的执笔行为也就自然而然地旺盛起来。曾经有学者将写于西班牙文化的黄金时代有关占星术的书籍全部调查了个遍，在列表中竟网罗了超过五百本的著作。

"天体向来会影响到凡间的肉体，或多或少，这种对肉体的影响是肯定存在的"，这是活跃于 15 世纪的文学家马丁内斯·德·托雷多（Martínez de Toledo）的小说《科尔瓦乔》（*Arcipreste de Talavera o Corbacho*，第三部第一章）中的语言，这种想法在之前的 14 世纪异常强烈，随着时代的进展，占星术也就随之二分为严密科学方向的占星术与虚伪的占星术。所以面向自然科学的专家攻击伪占星术也就自然成为维护自我认同的一种手段。作为其中的一人，加夫列尔·德·门多萨（Gabriel de Mendoza）在 1639 年的一份有关日食的论考中说道："占星术，是一种判断生来的品位、情感还有性癖的真正的自然科学，其他的都属于乱用并且不是科学，必须被排除在外。"当然从现代的角度来看，必须理解在这里说的"真正的自然科学"也只是对应了当时的自然科学水平。

为了解决乱象，甚至还惊动了罗马教皇。在 1586 年 1 月 5 日，当时的教皇西斯都五世（1585—1590 年在位）发布了题为《天与地》（*Caeli et Terrae*）的大诏书，规定可以在航海、农业、医学等实用生活领域中运用占星术式的观察，但是严禁在除此之外的所有事项中应用占星术。大约在半世纪之后的 1631 年 4 月 1 日，这次教皇乌尔巴诺八世（1623—1644 年在位）再次公布了几乎相同的大诏书。可以说这是大诏书几乎没有效果的佐证。姑且可以理解天体观测与航海或者农业有关，但是就如之前讨论过的宝石与医学之间的关联性一样，从现代人的感觉来看，难免对占星术与医学的关联产生疑问。但是在事实上，占星术士们在木星与火星并列于黄道上的 1524 年预言了黑死病的大流行，特别是女性的大量死亡一事是被世人熟知的。即使到了 18 世纪，萨拉曼卡大学的数学教授，同时也是诗人的托雷斯·比利亚罗埃尔（Torres Villarroel，1694—1770 年）也不畏惧地主张疾病治疗与星相之间存在密切关系。

从以古罗马的阿格里帕、提贝里乌斯为首的政治家与皇帝的时代开始，对占星术的批评就源源不断。但是在基督教世界里对占星术的是非的讨论，必须要直面一个问题，那就是所谓的"自由意志"的问题。特别是在 15 世纪以后，"自由意志"作为一个人是人的证据，不断地在文学与思想中被提到。若是一个人的命运在事先已经由星星的运动轨迹来决定好的话，那么个人所有的"自由意志"就不配享有自由之名了。作为宇宙的造物主的神的意志、星座，还有被造物的自由意志之间究竟有着什么样的关系？由占星术而发的预言又究竟与自由意志有着何种联系呢？

有关这点，比较古老的例子可以上溯到圣奥古斯丁（354—430）在《上帝之城》（De Civitate Dei contra Paganos）的第五卷中展开的论述。他并不是仅仅指出占星术无法解释自由意志问题，还追问道若是人的一生可以由诞生时的星相来决定的话，那么双胞胎的命运与性格的不同一事又要如何用占星术来解决。到最后奥古斯丁断言，星相是不会对肉体，还有精神产生影响的，同时他也与托马斯·阿奎那相同，认为就算星星能对自由意志起作用，那也不是强制性的。

基督教教父们的以上思想也被后世的文学家们传承下去。但丁在《神曲》的炼狱篇第十六歌中说道："自由意志若是善加培养，又在和诸天体最初的搏斗中坚持，最后就会获得全部胜利。"西班牙的大多数文学家也可以说是继承了这种立场。卡尔德隆·德·拉·巴尔卡指出，"若是一直被强迫着／那么就算不上是自由意志了"（《惊异的魔法师》[El mágico prodigioso]，第三幕）。无论结果好坏，人类能行使主体性。正因为人类的不成熟，所以也可能出现通过自由意志来反抗上帝。对于基督教徒来说，可以说是人的一生的源头都收录在那里了。正如卡尔德隆说的那样，"就算是再不讲理的星星／也只是改变意志的角度／并不能强迫意志"（《人世如梦》[La vida es sueño]，第一幕第六场）。提尔松·德·莫利纳的戏剧《因不信任而前往地

科瓦鲁维亚斯《道德的寓意》第 1 部第 97 则

狱》（*El condenado por desconfiado*）为我们进一步展示了源于占星术的预言与人类的自由意志相克的神学上的剧情，但是在这里我们还是不要太过于深入神学问题为好。

只要占星术无法"克服"自由意志问题，那么实践占星术的占星术士们也就会成为大家批判的对象。在之前提到过的科瓦鲁维亚斯，不仅是字典，还作为《道德的寓意》（*Emblemas morales*）的作者被世人熟知。在该书中，他谴责形同骗子的占星术士们"明明没有判断力还乱下决定（中略）／来限制我的自由什么的真是错误连篇"（第一部寓意第九十七则，同样在第四十九则中也写了对占星术的批判）。洛佩·德·维加也在自由意志问题上对占星术表示怀疑，但也无法完全否定星相的影响，所以他采取了人类通过聪明地操作自由意志可以改变自己的命运的立场。只是，洛佩在两件事情上相信了占星术。其中一个就是星星会对恋情的萌生产生影响。还有一个就是，像王室或者将军一样的身份高贵之人更容易受到星相的影响。

就像中世纪的胡安·路易斯的长篇诗《圣爱之书》（*Libro de Buen Amor*）中写的那样："只有上帝才知道未来，并不是其他人。"（803 连 d）只要一直无法解决神与人类之间的关系这一根本问题，占星术别说是对人类有益了，还必须被定义为侵犯了神之领域的事物。这时戈维多自然是给予其猛烈的批判。他对痴心于占星术的人进行了以下的言语攻击："这种担心应该交给操控天理与天象的轨迹的法则。（中略）无论是多想知道上天的秘密而在那里拼死拼活的，也不可能知道那些用来符合自己的解释而伪造或者号称梦见的事物以外的东西。诸事的实相是无论多么努力学习都不可能懂的。"（《摇篮与坟墓》[*La cuna y la sepultura*]，第四章）

所以通过占星术来透视自己的运势，给予他人建议等行为难免被视为蔑视神灵的举动。有时还会将他们比喻为背叛上帝的犹大。更有甚者，在戈维多的《梦幻集》中占星术士甚至被描述成还不如犹大的存在。"犹大说想亲眼见见那些比他还恶的家伙，下了一个台阶后，我在一个大房间里遇到了一群无赖之人（中略）就是那些占星术士和炼金术士们。"（"地狱之梦"之章）如此一来，运用占星术之人、信奉占星术之人将被"视为异端，必须根据《法典七章》的规定被处罚"这种法律的出台也就不奇怪了。这是国王菲利普二世在 1567 年发布的《新法律集成》（第八卷第一条第五项）中的规定。但是事实上，这部法律是不完备的，就像炼金术的情况一样，趁着夜色去依靠星空的人依旧源源不断。

照理说，仅在分析谷物收割时节等的自然现象时占星术不会成为人们批判的对象，但是在洛佩·德·维加的《羊泉村》的第三幕中，连这些也被视为令人作呕的行为受到攻击，在卡尔德隆的《假的占星术士》（*El astrólogo fingido*）的第三幕的结尾部分也出现了"绝对不会去碰占星术"等台词。以上这些行为也都可以解读为对那些络绎不绝而又顽固不化的占星术痴迷者们的厌恶吧。

魔 法

魔法、妖术、咒语、奇技这类近义词数量繁多，而在西班牙语中也不缺这类单词。标题上写的单词"魔法"（magic）的词源为希腊语，原为古代伊朗的神官"magos"的法术的意思，在古波斯语中这个单词还有拜火教徒的意思。也就是说，魔法本身就与宗教仪式有着很深的关联。

在这里我们将借由特定的动作与仪式，使一些超越自然法则与日常的现象发生的行为被称为魔法。魔法师是可以超越常人的智力与能力的，若是这种超人般的能力与智慧是通过与恶魔的契约来行使的，则称之为黑魔法，若是神灵赐予的能力的话，则称之为白魔法。自然，白魔法并不存在神学上的问题，神学家们也高度赞扬这类能力。举一具体的例子，"在一月时让蔷薇发芽，在五月时让葡萄成熟"，这就是白魔法。以上的例子是在洛佩·德·维加的冒险小说《故乡的漫游者》（*El peregrino en su patria*）（第一卷）中的解说。

生于墨西哥、在 1600 年远渡西班牙并活跃在戏剧界的路易斯·德·阿拉尔孔在戏剧《萨拉曼卡的洞穴》（*La cueva de Salamanca*）的第二幕中，将魔法分为自然的、人工的与恶魔的三类。自然魔法是指利用隐藏在大自然中的力量，也就是隐藏于植物、动物甚至是石头的力量。人工魔法则是指活用自己聪慧和能干的部下。而恶魔的魔法，也就是黑魔法。

接下来的讨论我们会限定在黑魔法上。在本节开头部分也已经说过，分界线不鲜明的并不仅限于魔法与一些相邻的法术。魔法与迷信之间的分界也并不鲜明。在文学作品中找寻这类素材的话，则会搞得越来越混乱。对狭义上的迷信，在中世纪文学中的例子数不胜数，但要说是从正面角度考察迷信一事，还得看马丁·德·卡斯塔内达（Martín de Castañega）神父在 1529 年写的《迷信与妖术论》（*Tratado de las supersticiones y hechicerias*），若要看实际上出现施法场景的作品，则有洛佩·德·鲁埃达（Lope de Rueda，约 1510—1565 年）的戏剧《阿尔梅里娜》（*Armelina*）。

中世纪与文艺复兴时期对魔法的态度相差较大。于 633 年 12 月 5 日举行的第四回托雷多教会会议中规定，处罚那些找预言家或者迷信家商谈的神职人员（教规第二十九条），在大约二十年后面世的《西哥特法典》（*Forum Iudicum, Liber Iudiciorum*）中也规定了对于操弄魔法者处两百下鞭刑（第六卷第四条）。虽说不是西班牙人，也并不缺少像作为近代医学的先驱者的方济各会士罗吉尔·培根（约 1214—1294 年）那样热心拥护占星术与魔法的人，只是在中世纪，一般来说大多数人对魔法持有一种怀疑的态度。但是从 15 世纪开始，魔法开始渐渐地受到一些积极的关注。不仅限于西班牙，连意大利文艺复兴时期的人文学者也是如此。

西班牙有两处地点作为魔法据点十分出名。那就是托雷多与萨拉曼卡。从中世纪开始就有大量提及托雷多魔法的例子，引用过多次的唐·胡安·曼努埃尔的民间文学《卢卡诺尔伯爵》的第十一话就非常明显。该传统也被塞万提斯年代的文学家们传承下去，米拉·德·阿梅斯库（Mira de Amescua，1574？—1644 年）的《恶魔的奴隶》（*El esclavo del demonio*）中第二幕写道："若是想学会魔法／让我教你吧。／我就是在托雷多的洞穴里学的。"洛佩·德·维加也在《少女特奥多尔》（*La doncella Teodor*）的第一幕中说道："知道一下为好，在这个大城镇（托雷多）里／和古时一样／今日也有人使用魔法。"

在与萨拉曼卡相关的魔法论作者当中，最有代表性的就是自称为魔法师的恩里克·德·比列纳（Enrique de Villena），还有创造了西班牙黄金时代最高峰的叙事诗的埃尔西利亚（Alonso de Ercilla，1533—1594 年）在《阿拉乌卡族》（*La Araucana*，完结于 1589 年）中也写道："萨拉曼卡在所有的／学问上都是最顶尖的／甚至连魔法

都能教授。"（第二十七歌 31）

在魔法中最简单的就是应用在医疗上的咒语和祈祷了。在当今日本社会，也仍然有人会对因为擦伤皮肤而哭泣的儿童说一些可以减轻疼痛的咒语。而在古代日本，会发生这种行为的场合则会更多，而且大家是真的相信这种力量。在有关古代世界的著作中，西班牙的医学史学家恩特拉戈（Pedro Laín Entralgo）写于 1958 年的作品《在古典古代时期通过语言的治疗》（*La curación por la palabra en la antiguedad clásica*）可以算是名作之一。在西班牙文化的黄金期，咒语被认为对溃疡有效果，还运用在止痛上面。比如说，流浪汉小说《小癞子》第二部的结局，描写了一位老太婆祈祷师来到被神父用棍子打伤的主人公的地方的场景。

有一种自古以来被广泛传承的魔法，在塞万提斯的时代里也经常成为大众的话题，那就是"邪眼"（或者是邪视）。该魔法的恐怖之处在于，被拥有此魔法的人（特别是逃入婚期的女性居多）看了的话，被看的人（尤其是幼儿）就会陷入灾难与不幸之中。在刚刚提及的恩里克·德·比列纳，他的短篇小说《邪眼论》（*Tratado del aojamiento*）从当今社会的角度来看是十分可笑的，但在当时却是非常严肃的著作。洛佩·德·维加的《恋爱的淑女》中也提及了"淑女或者美女们／是像幼儿一样的／因为邪眼而丧命的事例非常多"（第一幕），戈维多的《众生之机》的第二十四章中也表明出了对邪眼杀人的担心。

面对号称一个眼神就能夺人命的蛇怪似的目光杀害幼儿一事，人们不可能袖手旁观，必须拿出除魔的对策来。其中最简单的就是，将大拇指插在食指与中指的中间，然后作拳状朝着对方的眼部出拳。模仿这类行为的拳形护身符也被民众大量使用。奇尼奥内斯·德·贝纳文特的幕间剧《女人偶》（*Las mariones*）中描写了一幕场景，用小麦粉加水揉捏后做成的面团、玻璃、圣饼、水银、铁、黑玉再加上狸猫的脚作为驱逐邪眼的守护符去参加弥撒。曾去西班牙旅游的德诺阿伯爵夫人在 1679 年 3 月的信件中记载了一位少年，她十分吃惊地看到那位少年将一百根"小手"挂在身上，便向其母亲询问缘由，在听到那是驱邪眼用的之后德诺阿伯爵夫人再次吃了一惊。这里指的"小手"应该是黑玉或者是狸猫的手指。

也有魔法师会去救那些不幸中了邪眼的人。比较普通的做法是，将一个盛了水（有时是草和油）的碟子和一个空的碟子相互叠加在一起放到患者头上，并念咒语。在当时有许多使用这种门道的专家，特别是在 17 世纪的托雷多。

从主题的性质来看已经越来越玄乎了，但是这还只是入门的一部分。真正的魔法的准备工作中需要大量诡异的东西。比如说，想要成为透明人的话，则需要一颗被埋葬了的黑猫的头部长出来的豆子。想成为有钱人的话，则需要用黑毛鸡的左边的羽毛做成的笔，用蝙蝠血作为墨水抄写《旧约》，并且同时还不得忘记左手拿着一个装有老鼠眼球的蜂巢、蛇头，还有少许棉花的肮脏的布袋。若是女性想要被特定的男性永远爱着的话，就得让目标男性吃下驴脑，并将鸽子血混入葡萄酒中让他饮下。生理期的出血，教会的灰尘，还有指甲的污垢也都可以作为鸽子血的替代品。

除此之外，阿古斯丁·德·罗哈斯在《愉快的旅行》第一卷中，也写到狸猫的脚、绞刑用的绳子、扎入幼山羊的心脏中断掉的针、褐色的山羊血与胡须，还有雌狼的眼球等物是对于魔法来说不可缺少的。在笔者还未读过的戏剧作品中，担任过萨拉曼卡大学的校长的桑丘·德·穆农（Sancho de Muñón）在其作品《利桑德罗与罗塞莉娅的悲喜剧》（*Tragicomedia de Lisandro y Roselia*）第一幕第二场中就洋洋洒洒地罗列了蝎子与螃蟹的内脏、小蜥蜴的粪便、雌狼的睫毛、黑色雌犬的肝汁，还有蛇皮等物。

戈雅《奇想集 No.68》

在谈论魔法的时候，是不可能避开女巫这个话题的。西班牙的魔法自古以来就集中于北部。南部的安达卢西亚地区等地相对来说类似的记录偏少，在女巫上也是一样。作为戈雅的黑暗主题的名画，《女巫的集会》（*El Aquelarre*）在西班牙语中读作 aquelarre。这个单词本身就是来自北部的巴斯克语，意思是"雌山羊的牧场"。比利亚隆的小说《克罗塔隆》中记载了以下一段文字："当我们开始做（北部地区的）纳瓦拉的邮差时，得知当地的女性都是非常厉害的魔法师，为了增强自己的法术与魔法效果而与恶魔勾结在一起。"（第五话）

星期五是被认为最适合召开女巫集会的日子，星期五不仅是处死耶稣这种恶魔般的行为发生的日子，同时我们也必须得回想起这天还是奉献给爱神维纳斯的日子。所以与恶魔的"勾结"一事，正如之后会提及的那样，大都有性的含义。

在西班牙史上菲利普三世的统治期，即 16 世纪末到 17 世纪初期这段时间，女巫话题是最引起社会关注的。这段时期也是在以圣十字若望（Juan de la Cruz，1542—1591 年）与阿维拉的德兰（Teresa de Ávila，1515—1582 年）为首的神秘主义文学开花之后的那段时间。违背那些鼎盛时期纯正的基督教文学，描写与恶魔勾结的女巫们在暗地里涌动的，戏剧化地反复出现动与反动还有二律背反也都是西班牙文化的常态。

若是女巫只是单纯远距离地沉浸在与恶魔的肉欲快感中的话，也不足为惧。但只要女巫与"堕天使"的恶魔勾结在一起，从宗教角度来看是不得不感到恐惧的。而且女巫还定期出入恶魔的定居地，也就是地狱。根据洛佩·德·维加（？）的戏剧《为了基督的结婚》（*El casamiento por Cristo*）中登场的恶魔的台词，地狱中"有为了女巫与妖术士们的 / 讲课用的教室"（第一幕）。

从基督教教义的视角来看女巫的话，她们并不可怕，而是实际上作恶多端的群体。其中一件就是吸活人血。提尔松·德·莫利纳的《托雷多别墅》（*Cigarrales de Toledo*）插入的一首民谣中就有以下一小节："在女巫与猫头鹰现身 / （中略）/ 分别有着不同的想法，舔着灯 / 吸着小孩的血的时候。"（第三部）女巫似乎特别中意小孩的血液。戈维多在《欺诈犯》第一部第二章中也加入了女巫吸食儿童血液的情节（主人公的母亲的人物设定是女巫）。在洛佩·德·维加的《德罗特亚》中登场的某位大人的发言也为我们

讲述了其中的缘由："赫拉鲁达，（让女巫）吸食我（的血）的话，（我的身体）也太硬了。"（第五幕第二场）

　　对与恶魔勾结的女巫来说，亵渎神灵也不在话下。尤其是她们还拥有拔下上吊者牙齿的怪癖。在费尔南多·德·罗哈斯创作的文艺复兴早期名作《塞莱斯蒂娜》第七幕中也有从上吊者的遗体口中拔掉七颗牙齿的故事。也有像戈维多在《欺诈犯》第一部第一章中描写的女巫那样，既有用拔掉的牙齿来制作《玫瑰经》的，也有拿来占卜的。

　　话说回来，虽然人们往往会想起女巫骑着扫帚在天空飞翔的形象，但也不是只要是个女巫就会突然飞向空中，还是需要一些提前准备。其中最关键的就是药膏。关于这种药膏的做法，有许多种配方流传下来。 比如说以下是纳瓦拉地区的女巫前往集会时会涂的药膏的一种制法。先用鞭子抽打蟾蜍到全身浮肿，然后再通过挤压蟾蜍的身体让其吐出带有绿色的黑色液体。据说这种液体带有强烈的恶臭。涂抹这种体液后再出席一周三次（周一、周三、周五）召开的女巫集会。

　　根据 16 世纪初期在马德里东部的小镇昆卡被逮捕并审判了的女巫（？）的供认，她们会将由蜡、松木的树脂、嫩艾蒿*、蛇、儿童的遗体混合调制而成的药膏涂于膝盖后部、腹股沟、手肘还有腋下。此外，作为女巫膏药原材料的还有：作为催眠剂使用的曼陀罗花，有麻醉效果的天仙子，还有应用于减轻疼痛等领域的颠茄等等平日较少听闻的植物。比如说将颠茄榨成的汁涂于腋下与腹股沟，汁液会渗透进皮肤的毛细血管给身体一种轻飘飘的快感。

---

　　*　原文写的是苦よもぎ。よもぎ是艾蒿的意思，怀疑这是日本出版社的失误，将汉字"若"（嫩的意思）打成了"苦"。——译者注

有关这种药膏，可以从塞万提斯的短篇小说《狗的对话》中找到一些重要的提示。小说中描写了一位名为卡尼萨雷斯的女巫因为在全身涂上药膏而失去意志，就算用针扎她也丝毫不动的场景。而重要的是这种药膏被证实是"非常冰凉的"。

身兼作家与医师二职的安德烈斯·拉古纳执笔的迪奥科里斯注解在先前的章节中已经说明过了，在该注解的第七十五章中有一份有关女巫的"冰凉的药膏"的珍贵报告。在法国东北部的城市梅斯（Metz），当人们在魔法师的洞穴中现场取证的时候，发现了半锅绿色的药膏。该药膏释放出强烈的恶臭，并做了低温处理。他们立即做了人体实验，将这个药膏涂满试验者的身体，被当作试验者的女性立马不省人事。然后在经过三十六小时后该女性醒来，叙述自己看到了奇异的梦境。拉古纳推论该药膏可能是有麻痹神经作用的催眠性药物。女巫的飞行也可以通过这种深度睡眠的幻觉来解释。当时的普通老百姓似乎认定这种药膏是由被女巫绞杀的幼儿的血调配而成，由于塞万提斯本人对女巫的飞行一事持否定态度，所以采用了拉古纳的解释。

说起典型的女巫行为，首先是以献上自己的一滴血为条件与恶魔签下契约。然后在恶魔的协助下在空中飞行，潜入新生儿的家庭，在母亲的枕边放上安眠药让其昏睡后虐待幼儿。她们将幼儿的手脚折断，吸食血液，最后绞杀。甚至还用火把放火，无恶不作。当然，作为事后的仪式，她们还要去参加女巫集会。

在1527年前后，在距离马德里不远处的郊区小镇帕雷哈（Pareja）逮捕了一位四十岁的"女巫"，留下了询问其飞到空中为止的全部经过的记录。她回答道，首先要在自己周围画上圆弧，然后拍三下手，喊着恶魔之王"路西法啊快快现身"后，不知道从何处就会突然出现一位黑肤色赤目的青年，说道："我在这。"然后该女子就献上自己的一滴血来与恶魔签下契约。在此之后她杀害了附近的新生儿并将手指插入肛门，抽出幼儿体内的"油"，用胡桃树皮、蛇与马的"油"一起搅拌，煮沸后制作膏药。最后再涂于膝盖的后部与腹股沟，就能飞行。

至于女巫的飞行道具，也并不是非扫帚不可。山羊、牛、狗、黑羊（均为雌性）等动物以外，麦藁也可以骑，还有女巫骑那些已经失去生命力，但依旧作为彰显权力的肥胖年老的恶魔的权杖。但可以肯定的是，扫帚是她们最基本的飞行道具。扫帚可以代表男根，弗洛伊德学派的这种解释十分有名，所以女巫不会"横坐"扫帚，一定会跨着。

但是从另外一个角度来看的话，扫帚也是非常合适的。因为在地面上，扫帚作为打扫垃圾的道具，与污垢为伴是它们永远的宿命。对于作为堕天使的恶魔，与沉迷于世间欲望的女巫的形象，扫帚是再合适不过的了。正是因为执着于地表，所以女巫的飞行总是低空的。而若是要在杳无人烟的地方召开女巫集会，地点一定选在地表上，并且集会上举行的也是恶魔与女巫之间，地表上性的合欢。

在拉曼查地区流传的女巫传说中，扫帚还有其他的功能。女巫用木炭或者自己的毛发来画圆弧，并在上面撒上盐、岩石和硫黄，手拿扫帚与点燃的蜡烛进入圆内。然后一边吟唱着咒语一边用扫帚将被烛光映出来的影子扫去。出现影子正代表了人体与地表的接触，是不可能施展悬浮术的。在此之后就是准备恶魔登场的程序。顺便一提，召唤恶魔的常规手法是女巫画出圆弧并亲自进入圆内与外界隔绝，但在活跃于 16 世纪上半叶的桑切斯·德·巴达霍斯（Sánchez de Badajoz）的作品《女巫的滑稽剧》（*Farsa de la hechicera*）中登场的女巫是画了圆弧后，站在圈内，抱着胳膊转圈来呼唤恶魔。

以拉曼查为出发地的堂吉诃德，与在骑士小说中登场的多位魔法师战斗，想要从魔法或者妖术中解救杜尔西内亚。这也正是通往自由的斗争。正如占星术的情况一样，作为人类的王牌，"自由意志"是万万不能被迷信魔法之辈迷惑的。塞万提斯说过"虽然也有些单纯之人会相信魔法可以左右人的意志，但是我们的意志是自由之物，不会受到任何野草或者魔术的控制"（《堂吉诃德》上卷第二十二章，在短篇小说《玻璃硕士》中也有类似发言）。

西班牙与其他欧洲诸国相比，出现所谓的猎巫或者女巫裁判的次数极少。但话虽如此，隶属拉曼查地区的托雷多宗教裁判所在 17 世纪足足判决了 151 位巫师（其中女性就有 117 人）。而在西班牙，相对来说频繁出现猎巫或者女巫裁判的是北部地区和加泰罗尼亚地区。比如北部的巴斯克地区，根据记录仅仅在 1507 年就审判了 30 位女巫。

但是整体来说猎巫的数量较少这件事，并不意味着在西班牙女巫的存在或者魔法的真实性被当时的人们否定。以《堂吉诃德》为首的诸多作品中的各类剧情，在现代人看来是"荒唐无稽"可以付诸一笑的，但是对于当时的读者，这些文字给予他们的真实感与紧迫感不是用荒唐无稽形容就可以了事的。倒不如说，也许作为现代人的我们才是将对魔法的恐惧封印在书籍之中，只是毫无实感地漫然度过每日的倨傲之士。

美容术

魔法与妖术也有许多种类，但是最能诱惑人的力量还是"女性的脸，（作为男性的）我的话就是钱了"——这是基尼奥内斯·德·贝纳文特的《女巫的幕间剧》（*Entremés de la hechicera*）中的一句台词。若是将这句往深处去想，就会发现这是充满争议的一句，但男性的确往往会被女性的美貌征服。而脸庞，也可以说是美貌的窗口，女性自然会首先通过自己的脸来使自己看上去更加美丽。

美女的脸往往是充满光泽的，若是化了妆则会愈发美丽。塞万提斯的戏剧《策略家佩德罗》（*Pedro de Urdemalas*）在第一幕中的台词"没有一位女性会因为他人称自己为美女而感到不快"，可谓是超越时空的真理。只是，这类好心情若是过了度，也会变质为虚荣心，立马成为那些毒舌作家们的牺牲品。比如在马丁内斯·德·托雷多的作品《科尔瓦乔》第二部第九章中，作家就写到女性"被人偷看，被人叹息，被人传谣言，被人搭讪时总会露出一副不快且无法忍受的表情，但是实际上只有老天才知道她们是怎么想的"。

化妆在西班牙语中是 maquillaje 或者 cosmética，前者是从法语中借鉴而来，原义是"用卡片欺骗"或"劳动"。而起源于希腊语的后者的原义则是"装饰"或"秩序"，到了公元前 5 世纪则又加了一层"宇宙"的含义。斋藤忍随氏在杰作《知者们的言语》中推论道，化妆品（cosmetic）包含了整顿脸上秩序的含义。如此一来，驱使化妆品的美容术，也就成了为脸庞创造出和谐宇宙般秩序的法术了？

并不是只有日本才以肤白为美。在发表于塞万提斯诞生半世纪前的戏剧《塞莱斯蒂娜》的第一幕中，作者称赞主要登场人物梅利蓓亚"脸蛋光滑有润泽，肌肤连白雪都甘拜下风"。与塞万提斯同年代的诗人贡戈拉的长篇诗《波利菲莫与加拉特阿的寓言》（*Fábula de Polifemo y Galatea*）中也写道，"啊美丽的加拉特阿 / 比起康乃馨你更美丽 / 住在水面 却悄悄地离开世界 / 比起那水鸟的羽毛 还愈发的白"（第四十六连）。

那么那些不幸（？）生来肤色不白的女性又该怎么办呢？一些有经济能力的女性会使用升汞，也就是氯化水银制成的粉底来将肤色涂成乳白色。该药物效果非常好，色斑或者雀斑，还有皱纹都能消除。戈维多的《众生之机》中写道："贵妇人正在化妆呢。用涂有升汞的布遮盖有着色斑与皱纹的脸。"（第十二章）由氯化水银制成的"水银白粉"也曾经在日本被大众喜爱，但二者均为水银性物质的事实是确凿的。

一般庶民是不可能用上这种高级化妆品的。他们使用的是由铅白（也就是铅的碳酸化合物）精炼而成的白粉。根据 1680 年的资料，只要用升汞的十二分之一的价钱就可以买到铅白。日本从 7 世纪末开始，也就是持统天皇的年代开始就使用铅白制成的白粉了。只是升汞也好，铅白也罢，对敏感性肌肤总是有伤害的。不管一时的效果有多好，到头来还是会让皮肤受损。阿古斯丁·德·罗哈斯在《愉快的旅途》中写的"给脸化妆 / 是非常有害的，是不恰当的"（第三卷），大概指的就是这点。但是民众也不可能这么轻易就抛弃铅白白粉，根据中川米造氏的《医学与身体的文化志》，这类产品的有害性直到 18 世纪左右才开始在欧洲被提及。说是铅白受到大众的喜爱，倒不如说是代替产品的开发太迟了。

　　若是没能得到预期内的效果，人类就会勇敢地更近一步去面对挑战。为了美白皮肤而曾经被使用过的有以菖蒲的根茎、迷迭香、蚕豆花、车前草的露水为首的各类物品，实在是数不胜数。蔷薇或者蜜柑花的蒸馏液，紫罗兰、松木、羽扇豆等植物中提取出来的香油等物质就经常被用于打粉底。在当时的文学作品中经常出现一种名为 muda 的涂抹化妆品（仅仅在《堂吉诃德》中就在上卷第二十章、下卷第三十九章、第六十九章中出现）。这种化妆品得一日一次，遵守规矩涂抹在脸上（根据马丁内斯·德·托雷多的《科尔瓦乔》第二部第四章）。据说有许多种制法，是一种可以遮住脸上色斑让脸色红润的神奇药品，主要成分有干燥的山羊粪、续随子、夹竹桃，还有漂白液等。在前揭罗哈斯的《愉快的旅途》第一卷中就为我们写了一种制作法："若是有友人需要 muda 的话，就告诉她用酸橙与葡萄干榨成的汁、天然的蜂蜜、新鲜鸡蛋、冰糖、月石，再

化妆的美女

197

加上升汞一起，静置九日就可以制成 muda，在一年内都可以使用。"

在这里让我们重点关注作为成分被提及的"新鲜鸡蛋"。菲利普二世的第三位妻子，伊莎贝尔·德·巴罗亚是法国出身，作为西班牙国王的妻子也是一位绝世美人。有关她的一则传说流传下来，就是当她那令人羡慕的肌肤患上了天花而毁了容的时候，敷用新鲜的蛋白成功地恢复了容貌。卡尔德隆·德·拉·巴尔卡的戏剧《美貌的武器》（*Las armas de la hermosura*）第二幕中也将升汞、铅白、胭脂、樟脑、蛋白等列举为化妆材料。至于"冰糖"成为 muda 的成分一事，考虑到日本的桃山时代时也曾留下用冰糖的水溶液作为化妆水来使用，并在之后用涂上白粉的记录，也就不是什么奇怪之事了。

当然化妆并不仅仅是让脸变白，还会抹上胭脂凸显娇色。但是在那个时代，涂抹胭脂的方法也不寻常。脸颊就不用说了，连下眼皮、下颚、耳尖、肩膀、手指，甚至手掌都要涂。而且是在起床与就寝时，一日两次仔细地涂抹。口红自然也是要涂的，但为了让嘴唇颜色更加鲜艳，时常涂的是蜡。当事人肯定会感觉到嘴唇上有异物，而且还有无法饮食热食或热饮这种严重的问题。

在脸上额外重要的部位，也就是与嘴巴同等重要的眼睛了。李白在五言绝句《越女词》中也描写到的"眉目艳星月"，不也正是让人将化妆与宇宙（cosmos）联想在一起吗？眼睛的颜色是与生俱来的，仅凭美颜术对此是束手无策的。但是尤其那些不是黑色而是绿色瞳孔被认为是美人的条件之一。在《堂吉诃德》中，随从的桑丘向堂吉诃德胡编乱造地讲述杜尔西内亚的容姿时，堂吉诃德反驳道："你说她有着珍珠般的眼睛，但宛如珍珠的眼睛说是贵妇人倒不如说那是鲤鱼的眼睛。依我之见，杜尔西内亚的眼睛一定有着绿翡翠的颜色，细长，眼睛上方还画着两弯美丽到无法准确描述的眉毛。"（下卷第十一章）《塞莱斯蒂娜》也在第一幕写道："那绿色的眼睛与睫毛都十分细长。眉头更是长得极为端庄。"

即使眼珠长得不甚如意，通过改变眉毛的形状也能一定程度上产生一些变化，也就是将眉毛修成弓形眉以达到显眼的效果。《堂吉诃德》下卷第四十章中，描写了女性将眉毛修得细长后挨家挨户地逛街。

体毛不剃而是去拔，这种想法在日本和西班牙都是存在的。《塞莱斯蒂娜》第六幕中，我们可以发现以下的台词："用拔毛夹子或者贴布来拔眉毛，让其变得整洁些。"马丁内斯·德·托雷多的小说《科尔瓦乔》第二卷第四章中也有一句写道："巧妙地拔掉毛，修成向上弯曲的弓形眉。"而脸上除眉毛以外的毛则用松香和德国洋甘菊等植物精制而成的药品做脱毛处理。

当时人们还使用一种眼影来达到强调眼睛本身的作用。"酒精"（alcohol）这个单词最初并不指代饮品，而是指那些涂在眉毛、睫毛、头发等的毛发边界线上，有着突显出雪白肌肤的作用的黑色粉末。《科尔瓦乔》第二卷第四章中有一个词语直译过来就是"涂上酒精的眼睛"，这里指的就是上述的粉末。但是这种粉末涂多了则会被人嘲讽道："与其说眉毛是黑的，到不说是涂上了煤。"（出自戈维多的作品《梦幻集》"从内部看的世界"之章）

除此之外，至于羡慕他人一头金发的西班牙女性用了何种方法，或者从侧面协助化妆的香水等问题，则可以通过春山行夫的《化妆》、樋口清之的《腰带与化妆》等作品，还有 R. 科森的《化妆的历史》、J. 潘塞和 Y. 德朗德尔合写的《美容的历史》等译作得出一定的推论，笔者在这里就忍痛割爱，不多加说明了。接下来我想讨论美颜术与基督教思想这个深刻的问题。

想要借助化妆的力量变得更美，这个愿望虽说是人之常情，但化妆的女性从很早就开始成为猛烈批判与嘲讽的对象（比如说15世纪的《科尔瓦乔》第二卷第三章）。而作为西班牙文艺复兴的代表思想家与文人的胡安·路易斯·比维斯和路易斯·德·莱昂（Fray Luis de Léon，1527—1591年）神父则将这种嘲讽升华到了意识形态层次上的批判。

从回想起《旧约·创世记》中的那句有名的语句"神按照自己的模样造了人"开始，被造物人类与造物主上帝相似，也就是说被赐予了上天的恩惠，在人世上享受着生命。若真是如此，那么且不论个体差异，单凭借化妆的魔力改变与生俱来的面容一事，就算不是全盘否定上天的恩惠，也是一种对这种恩惠不满的表现。

比维斯在他用拉丁语写成的书《基督教女性养育论》（De institutione feminae christianae）的第九章中，广泛引用居普良（Cyprianus）、亚里士多德、苏格拉底、索福克勒斯、安波罗修（Ambrosius）等的著作，对女性的化妆意向表达出强烈反对。根据他的论旨，得出了以下设定好的结论："若是不化妆，女性就无法结婚的话，那嫁给那些比起妻子更能从铅白中得到喜悦感，冒犯造物主的男子，还不如永远单身来的好。"

作为萨拉曼卡大学的神学教授，16世纪西班牙知性的象征性人物，奥古斯丁会士的路易斯·德·莱昂的著作《完美妻子》（La perfecta casada），就是在比维斯的女性论的影响下执笔完成的。该书在全十一章中将化妆骂得体无完肤。因为"就算用化妆品能改变颜色，也无法改变原有的形状。也就是说不可能将窄额头拉宽，将小眼变大，将不美观的嘴巴修复"，所以不需要执着于这类假货。丈夫若是爱着化了妆的妻子，"这种情况，说明丈夫并不是爱着妻子，而是爱着被化妆造出来的假面，就像是爱上在舞台上扮演美丽少女的演员一样"。这种主张，不用说都知道是处于比维斯的延长线上，在日本当代文学作品中，也能从安部公房的《他人之颜》中找到非常类似的记述。路易斯神父还憎恶着化妆品本身，不惜将化妆品断言为"恶臭之源"，"通过化妆来美化自己的女性是将自己拉低到卖春女的水平"。

　　虽然现代基督教思想是否依然将化妆视为问题，笔者并不甚了解，但是 16 世纪西班牙的知性名人们立足于基督教思想，排挤打压化妆一事确是事实。那么结果又是如何？虽说生命是上天赐予的，但是想要好好活一辈子的人，也不过是凡夫俗子。在 17 世纪中期游历西班牙的法国人布鲁内尔记载西班牙女性们的"脸颊上抹着太多的胭脂，说是为了变美倒不如说是为了变装"，同样的，在同一时期来访马德里的博奴卡斯（Robert d'Alcide de Bonnecase）对西班牙女性化着"无法看到真实肌肤的浓妆"一事表现出无比惊讶。她们此种态度是否与"自由意志"有关，在这里就不去深究了。

　　但是问题还远不止这些。我们已经见识了炼金术与化学之间存在相当多的关联，其实美颜术也与医学或医术有着千丝万缕的联系。埃及起源的眼影原本是用来预防眼病的，这已经是周知的事实。而追溯美颜术本身的话，则会发现其与医学处于未分化的状态。比如说文人迭斯·德·卡拉塔犹（Dies de Calatayud）写于 14 世纪到 15 世纪之间的《医疗集成》（用加泰罗尼亚语写成）就是一本研究女性之美的书物。一开始笔者还以为这是本谈论化妆的书，但其实是由九十三章组成，内容包括从头疼、牙疼、眼病、耳鸣、生发、鼻血对策到月经不调，为易流产女性的处方，苦恼于不孕的女性用的拉丁语咒语等等。但这绝不是"偏题"之作。

我们就拿生发为例。分别准备同等量的鼹鼠与狗粪便，然后搅拌均匀后加入蔷薇油，并涂于想要生发的部位就会得到意料之外的效果（第十三章）。这个处方绝非奇异。即使到了塞万提斯等人活跃的年代，这类大同小异的处方也要多少有多少。根据一个 17 世纪的处方，若是想要有光泽亮丽的手臂的话，女性们就会将狗粪、蜂蜜还有鸡蛋混在一起，然后涂满手臂静放一个晚上便可。

这种处方其实与用在魔法还有炼金术中的药品处方十分类似，而且在奇葩程度上完全不输给前者。咒语也不例外。虽然时常将妖艳的女性形容为"诡异的"美，但是化妆从根本上来说就是一种"诡异的"存在。这也是笔者仅仅是在讨论化妆，却要将其说成"美颜术"，与炼金术、占星术、魔法一样花费一节的主要原因。将美颜术看作与上述三者同样的结构的话，那么再来看当时的基督教神学对化妆持以批判立场一事，也就越来越好理解了。

算　术

古罗马的修辞家，生于西班牙的昆提利安（公元 1 世纪）提倡雄辩术是必要的，四教会博士之一的奥古斯丁提倡神学是必要的，同样，数学的重要性绝不是到了近代才被人们认知到。以西班牙最古老的大学为豪的萨拉曼卡大学，从办学初期就与神学等讲座并列开设了数学讲座。16 世纪西班牙著名的人文学者佩德罗·西蒙·阿弗里尔（Pedro Simón Abril），也主张数学是掌握准确的真理的基础，是各类学问的立脚点。虽然到了现代，人们会区分数理科和文科，但是实际上来看二者之间并没有明确的区别。按照德国大学的传统，到了 20 世纪数学都还是名义上隶属于哲学的科目。

即使存在像阿弗里尔那样的看法，而且国王菲利普二世本人也非常热衷于学习数学，但此类现象并不与实际上的现实相一致。1590 年，菲利普二世向西班牙主要都市呼吁开设数学讲座，但得到积极响应的只有北部的布尔戈斯一市而已。同时国王还让为马德里近郊的埃斯科里亚尔修道院的修建做出决定性贡献的胡安·德·埃雷拉（Juan de Herrera）主导成立了数学学术院，但是西班牙数学研究并没有因此而出现突飞猛进的进展。而这座数学学术院本身的基本精神就是将中世纪的神秘主义学者拉蒙·柳利的思想与毕达哥拉斯的混杂在一起。埃斯科里亚尔修道院的构造本身，在近年的研究中也逐渐披露出其强烈的超自然要素。考虑到建筑指导中的一人是埃雷拉，那么也就不是什么不可思议的事情了。到头来，这个数学学术院关闭于 1624 年，连在萨拉曼卡大学的数学讲座也被全面废除。对比外国在数学上的飞跃性进步，西班牙简直是背离它们。

虽说是少数派，但是在西班牙并非没有脚踏实地研究数学方程式的学者。研究平方根，并将其代数理论运用在 17 世纪塞维利亚通商局的米凯尔·杰罗尼莫（Miguel Gerónimo de Santa Cruz），还有不仅开发了大量可以运用在数学以及天文学上的仪器，又勇敢尝试修改从《阿方索星辰表》到哥白尼为止的天体理论的安德烈·加尔西亚·德·塞佩达斯（Andrés García de Céspedes，去世于 1611

年），在四部组成的《数学教程》（*Cursus mathematicus*）中论述数论并研究对数的胡安·德·卡拉穆埃尔（Juan de Caramuel，1606—1682 年），还有原本是经院哲学教授却在 1675 年被提拔为国王卡洛斯二世的数学教师的耶稣会士何塞·德·萨拉戈萨（Jose de Zaragoza，1627—1679 年）等人就是其中的代表。

但是西班牙在数学上的落后，特别是在几何学上，是不可逆的，并最终成了国家进步的阻碍。这是因为除了天体研究，数学还与航海术，甚至兵法息息相关。这么说来，哥伦布立即将美洲新大陆断定为印度，就是因为算错地球圆周的距离，在海洋与陆地之间的比率上出现错误的认识。

但是在计算之前，还隐藏着计量单位的问题。在 16 世纪，连作为基本计量的长度单位都是不固定的。表示特定单位的内容是因人而异的，这并不罕见。正因为如此，连萨拉曼卡大学的修辞学教授内夫利哈都要忍着疲惫发表他的《第六讲：寸法论》（*Repetitio sexta de Mensuris*）。

所以一到了测量海上的远距离时，结果几乎让人绝望。别说无法准确测量海上的距离对航海术是一种致命伤，甚至连如何与葡萄牙分割新大陆的领土都无法决定。1494 年卡斯蒂利亚与葡萄牙之间签订了《托尔德西里亚斯条约》，规定界限（领海）到佛得角群岛以西 370 里格的教皇子午线为止倒也罢了，只是到底以群岛的哪个地点为严格的起点，到底怎么样来测量 370 里格的距离，都没有明确规定，从科学的角度来看，这是十分不严谨的条约。

当然，有许多有志之士自愿去挑战测量。西印度皇家最高事务院甚至还悬赏测量方法，先前提及的埃雷拉也去报名了。在塞万提斯的《狗的对话》中，也能看到挑战这个难题之人的故事。为了解决这个问题，1514 年，一个调研委员会在马德里西南方向的小镇巴达霍兹（Badajoz）召开会议，与西班牙方面的地图制作人迭戈·里维罗（Diego Rivero）一同出席的，还有哥伦布的儿子赫尔南多·科隆（Hernando Colón）。赫尔南多提出一个通过在空间上移动时钟，然后通过时差来计算距离的方案，但是从当时的时钟精准度来看，是无法实现的。顺带一提，现如今，人们用光的波长来计算出距离的方法，比如说从东京车站到小田原车站的距离测定的误差仅仅为0.4 毫米（根据高田诚二《计，测，量》）。

　　而翻阅塞万提斯时代的文学作品，则会发现数学还应用，或者被尝试应用在其他意想不到的地方，比如说剑术。塞万提斯的《玻璃硕士》中写道："那家伙尝试将对手的动作与姿势用数学公式还原出来。"看上去像是异想天开，但是这类尝试的存在的确是事实。葛拉西安的《评论之书》第二部第八评中，卡兰萨与纳瓦埃斯并称为剑豪，这二位都是实际存在的人物，并且写了将数学应用到剑道上的书。

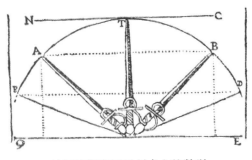

纳瓦埃斯应用于剑术上的数学

　　生于塞维利亚的罗尼莫·卡兰萨（Jerónimo de Carranza）拥有骑士团团长的头衔，连文笔都是得到塞万提斯认证的（牧歌体小说

《加拉迪亚》[*La Galatea*]，第六卷）。执笔于 1569 年，并于 1582 年出版的卡兰萨著作《武器的哲学与其技巧》（*Philosophía de las armas y de su destreza*）中就将数学理论应用于剑术上，得到比如说为了打倒对手就要以正面突击为上这类结果。

出生于南部城镇巴埃萨（Baeza）的路易斯·帕切科·德·纳瓦埃斯（Luis Pacheco de Narváez）是被国王菲利普四世聘用为剑术教师的人物，还是个剑术上也不输卡兰萨的理论家。他尝试将因《球面几何学》（*Spherica*）而知名的狄奥多西还有欧几里得的几何学应用在剑术上，试图用数学来证明持剑摆出直角朝向对手，还有在攻击时做到不弯曲手臂等等。献给菲利普三世的《关于剑的伟大之书》（*Libro de las grandezas de la espada*，1600 年）就是他的一大成果。比森特·埃斯皮内尔的小说《准骑士马克斯·德·奥夫雷贡的生涯》中也曾提及帕切科·德·纳瓦埃斯，断言"在剑术真正的哲学与数学"上无出其右者。

即使在进入 17 世纪后，将数学应用在剑术的书本仍层出不穷，这也为我们证明了那么狂热的信徒的存在。但是到了实战，其中的效果就值得商榷。也有像戈维多那样嘲讽这类理论派剑术的作家，比如说塞万提斯的《贝尔西雷斯和西希斯蒙达的苦难》中就有以下一节内容，虽说是间接的，但其中批判的色彩是非常明显的。"双方都毫不在乎招式、动作、砍法、击退技巧还有步法，直接猛烈相撞，片刻之间，一人的心脏就被刺穿，另一人的脑袋就被劈成两半。"（第一卷第二十章）

西班牙的数学家并不是所有人都被剑术迷得神魂颠倒。在 17 世纪的时候还是有一些人投身于正多边形和三角法等领域的研究。而让这个时代的数学家欲罢不能的题目就是从欧几里得之前就开

始的古典的化圆为方问题，也就是"圆的正方形化"。塞万提斯的
《狗的对话》中也出现过挑战该难题的男子的故事。简直就是古希
腊喜剧作家阿里斯托芬的作品《鸟》（公元前 414 年）中出现过的
情节，也就是用化圆为方问题来调侃数学家的情节的再现。

　　"化圆为方"问题，就是求一给定圆同等面积的正方形，当条
件限制为直尺与圆规时是无法画成的。亚里士多德在《范畴篇》
（第七章 b31）中将化圆为方假设为"可认知的事物"，对某物的知
识并不存在，但是"可被认知的事物本身是存在的"，从认知论上
讨论这个话题。亚里士多德似乎对化圆为方问题相当在意，除上述
书物以外，还在《辩谬篇》（第十一章 b15）和《物理学》（第一卷
第二章 185 a16）等作品中批判性地提及该问题。

　　有关该问题的数学理论上的立场，可以参考村田全氏的《日本
的数学・西洋的数学》中的简要解说。而在当时的西班牙，有相当
多的数学家试图解决这个问题，巴伦西亚的几何学者海梅・法尔科
（Jaime Falcó，没于 1594 年）等人就曾废寝忘食地埋头于该问题。
事实上，为了从数学上证明化圆为方是不可能的，必须得建立在高
度发达的方程式理论基础上，所以直到 1882 年才真正被证明出来。

　　话说回来，在该节的题目上虽然写的是"算术"，但到目前为
止都是有意地避开"算术"这个词，使用的是"数学"。只是虽说
是数学，但是在当时这门学科还没有作为学问完全正式独立出来。
也正是因为没有完全地独立出来，才会甚至被应用到剑术这种事物
上来。将其命名为"算术"的缘由也在其中。

　　将该节命名为"算术"的理由还有两条。其中一条，则要从讨
论"数学"，英语中的 mathematics，西班牙语中的 matemática 的含
义开始。在"占星术"一节中引用过的罗马教皇西斯都五世的大诏

书《天与地》中出现过"古时有被称为'数学家'的占星术士"这样的内容。中世纪的贤王阿方索十世等人也曾将"数学家"以"预言家"的含义来使用。

其实并不是只有在阿方索十世的年代，也不是只在西斯都五世所说的"古时"才会将"数学家"与占星术士、预言家、魔法师等人相提并论。比森特·埃斯皮内尔的《准骑士马克斯·德·奥夫雷贡的生涯》中也有一节将占星术士与数学家（matemático）联系在一起（第三部第四章）。在奇尼奥内斯·德·贝纳文特的幕间短剧《细口袋少年》（*El talego-niño*）中，有一句对着害怕被主人用棍子殴打的人说的台词，"因为我是数学家（占星术士），所以特意放你逃走"。这是因为他用占星术占卜之后可以告诉他往哪逃为好。戈维多的《欺诈犯》中也写道，"数学家（占星术士）会告诉我们（对方的地点）的"（第一部第五章）。

这绝非是只发生在文学世界的事情。在萨拉曼卡大学冠名为"数学"的讲座上，占星术是与欧几里得几何学一起被教授的。这么说来，在主要著作《伟大之术》（*Ars magna*）中披露了三次、四次方程式解法的意大利的卡尔达诺（1501—1576 年）是代数学家的同时，也是一位拥有名气的占星术士。

用"术"来对待数学的另一个理由也与语言有关。让我们将目光转移到"代数"（algebra）、"代数学家"（algebrista）的语源，也就是有着"修补"含义的阿拉伯语上。之后"代数学家"这个词就渐渐地开始有了正骨医、美体术专家的含义。《堂吉诃德》中登场的学士桑森·卡拉斯科在感到肋骨疼痛之后，说道："幸运的是找到了代数学家（正骨医），让其为不走运的桑森治疗。"（下卷第十五章）戈维多的《欺诈犯》中有段写道，"有些人将那些（世间恶名昭彰的）母亲称为快乐的修理师，有的人称其为治疗扭曲想法的代数学家（正骨医、协调人员），其中还有人直言不讳地称她们为老鸨"（第一章）。同年代的卡斯蒂略·索洛萨诺的小说《特拉帕萨学士的冒险》（*Aventuras del Bachiller Trapaza*）中也有与其极其相似的表达，渐渐从正骨医到协调人员，到中介人，最终成为老鸨，也就是卖春中介人的意思（第十六章）。

正骨医

　　虽然到了 17 世纪"代数"的意思也慢慢固定下来，但是根据菲利普三世的文书，在当时的西班牙担任正骨医的"algevista 人数严重不足"，外科医生必须习得"作为外科一部分的正骨学（algebia）"。1624 年 2 月 8 日，菲利普四世一行人在恶劣天气下离开马德里，旅途同行者有三名理发师，木工一人，乐师两人，医生三人，放血师两人，外科医生三人，还有代数学家（正骨医）一人。这是为了应对马车翻车，还有落马时的骨折或扭伤。

　　经过以上一番历经时间变化的对于几乎是严谨代名词的数学的含义讲解后，可以得知别说算术了，就连先前解说过的各类"术"都与之有着千丝万缕的联系。洛佩·德·维加在牧歌体小说《阿卡迪亚》的第五卷中插入了一首将"算术"拟人化的题为《算术》的诗歌，并且巧妙地以"在我（算术）体内隐藏着一种密教／若是没有我，那么世上万物都会误入混沌之中"为该诗结尾。与其他诸术相同，当时的人们虽然对这类术有怀疑之心，却不知道如何摆脱它们。可以说他们不曾尝试将超自然的事物作为超自然的事物来直接驱逐，而是耐心等待着刨根问底地追问它们的本质后，从地平线另一边看到的事物。代表着 20 世纪西班牙知性的奥特加断言过，"人们往往无视数学，恰恰是因为它与诗歌和想象力同根同源这点，数学并不是用来理解人类的"（《观念与信念》[Ideas y creencias]）。

第七章　奇书的宇宙

巴尔塔萨·葛拉西安（Baltasar Gracián，1601—1658 年）

《迷信与妖术排挤》（*Reprobación de las supersticiones y hechicerías*）

　　古今中外，永远不缺那些被称为"奇书"的书。即使发布当时是十分正经的书，但从现代的角度来看却会被归为"奇书"一类，在当时反而被当作"奇书"无人发觉其真实价值，直到后世之人才给予正确评价的书籍也并不罕见。在本章中，笔者将尝试解说五本奇书。这些书并非只用一个"奇"就能表达出其中的奇妙。这些不仅是在西班牙文化史上占据独特位置的"珍贵之书"，还给予那些想要了解 16、17 世纪西班牙文化史，乃至精神史之辈一些重要的启示。

首先提到的是 1475 年前后生于北阿拉贡地区达罗卡（Daroca）的佩德罗·西鲁埃洛的著作。他本人曾在萨拉曼卡大学学习过占星术。像在之前的章节中说的那样，这是与"数学"合并在一起的科目，所以西鲁埃洛也曾以数学家的身份崭露头角。此后，他还曾于 1492 年起在巴黎留学近十年，在索邦大学取得博士学位之后担任该大学的数学教授一职。1510 年，他回国后便在刚创立不久的埃纳雷斯堡大学得到托马斯·阿奎纳神学讲座的主任教授职位。1535 年作为教授被母校萨拉曼卡大学迎回。虽然与出生年份一样，我们无法正确得知他的死亡年份，但是一般认为他去世于 1554 年之后。

他为后世留下了许多学术上的成绩。比如在自然科学领域，就曾执笔了意大利著名的古代哲学家兼自然科学家波伊提乌的《算术导论》注释，以三角法而出名的中世纪英国学者托马斯·布拉德沃丁（1290—1349 年）的注释，同样还写了萨克罗博斯科的《天球论》注释，在哲学方面则有亚里士多德的《范畴篇》和《后分析篇》注释，在数学方面还出版了以布拉德沃丁的理论为基础的《数学的自由四艺教程》（*Cursus quattuor mathematicarum artium liberalium*，1516 年），在宗教方面则著有《告解集》（*Confesionario*，1510？年），除此之外他还著有在先前"瘟疫"一节中已经提到的《对瘟疫医药管理有关的神学上的讨论》、《基督教占星术指标论》（*Apotelesmata astrologiae christianae*，1521 年）和接下来要解说的《迷信与妖术排挤》等横跨自然科学与宗教二领域的作品。

《基督教占星术指标论》扉页

　　《迷信与妖术排挤》这本书初版的扉页上既没有明确记载出版地，也没有记载出版年份。虽然存在各种说法，但一般推测出版地为作者在西班牙得到职位的埃纳雷斯堡，而年份则为 15 世纪 30 年代。在此之后，该书还于 1538 年在萨拉曼卡出版，并且在往后还被数次再版。若是将初版的发行地认定为埃纳雷斯堡，而在该地刊行的第二版却是颇为有趣的 1547 年，正好与塞万提斯开始享受生命是在同一年以及同一地点。如果以 1628 年的巴塞罗那版本为一个阶段的分界线的话，那么从那以后近 350 年间，该书几乎无人问津。若是从一个角度来看，以该书的性质出发，也可以将这种无视理解为该书已经完成了自己在文化史上的使命的证据。这与由于骑士小说的模仿作品《堂吉诃德》的出现，以往的骑士小说反而受到致命打击的现象相似。

《迷信与妖术排挤》1538 年版扉页

　　话说回来，到了 20 世纪末，该书的价值才开始再次被认可。1977 年美国方面多次出版增加了有价值注释的英译本，在西班牙本国也在第二年以 1538 年版本为底本出版了新版，并且在 1981 年西班牙还出现了研究该作者的专著，1986 年则在墨西哥复刻出版了 1628 年版本，1989 年在西班牙复刻出版了 1541 年版本。但以上这些并不是出于轻率的怀古兴趣与个人兴趣爱好。

　　《迷信与妖术排挤》总共由三部，计二十三章组成。章节内容分别是从一般论述到具体的各项的论述。第一部是将《圣经》的十诫与迷信对接在一起，也就是所谓的迷信序说。第二部分则是解说黑魔法与占卜，但是西鲁埃洛在该部分展露出来的态度则是，人类应该理解一个理所当然的道理，那就是对现世的认识是有限的。第三部建立在第二部的延长线上，作者在解说各类妖术与迷信之际，还为读者提示了从诸恶中逃离出来的方法。

通过书写《迷信与妖术排挤》，为"所有善良的基督教徒，畏惧神灵的奴仆们发出警戒"（该书序文），即警戒那些有辱伪科学和科学之名的迷信中蕴藏的危险性，这便是作者执笔的意图。中世纪末期的多数迷信，仍然在同一时代的民众当中发挥着影响力，对于他们来说，"迷信"就是真实，或者是那些拥有让他们联想到真实的能力的事物。为了排除迷信，就必须严肃对待真正的信仰才行。虽然人类在迷失自我之后容易误入迷信之道，但是"面对我们的弱小，人类通过洗礼和基督的降临而带来的其他各类圣事来得到力量，这也是上帝所期望的"（第一部第一章）。

标题上所写的"迷信"，从当时拥有一般常识的人的角度来看是无须证明的"事实"的例子并不在少数。为了解析过去的"迷信"难题，而用现代的尺度来衡量的话，无法看到历史上的活生生的事实。

那么身为司铎的自然科学家，尤其还是数学家的西鲁埃洛，究竟是为何动笔写了此书呢？从作者自身经历来看，也并非突发奇想。正因为身为知晓自然科学的圣职人员，所以他才认识到纠正对迷信与魔法的谬误的必要性。1628年，为该书加了注解并将其出版的佩德罗·安东尼奥·霍弗雷（Pedro Antonio Jofreu）就在注里写道，"占星术士的正式名称是数学家"，这也算是替我们再次确认了上一节"算术"中的内容。奥古斯丁也同样认为，数学对神学家来说是必不可少的，所以对继承以上看法的西鲁埃洛来说，研究神学与数学这两个看上去风马牛不相及的学科也就是非常自然而然的事了。

话说回来，在该书中需要排除、打击的迷信大致有四种，分别是与恶魔勾结的黑魔法，同样与恶魔私通的预言，借助咒语的医疗行为，还有利用小道具来营利这四种。该书的魅力在于在打击迷信之前，对其进行了大量的详细调查并给予解说这点上，并不是不问青红皂白就为其盖上迷信的标签。该书对迷信的批判并不只是指出明显的漏洞并将其驳倒，还追溯到对方谬论的根源上，并举例论证能够取代这种谬论的真理。为了达到以上的目的，西鲁埃洛在动用了自己的博识、慧眼，还有旺盛的知识欲望的基础上，不慌不忙地逼近可疑的对象。在第二部第二章中，他就引用了亚里士多德的《形而上学》的开头的语句，"求知是人类的本性"，但西鲁埃洛却警告道："这个习性必须受到理性的规则与上帝的法则支配。"迷信必须在冷静地分析后，被严厉地拒绝。当然，人类必须充分地发挥自己与生俱来的求知欲，只是对知识的追求并不包含傲慢。最终，作为被造物的人类还是得叩拜在全知全能的造物主，也就是上帝的面前。

在第二部第一章中也能看到他提及飞行在夜空中的女巫，为了飞行而在身上涂满膏药等内容，与在先前已经了解过的塞万提斯的短篇小说《狗的对话》中登场的女巫的行为一致。不用说，西鲁埃洛的这部作品对解读当时文学作品中的一些不明了的部分有着重大的意义。这还多亏了西鲁埃洛认为，与其全盘否定女巫，倒不如先描绘出女巫的日常生活习性为好。而攻击黑魔法一事，则是完成这个工作的后话了。据西鲁埃洛的说明，女巫的飞行总共有两种。一种是女性在特定的时间外出，但实际上是被恶魔带走的情况。另一种情况则是，即使没有外出，但在恶魔的影响下，女性失去现实的知觉，产生一种飞行在空中的幻觉。

该书尤其有趣的是第二部第三章，对占星术的论述。在之前的章节中讨论过的，占星术与近代天文学存在不可分割的关系一事，在西鲁埃洛的该作品中得到更明确的证实。西鲁埃洛也将占星术严格划分为两种。首先是伪占星术，随随便便就与人类的自由意识挂钩，甚至连一些与星辰轨迹无关的现象都与星座扯上关系。与恶魔勾结在一起的伪占星术，就是试图了解那些只有神灵才知道的内心的秘密，是无畏神灵的大不敬行为。

而与其相对的是真正的占星术，"只谈论那些受到诸多上天的影响而生的事物"，属于"与自然科学和医学同等的，真正的科学"。占星术与季节和大气的变化相关联，甚至从中还发展出了初步的气象理论。对于自己的论述考虑周到的西鲁埃洛，在书中坦率地承认，即使是真正的占星术也会在某些方面犯错，并举出两个理由。其一，就是想要了解的对象范围过于广了，因为"人类的技能与学问不可能学会所有事物"。另一个理由则是，因为就算是正统的占星术士，"在许多情况下，也没有本该掌握的知识"。

无须多言，这本书代表着西鲁埃洛开始坚定地走上现代科学之路。并不是因为排挤妖术，所以才说该书是现代的，而是因为著作中为打击妖术而披露出的认识论与学问，展示出了在当时的社会无法类比的现代性。

紧接着，作者在第二部第四章中一边解说以伪占星术为发端的各类占卜，一边给予批判。在书中，他分别反驳了那些随机在地面上画上点或者线，并解读其中含义的土地占卜，将溶解的铅、蜡和松香滴入杯子的水中根据冷却后形成的形状的水占卜，根据风吹树枝发出的声音的风占卜，火焰的颜色与形状的占卜，根据死去的动物背骨火烤后的裂缝的形状来判断的骨头占卜，看手相还有卡牌占卜。在第二部第六章中，虽然作者也否定了解梦，但是主张若是梦境的内容与《圣经》的记载一致的话，那么就得另当别论了。除此之外，西鲁埃洛还打击排除了其他各类迷信。根据动物或人的举动做出的预言就不用说了（第二部第五章），在"魔法"一节中已经介绍过的邪眼虽说没有被他全盘否定，但也受到部分批判（第三部第五章）。

咒语，大多用于医疗，在先前也已经确认过了。西鲁埃洛也无法弃该话题不谈。他认为那些一边吟唱咒语一边用唾液或吐气来治疗疾病的行为，还有有关狂犬病的任何治疗与预防措施都不可信。对于当时世人都恐惧的狂犬病的治疗，他主张无须依赖伪祈祷师，因为世上本身就存在可以进一步强化自己对上帝、圣母玛利亚、圣人还有圣女们的皈依之心的祈祷。只是在这种场合，"有难时的求神"反而会暴露其信仰心的薄弱。既然有像《自然史》的老普林尼、植物学的迪奥斯科里德斯等人留下的杰出学识，那么最应该做的就是去参考这些知识，先做到尽人事。西鲁埃洛还在书中提供了几例利用了大自然恩惠的治疗法。"第一种是最天然的治疗法，先杀死咬了人的狂犬，并将其血涂抹于被咬患处，以此来祛毒。（中略）在无法入手狗血的情况下，取其（狗）毛烧之，将灰烬涂抹于患处。"除了上述的方法之外，他也在书中论述到使用制面粉时的麦糠、豆子等等的治疗法（上述描写取自第三部第七章）。

在第三部第八章中，作者认为驱魔无须依靠毫无神学知识的伪驱魔人，必须得用正规的方法方可。妖术师们虽然主张云的产生，冰雹还有雷电等均为恶魔的勾当，但是"就算飘来十万朵云，其中是恶魔所设的也就最多一朵"，他认为无须借助祈祷师的力量。

但看到上述的内容，也万万不可立马作出"该书的内容本身也是迷信"这类判断。该书正是一本综合了当时最先进的科学知识，从正面与迷信展开一场苦斗的作品。虽然历史往往只会留下有着大发现的、触发大事件的人物之名，但像西鲁埃洛之辈，在挑战区分伪科学与真正科学的人物系谱里，也曾留下许许多多伟人的痕迹。

"妖术"里并没有科学依据，在世间蔓延着"迷信"之时，面对那些认为仅仅是无视就足够之辈，在西鲁埃洛看来，这是值得唾弃的不负责任的行为。从基督教的立场出发，妖术与迷信是与偶像崇拜直接存在联系的异端之罪。身为司铎的西鲁埃洛，以与世俗之罪过展开壮烈的战斗，和凛然地直击恶魔的挑战为自己的职务。在该书中，他提及"恶魔"的频率可以说得上是固执。这正体现了西鲁埃洛，通过暴露抗拒上帝的恶魔真身，来更加单纯地赞美上帝的姿态。在该书最终章的第三部第十二章中，他写到迷信是对上帝的亵渎，面对这类亵渎"上帝会带着怒火给予严厉的惩罚"，并且断言，在尽除迷信之后的黎明里，带着基督教信仰的"西班牙会成为给欧洲全土带来清净的强国"。已经洞察到当时的西班牙的政治经济实力开始走下坡路的西鲁埃洛，似乎在通过这样的语言，起码从精神层面上希望西班牙能够东山再起。以往都是用拉丁语来书写狭义上的学术著作的西鲁埃洛，也为了使自己的这类观点更加有效地被接受，在宗教告解的关联著作与《迷信与妖术排挤》的执笔上采用的是通俗的西班牙语。

《世俗哲学》（*Filosofía vulgar*）

16 世纪中叶，一本将变化无常的人世间智慧与哲学相连在一起的奇妙格言集问世了。这就是胡安・德・马尔・拉腊（Juan de Mal

Lara）的《世俗哲学》。"出生并成
长于无比高贵且忠诚的城市塞维利
亚，师从高尚纯洁的佩德罗·费尔
南德斯开始学习拉丁语与希腊语"
（第一部第十五节）的马尔·拉腊
出生于 1524 年。年仅 14 岁就开
始为塞维利亚大主教的外甥们效力
并立下功劳，移居萨拉曼卡后更
是得到勤学的机遇。得遇名师的
马尔·拉腊在萨拉曼卡的求学心
愈发强烈，甚至还远赴巴塞罗那

胡安·德·马尔·拉腊

师从当时著名的人文学者弗兰西斯科·德·埃斯库伯（Francisco de
Escober）。现在大多认为，马尔·拉腊的人文学基础就是在巴塞罗
那打下的。在那之后，他回到萨拉曼卡一边继续钻研人文学，一边
开始收集格言的工作。

　　在归乡之后，马尔·拉腊开设了一家私塾，以教授拉丁语与修
辞学为主。虽然他最主要的目的是给深爱的故乡青年们普及一般教
养学识，但是对于将来大有作为的弟子，他则是将高级的古典知识
灌输给他们。马尔·拉腊虽不是出身名门，但却深得那些耳闻他渊
博学识的贵族与高阶神职人员的信任。他还主张知识人还有文人之
间需要紧密的合作。他向读者叹息道："在诸外国，有学识之辈均
拥护文人，作家们在为他们设立的机构里，朗读自己的作品，与会
众人相互发表自己的意见。（中略）著作得到同年代的知识人的承
认，并得到修改，最终以一个完整的姿态向公众刊行。但是（在西
班牙）嫉妒与傲慢阻碍了这一切，大家都在自卖自夸，并且贬低他

人之作。"

身为诗人、剧作家、语法学者、格言研究者、修辞学者、教育家，横跨多个领域的马尔·拉腊，在遗言中将自己定位为"语法教师"，于 1571 年留下两位女儿离开人世。

这位"语法教师"的执笔活动范围在所谓的语法关联以外，大致可以分类为与古典相关的作品和追究世俗想法的作品，在谈论本节的奇书《世俗哲学》之前，让我们先将目光移向他的另外两部作品。首先是以《无比高贵至上、罕见忠诚的城市塞维利亚的，我们的天主教国王菲利普陛下的热情招待》（*Recibimiento que hizo la muy Noble y muy Leal ciudad de Sevilla a la Católica Real Majestad del Rey D. Felipe nuestro señor*）为题的作品。虽然标题又夸张又长，但从中可以得知马尔·拉腊对菲利普二世抱有的感情。该作品是菲利普二世于 1570 年 5 月 1 日到 15 日滞留塞维利亚期间，委托马尔·拉腊执笔的，在作品中马尔·拉腊在称赞国王的同时还描写了家乡塞维利亚的伟大。

另一个作品则是《关于海上将军，皇室船长奥斯特里亚的记述》（*Descripción de la galera real del Serenísimo Señor Don Juan de Austria, capitán genereal de la mar*）。这是一部以让塞万提斯英勇负伤的那场有名的勒班陀海战为背景，赞美由唐·胡安·德·奥斯特里亚来指挥的帆船，他被要求用押韵来描写九篇"无论船在何时何地，唐·胡安都是最佳选择的指南针"的故事。

这些作品并不是马尔·拉腊为了讨宫廷的欢喜自发而作，而是宫廷希望他来写这类作品。在第二部作品中，就有一段内容可以为此佐证。"1566 年，鄙人在滞留马德里之际，国王陛下令我赞美六幅出自提香之手的画作（中略）我为各幅作品，分别用拉丁语写了

221

四行诗与八行诗，深得陛下欢心。"

在进入正题之前浪费如此之多篇幅是有原因的。这些马尔·拉腊的著作从别的角度为我们证明，他在准备的工作是与自己日常的作品相反的。作为格言的注释书《世俗哲学》的最终版本，于1568年在塞维利亚出版，但马尔·拉腊其实从13年前就开始正式收集格言和谚语的工作了。接下来，笔者不会从西班牙语的格言本身出发，而是从面对格言时的马尔·拉腊的态度入手分析。

马尔·拉腊是有足够多的动机来写这本书的。首先，有两位外国学者曾经给予马尔·拉腊一定程度的刺激。其中一人是在《堂吉诃德》下卷第二十二章中也曾提及过的意大利人，波利多罗·维尔吉利奥（Polidoro Virgilio），另一人则是荷兰的伊拉斯谟。特别是后者的《格言集》（*Adagiorum Chiliades*，1500年于巴黎刊行）给予他非常大的影响。只是，维尔吉利奥也好，伊拉斯谟也罢，他们著作的基本内容也只是收集希腊语或者拉丁语的格言。

在另一方面，当马尔·拉腊于1548年滞留萨拉曼卡的时候，同大学的教授，受到他尊敬的恩师赫尔南·努涅斯（Hernán Núñez）也曾收集过格言。对此类工作深感兴趣的马尔·拉腊，对恩师的著作抱有极大的期待。但当努涅斯的著作《由俗语写的格言或者谚语》（*Refranes o proverbios en romance*）一书于1555年刊行的时候，马尔·拉腊对此书的内容并不满意。所以，对他来说，只有自己动笔写一条路了。

汇集了他的决心与努力的这本书，并不只是一本格言集。若是想要格言集的话，世上早已有同类书问世。目录中虽然收录了一千则（根据某位学者的再计算有一千零一则），但在注释中还引用了许多其他的格言，所以实际上收录的格言数倍于这个数字。

只是，该书的重要性并不在收录的格言数量上，如果想要格言的量的话，那么他的恩师赫尔南·努涅斯的作品中已经收集了八千多则格言。

在这本书中，倒不如说注释才发挥了真正的价值。这是因为作者马尔·拉腊拥有以历史为首的各类学识。随时随地披露他所拥有的古希腊罗马的文化遗产知识，还将古代诗人、哲学家等人的名文完美地翻译成西班牙语放入解说。在书的序言中，他说，"为了这个工作，我其实很用心地详细调研了许多文人。只要对这些格言的解说有用，希腊、罗马、西班牙，甚至连意大利人也会去研究"。甚至有不少的解说还追溯到语源上去。

该书还有一个十分出彩的特色。那就是，作者实际上深入民间，将冷静观察到的结果完美地融入解说。再加上，他以从既存的格言集还有先人的著作中涉猎而来的知识为武器来迫近民众的知识，并尝试将其分析与系统化。如此一来，庶民传承下来的知识，就被编织入作者知识的结构中。书中也时常出现对比世间对各类格言的普遍性解释与作者自己的解释间的差异。从中可以看出，他在本书中有意识地将现代学问中经常被提及的方法论与田野研究结合在一起。

该书分别收录了上帝、人、运势、时间、自然等十大类格言，并不仅仅是狭义上的处世之道。书中介绍并论述了农业（特别是与农业相关的动物）、城镇、教育、面貌、外语、家庭、国王、健康等相关的格言。至于当时的学生，书中也为我们描绘了学生们在典型的恶作剧、饮食生活、易患疾病、学习、运动、娱乐还有服装等方面活灵活现的样貌，令人感到趣味无穷。

由精挑细选过的格言与内容丰富的解说组成的这本书，可谓16世纪西班牙人的生活习俗、思考方式的一大百科书，成为想要认真学习西班牙文化史之人的必备之书。只可惜，这部四卷著作的最新版本还是出版于 1958 年到 1959 年期间的限定 300 套，此后的新版恕笔者寡闻，再也没有听过。笔者在留学期间，曾经拷贝了这部将近1200 页的著作，直到现在也还在使用这套拷贝版本。希望能够尽早看到新版发行，这样文化遗产不应该成为罕见之物。

话说回来，为什么作者要取《世俗哲学》这样一个奇妙的题目呢？这是因为，变化无常的世间其实也潜伏着深刻的哲学，而世俗的智慧比起高尚卓越的哲学也毫不逊色。马尔·拉腊还在书中呵斥道，在西班牙对这类世俗智慧的关心与研究都大幅落后于他人。马尔·拉腊之所以不满足于收集排列格言，还要验证其是否能够经受学术评论，正是出自此原因。本来"哲学就是智慧的研究，智慧是对神圣之物与人为之物的认识"（序言）。只要哲学不是"知识"而是"智慧"的研究，那么世俗的才智也就自然同样处于哲学之线上。那么，格言究竟属于被作者大致分为论理学、伦理学、自然学这三大领域的哲学中的哪个呢？他的回答是，"格言之中含有多层教义，含义的范围不仅广阔，还十分简洁，所以与学问完美吻合，并不存在无法完美应用其中的哲学领域"（序言）。

但我们不该忘记，他对该领域的洞察力正是西班牙文艺复兴运动的一个组成部分。文献学家兼历史哲学家阿梅里科·卡斯特罗（Américo Castro，1885—1972 年）甚至为他下了一个结论："虽然文艺复兴从此类朴素的思考方式中汲取了具有现代性与人性的价值，但在刻画此类价值的同时，还能将其融入到我们的格言中的，无人出马尔·拉腊之右。"若是无惧误解尝试给出的草率判断的话，相对于意大利人文主义主要着重不让古代拉丁世界从世界的铸造模型里逃脱，同时将其扩展，西班牙的人文主义则是丝毫不知自己已经偏离高雅的古典知性的轨道，反倒是在持续开拓俗世的智慧。在上一节中的佩德罗·西鲁埃洛是如此，而使用拉丁语书写著作的马尔·拉腊也是如此。但马尔·拉腊拥有一种相对平衡的想法，即俗世的智慧是完全不输给自己专修的希腊拉丁语的智慧的。

与国王层次都扯上关系的文人，反而潜伏在自己的处境极端变化无常的浮世之中，并最终写出了这本奇书《世俗哲学》。若马尔·拉腊对为政者权威的忠诚是准确无误的，他也依然没有忘记对市井之中的智慧保持畏惧之心。"倘若自己拥有足够的学识，（中略）倘若自己能操控一手华丽的西班牙语，（中略）那么我就也许可以为以上的格言补充更丰富的知识，措辞也会更加得体到位吧。"（第十部第一百号）

虽然是这种专心致志的姿态，但这不代表他对自己的辛劳之作不充满信心。他甚至毫不犹豫地公开说，自己这本以伊拉斯谟的《格言集》为范本而编撰的格言集，开创了西班牙的先例。"后世收集（格言）之辈，需要认可我有着巨大的功劳。这么说是因为我着先鞭，将前方的路都照亮了。我作为他（赫尔南·努涅斯）的弟子，进行了在西班牙完全无人理睬的事业。这是一大事业，虽然只是掀开序幕也是功劳极大的。"（序言）事实上，马尔·拉腊的自负是完全错误的，因为以伊拉斯谟为范本的格言收集的前例早就在西班牙出现过了。只是，考虑到该书的完成度之高，对后世的影响之大，马尔·拉腊的豪言壮语也不能算是完全错误。

虽然他的同乡诗人费尔南多·德·埃雷拉（Fernando de Herrera，1534？—1597 年）缅怀道，"马尔·拉腊之死，使得（西班牙的）文艺失去了它真实价值与清高中的一大部分"，但直到 18 世纪末，人们才真正开始重新评价马尔·拉腊的价值。

《杂　录》

　　该书是笔者这十数余年来，一有空就会去翻阅，常放在案头的一册。话虽如此，要解说这有着近 500 页的熟悉的书（1859 年初版），也苦于无从下手。笔者已经在这本书中数次引用过《杂录》，内容丝毫没有连贯性，可谓是名副其实的《杂录》，想要说明解释其概要几乎是不可能的。相比较上一节中的胡安·德·马尔·拉腊是凭借将一种"方法论"带入极富多样性的格言世界中而成功的事例，该书几乎主动放弃了使用特定的"切入点"这一策略。

　　首先让我们概观一下作者传奇的人生吧。路易斯·萨帕塔·德·查韦斯 1526 年 10 月 16 日生于马德里的西南方向，埃斯特雷马杜拉地区的一座贫寒乡村列雷纳（Llerena）。在还未满十岁的 1535 年，作为葡萄牙公主伊莎贝尔的随从，进入她的结婚对象、西班牙国王卡洛斯一世（神圣罗马帝国皇帝查理五世）的宫廷。四年后，他被提拔去服侍皇室夫妇的儿子，也就是菲利普太子（之后的国王菲利普二世），再过了两年，查理一世甚至还御赐他光荣的圣地亚哥骑士团员称号。

　　虽然他在三十一岁时完婚，但以往一帆风顺的人生从此开始出现了波动。先是妻子在第二年产下一子后离世。五年后虽然再婚，但三年后因为菲利普二世的一纸令下而入狱，连圣地亚哥骑士团员称号都被剥夺了。虽然人们从负债、女性关系、文笔活动等各方面揣测他被处罚的理由，但至今这都是一个未解之谜。由于萨帕塔过着模范狱囚生活，再加上继室苦苦乞求国王的慈悲，最终国王被他们打动开始慢慢减轻他的刑罚。在入狱三年后，他被移送至故乡附近的要塞，成为幽闭之身。甚至还被允许带上继室、与前妻所生的小孩和四位男仆人与他同行。只是，继室也于第二年过世。

在屈辱与孤独中，萨帕塔没有放弃执笔，直到二十四年后的1590 年，他才真正恢复自由与名誉。又过了两年，他的译本《贺拉斯的诗艺》于里斯本出版，但仅三年后他就成为黄泉之下的居民了。他的代表作《杂录》，在开头也已经说明过了，初版问世于 19 世纪中期，另一本著作《猎鹰之书》（*Libro de cetrería*）则要到1979 年才发行出版，与他的长时间不被理睬的著作相比，他的幽闭生活也就不算什么了。

《杂录》的手稿

顺道一提，笔者在十多年前，没有调查《杂录》是否有最新版本，直接向马德里的书店（并不是二手书店）下单购买，等了一阵子，结果发来的竟然是连装订都没有的1859年版本，实在是吓我一跳。大费周章才得以出版，结果过了一百二十年，竟然还有卖剩的，对普通的书店来说可谓避而远之的滞销货。但实际上，另一学术价值更高的版本于1935年在阿姆斯特丹直接以西班牙语原文发行，与其几乎是在同一时期，西班牙也发行了该书的精装版本，在数年前笔者也终于找到机会收入家中。最近，又有一版本在西班牙刊行，看来该书终于开始登上舞台受到众人的瞩目。

在萨帕塔尚存命之时出版的诗集中有一部名为《著名的卡洛斯》（*Carlos famoso*）的作品。诗中的卡洛斯自然指代卡洛斯一世（即查理五世），该书是献给卡洛斯一世的儿子，也是将作者送入牢狱的国王菲利普二世的。萨帕塔花了十二年时间脱稿并于1564年，用总计44748行的诗，描写了卡洛斯一世从1522年到去世（1558年）的生涯。在这里顺便说下，曾经有学者推测塞万提斯曾经耳闻过这本未公开的书。那是在《堂吉诃德》下卷第七章中，有一个描写大量书被焚烧时，叹息其中一本为名叫路易斯·德·阿维拉（Luis de Àula）的男子所作，题为《皇帝的伟业》（*Los hechos del Emperador*）的书被烧毁的场景。那位学者认为，这本书指的就是萨帕塔的《著名的卡洛斯》。

萨帕塔在全诗集中贯穿了高雅的写法，但该作品并不仅从表面事实来赞美国王。在尊重史实的同时，他还巧妙地将逸事、传说编织入其中。虽然作者长年的努力并没有使该书得到太多评价，但这也不失为一本了解当时社会的风俗、想法、习惯的好书。在序文中，他这样述说自己的心声，为了执笔该书"收集了大量的报告书、手续文件、记录、公文书和书籍"，为我们勾绘了一幅拥有强烈求知欲的萨帕塔人物像。

在诗歌形式上也好，描写猎鹰的技术与方法的《猎鹰之书》的内容也好，都不是他自己收集来的，而是大量参考了前辈诗人洛佩斯·德·阿亚拉（López de Ayala，1332—1407 年）。萨帕塔和其他多数古典作家一样，对于现代意义上的独创性丝毫不感兴趣。在该书的序文中记录了他达观的态度："正如天鹅在进食之后才发出美妙的歌声，诗人也得临近人生的终结时才是最好的状态。"而以旺盛的求知欲与这种达观的态度为基础所作的不是别的，正是这本《杂录》。

《杂录》是献给菲利普二世的长女伊莎贝尔·克拉拉·尤金尼亚（Isabel Clara Eugenia，生于 1566 年）的作品。书中描写她才是"世上最美的，最聪慧的，最稀有的公主"（该书没有章节与页码）。对于全篇由轻快的散文构成的该作品，博学之士梅内德斯·佩莱约（Marcelino Menéndez y Pelayo，1856—1912 年）评价道，不仅仅是"从何处开始读都十分有趣"，该书"毫无秩序，也没有装模作样，从头到尾是磊落大方的、活灵活现的、值得品读的散文，不去玩弄定已成型的修辞"。举一例来作为佐证，在该书中有这么一段开头："因为到现在已经写了太多的事情了，所以在这里就写一写一种鸟吧。"

不知是不是因为体验过牢狱生活，书中的话题简直奔放之极。打开书，从马、象、牛、蝮蛇等动物，到地震、雷电等自然现象，再到真理、礼节、忠诚、迷信等抽象概念，还有比如死亡、历史、恶作剧、祭祀、都市论等等话题都会映入眼帘。更难能可贵的是，不仅仅是论述抽象论，他还只会根据自己亲身经历、听闻，或者是认为可信赖的文献来记述这一话题。自然，他的讲述充满着心思与逼真感。

当然，在他对各类话题讨论的过程中，也少不了适当的讽刺与挖苦。比如他说道："与懂得感恩的动物相比，人类表现出来的是毫无礼节，我真想让人类出出丑。"

该书并不是列举了一些荒诞无稽之事的文学作品，也不是仅仅排列史实的廉价史书，而是一种新类型的散文。从题材还有写法上虽然存在差异，不能轻率地拿来与其他作品对比，但可以说，该作品确实可能让人联想到同年代邻国法国作家蒙田的《随笔集》。

但即使在方向上类似蒙田，却在计划性上草草了事。比如说在十分有趣的一小节里作者赞美数字十二，他这样写道，"打算将这本拙劣的作品分成十二章结构，是因为若是在每一里格都有客店休息的话，对旅人来说，十二里格的路途也就会更加轻松了。再加上十二这个数字是非常特别的，所以连我都喜爱上了"，然后他一边谈论着以色列的部族是由十二部族构成的，雅各布的小孩也有十二人，基督就是诞生在深夜十二点的，基督的使徒也有十二人等等，却忘记将关键的该书写成十二章的结构，连明确的章节界线都没有列出来。所以在引用这本书中的内容时，很难给出具体页码。

话又说回来，将比小说还玄乎的事实巧妙地传递给读者的萨帕塔的手法，与那些巧妙地描写虚构事实的小说的手法之间到底存在着多少距离呢？虽然新大陆的殖民者们的历史书、旅行记，或者是纪行文缺乏驱使想象力的创作意识，但从结果上来看还是有很多是被认定为文学作品的。比如说，纪行文就以"纪行文学"的称呼在文学世界里得到了市民权。先不论作者的意图，只要接受方的读者从中读出了文学上审美的喜悦，我们就得说萨帕塔的《杂录》是被归类到正统文学中的。判断是否为艺术的人不是创作者，而是享受作品的一方。

更何况该作品还完美地体现了传统文学的终极目标，也就是"寓教于乐"。贺拉斯主张的喜悦与训诫的并存（delectando pariterque monendo，《诗艺》344）的方针在西班牙文学中被完好地继承下来，洛佩斯·平西亚诺（López Pinciano，约 1547—1627 年）也在 1596 年问世的重要的文学论著《古代的诗歌哲学》（*Philosophía antigua poética*）中，明确地将诗歌的目的定义为"寓教于乐"（第三书简）。《堂吉诃德》上卷第四十七章中也重复出现同样的主张。由贺拉斯而发的该看法在 16、17 世纪的西班牙文学中，是超越门户的正统流派。将以上的内容考虑进去，再斟酌这本《杂录》的话，会发现它既遵从传统又不失创新，完美地达到了矛盾的统一。就像瓦勒里（Valéry）在《文学论》（*Littérature*）中巧妙地说的那样，"创新中的最上乘者，即为满足老旧的欲求（désir）者"。

阅读《杂录》的乐趣在于，可以将当时的实际生活情况、想法都捧于手中。比如说在"西班牙最杰出的诸事物"的段落中连续不断地为我们写到，最上乘的海与玻璃制品在巴塞罗那，最好的陶器土在塔拉维拉，最上乘的布料在塞哥维亚，最上乘的绢在格拉纳达，圣职者最多的修道院在萨拉曼卡的圣埃斯特万等等。只是像这类"骑士的家里最好的是列雷纳的唐·路易斯家，比起许多大公家都来得气派"夸赞自己府邸的吹牛的部分也有，丝毫不忘逗笑读者的精神。

在书中谈论私事过于尽兴，结果连自己的烦恼都在书中表明。而他的烦恼就是肥胖。"十年以前，我曾不食晚餐，一日就一餐。

也从不在饭前饭后饮用作为肥胖元凶的葡萄酒，炖菜也长期不曾入口，腰带需要卷起来的时候也有。为了瘦腿，也曾经绑着护胫具睡。"远远超越缠足的程度。

拥有不同观点的萨帕塔的兴趣并不仅限于自己周边与宫廷。在前面提到的《著名的卡洛斯》是在西班牙诗歌的历史中，第一部提及发现新大陆，还有紧接着的墨西哥与秘鲁征服活动中西班牙人的活跃程度的作品（特别是在第十一至十三歌）。现在普遍推测并不了解新大陆的萨帕塔的知识来源是洛佩斯·德·戈马拉（López de Gómara，1511—1559？年）的《西印度与墨西哥征服通史》。

虽然他甚至还试图在书中指出在哥伦布发现新大陆之前也存在一些偶然发现新大陆的人（第十一歌），但从历史意义上来看，他毫不犹豫地认可哥伦布的发现是压倒性的。正因为如此，在《杂录》中他才没将注意力放在其他人身上，而是集中在哥伦布。在书中他这样讲道："在这个圆形的地球上，难道存在可以胜过哥伦布发现新大陆的有益之事吗？难道是从该地带来多少财宝与对身体有益的物品吗？难道是自从发现新大陆以来通过给多少印第安灵魂传教来拯救他们，让他们能够从前往地狱的道路转向天堂吗？"

通过以上的内容可以发现，萨帕塔时而与当时的历史背景保持距离，时而从近距离照亮，试图使当时的生活姿态浮上水面。上一节中的马尔·拉腊试图解剖传统的格言，下一节的佩罗·梅希亚为了让古代的智慧能够在现代复活而痴心于上帝的话，萨帕塔则是将自身交给同时代的波动，并将自己切身体会到的波动完完整整地传达下去。

萨帕塔见多了那些总是沉浸于怀古情绪之中，叹息现代是失去了创造力和毫无价值的时代的同代人，他宣言道："现在要重新面对我们的时代的荣誉，向世人展示在各种创意与才知面上，我们对当今世界作出了多么大的贡献。"紧接着宣言的是一篇具有说服力的文章，从绘画（米开朗琪罗、丢勒等）、音乐、农业、印刷技术、舞蹈、强力的水车、利用愈疮木等的疾病治疗、腹部的放血法的发明等等方面，列举各类能够从客观性上证明同时代的创造力的材料。

但比起这些，最直截了当地为我们证明同时代的创造力的，不是其他，正是萨帕塔自身生动的西班牙语表达。同样是在《杂录》中，他说道："如果说托斯卡纳语是腐败的拉丁语，那么我们的国语就是没有腐败的拉丁语，没有任何语言比起我们光荣的西班牙语更接近拉丁语。"在这里我们就暂且不问这是否是萨帕塔的本意，但该书从意想不到的角度为我们证明了作为俗语的西班牙语是可以与作为文明语言的拉丁语相通的。

《森罗万象》（*Silva de varia lección*）

在本章中讨论的奇书，不仅每本都是文化史上珍贵的奇书，在入手原版书的过程中也让笔者吃了不少苦，或者是在意料之外的情况下到手的。为了入手接下来要讨论的奇书，笔者也着实花费了不少功夫。想要的版本是 1933 年至 1934 年出版的两卷本，但是等了好多年都没能在古书市场上找到。虽然在西班牙出现了新版的发行预告，但实际的出版进程却大幅延迟（直到笔者执笔本书的阶段为止，才终于出了第一卷）。为了尽早入手这套书，笔者终于在佛罗伦萨寄来的古书目录里找到了该书。竟然是作者"不详"的 1556 年在法国里昂刊行的版本。于是笔者迫不及待地操着半吊子的意大利语，在国际电话与传真的双重"攻击"下，终于将该版本收入囊中。也许是因为作者"不详"，仅仅花了三万日元左右（大约为现在的 1900 元人民币）就完好无损地入手了这套古书。

佩罗·梅希亚的笔迹

　　该书在西班牙出版仅四年后就被翻译为意大利语，在已知的条件内，大约 130 年内就出版了近三十种意大利语版本，得到了极高的评价。幸好扉页没有印着作者的名字，若是被古书店主看出来这是佩罗·梅希亚的著作的话，起码交易成功的价格就要翻几番。想要成为专门研究奇书或者古书之人，若是在知识量上无法敌过古书店主，那么一开始还是不要挑战这个领域为好。

　　标题为《森罗万象》，其作者在之前也已经提及过了，是佩罗·梅希亚。他生于 1497 年的塞维利亚，并在萨拉曼卡大学主修法律，于 1551 年 1 月在故乡离世。在塞维利亚，他主要是以"占星术士（天文学者）"的头衔为人所知。

他一边与本书中数次引用过的伊拉斯谟、胡安·路易斯·比维斯，还有胡安·西内斯·德·赛普尔韦达（Juan Ginés de Sepúlveda，1490？—1573 年）等当时的一流知识人互通书信，一边以历史为中心继续自己旺盛的求知。据画家委拉斯开兹的岳父弗朗西斯科·帕切科（Francisco Pacheco，1564—1664 年）的评论性传记记载，梅希亚从来没有睡超过 4 小时。他在历史相关上最初的著作是 1545 年的《帝国与恺撒的历史》（Historia Imperial y Cesárea）。以庞大的文献为基础，热情地讲述了从尤利乌斯·恺撒开始，到马克西米利安一世（西班牙卡洛斯一世的祖父）为止的历史。听闻了该书的卡洛斯一世，将梅希亚提拔为自己的年代记作家也就顺理成章了。通过不断地引用严谨的文献，该书尝试还原各位皇帝的光辉足迹，不仅仅是西班牙语，还被翻译为拉丁语、意大利语、法语、德语、荷兰语和英语，在欧洲被广泛阅读。

在其晚年的 1549 年开始着手撰写的《皇帝查理五世史》（Historia del Emperador Carlos V）中，他忍痛割爱删掉那些逸闻趣事，讲述同年代的西班牙直到卡洛斯一世于 1520 年在博洛尼亚由罗马教皇克莱门特七世加冕为止。在该书中，也能看到对国王爱读的骑士小说的批判。

梅希亚体弱多病，所以实际上没有亲自出游来扩充自己的见闻，也没能去检验史实的真假。所以他的本领就仅限于如何巧妙地将毕生所学书写出来，于塞万提斯出生的 1547 年出版的《对话集》与接下来要说明的《森罗万象》就是很好的例子。以有关医学与食物的有趣问答为主要内容的前者，从 16 世纪下半叶开始到 17 世纪初期为止，被翻译为欧洲主流语言，在国外也大获成功，但远远比不上后者的火爆度。

《森罗万象》的初版于 1540 年 6 月在塞维利亚发行，由三卷，总计一百一十七章构成。在同年的 12 月，在第三卷中补充了十章的修订版本发行。十年后的版本更是新加了第四卷计二十二章节。此后不断地重刷，直到人气骤降的 17 世纪下半叶为止的一百三十余年间，仅仅目前可以确定的就有西班牙语版 32 种，各类外国语版 75 种。在当时，这个数字可谓是惊人的，本书可谓席卷全欧的畅销书。

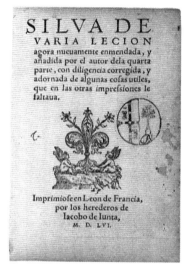

1556 年版扉页（笔者所藏）

该书的影响力是巨大的。到目前为止引用过的作家当中，马尔·拉腊与萨帕塔就不用说了，连塞万提斯、洛佩·德·维加、苏亚雷斯·德·菲格罗阿等人都曾经常引用该书。将目光转向国外的话，也有不少研究者指出，莎士比亚的《皆大欢喜》、蒙田的《随笔集》中也能看到该书的痕迹。

令人好奇的是该书这个奇妙的题目《森罗万象》。让我们先来听听作者自身的解释吧。"题目中用了'森罗'（silva），是因为森林（selva）或树林中生长的是毫无秩序与规律的植物与树木。此类写作手法在我们西班牙语中可以说是崭新的，我认为我是第一个挑战这类型的人。"（序言）所以题目的意图是在于，将读过的各类书籍的成果随心所欲地记录下来并写成书。

梅希亚将自己通过读书积累下来的哲学、历史、语言、修辞学、音乐、动物、天文学、法律、医学、神话等知识最大限度地写入该书，说是西班牙文艺复兴时期人文主义的金字塔也不为过。虽然实际上，梅希亚并不是第一位将各类杂学总结于一本书的，他自己也在书中强调了写作时的态度，"接下来我要写的内容都是取材于被认定为伟大的著述家"（"序文"，与"序言"不同），"在写到史实或者其他诸般事实时，只要我没有读过此领域的权威书，我发誓我绝不说一言写一字"（"序言"）。

事实上，在该书中老普林尼、亚里士多德、圣依西多禄、毕达哥拉斯、托马斯·阿奎那、A. 马克罗比乌斯（Ambrosius Theodosius Macrobius）、A. 格利乌斯（Aulus Gellius）等人的作品被尽情地大肆引用。据某学者研究，该书中总共提及了 252 位著述家，引用竟有 1980 条之多。252 人中的 162 人是古代著述家，比起中世纪 38 人、同时代 52 人，可谓是压倒性的数量。其中引用次数最多的是写《自然史》的老普林尼，总共有 250 次（同时代的著述家全部加起来也不过 178 次），接下来是《圣经》（特别是《旧约》），第三位是亚里士多德。

该书比起萨帕塔的《杂录》更为严谨，收录了丰富的知识的同时，也以浅显易懂为最高目标。还有，虽然梅希亚明确说了毫无秩序与规律，但在书中还是可见各个章节之间存在着有机的关联性。该书完美地展示了不是残缺不全且生硬，而是明确可以细品的知识。这是因为作者尝试了细品文献的秘诀，习得了如何将知识原本的味道原封不动地写出来。

在该书序言的开头，梅希亚引用了柏拉图的语言，极力主张人类并非为了自己而生，而是为了有益于自己的国家与友人而生。并且他认为通过大量的阅读"将得到的有关种种事物之见识或信息为己所用之时（即使这些知识已经是世人皆知的），要将这些知识传播并分享与自己的同胞及近邻友人为义务"（"序言"）。

构想能够提供给同代人知识盛宴的梅希亚，在知识的正确性上也不曾怠慢，所以他才会在明确标记典故出处一事上表现得近乎执着。比如"托勒密在他的《天文学大成》的第一卷中……斯特拉波在他的第三卷开头部分……西塞罗在《论神性》的第二卷中……"（第三部第十九章）。如此一来，对特定条目感兴趣之人，就可以根据他明记的部分找到原典。那么，他究竟在书中披露了何种知识呢？接下来让我们随机选两三则来一探究竟吧。

该书在出版时，西班牙刚刚引进印刷术不到一个世纪。作为作家的梅希亚是不可能不对此表示关心的。他在书中写道："由德国的古登堡发明，地点名为美因茨的城镇。（中略）那是1442年的事了，出处是波利多多·维尔吉利奥（Polidoro Virgilio）。"此外还提到1458年由德国的康德拉将印刷术传入意大利的说法，还有另一个德国兄弟传入意大利，并于1456年在罗马第一次印刷书本等等，为读者详细解说了各种说法（以上均出自第三部第二章）。

提到书籍，权势者们收藏的程度也令人好奇。希腊人确信，最早的图书馆是公元前雅典的僭主庇西特拉图的图书馆。亚历山大的托勒密二世搜集而来的书数量十分庞大，号称有70万册之多。基督教时代最早的大藏书家是殉教者庞非勒（Pamphilus of Caesarea，去世于309年），总共拥有三万册的书。在塞维利亚收藏了两万册以上的哥伦布的儿子赫尔南多的业绩也不可忘记（以上均出自第三部第三章）。

接下来，让我们来看看有关"睡眠"这章。睡眠指的是，食物汽化后升入头部，冷却后下沉使身体对外界的感觉与动作变得迟钝，进而进入休息状态。这是亚里士多德的想法。那么什么才是正确的睡法呢？最初应让身体右侧朝下，之后再让左侧朝下沉睡，然后再次让右侧朝下休息，最后起床。这是因为若一直让右侧朝下睡，则会让肝脏压在胃上，这样对身体不好。还有大字形睡姿，自古以来就被认为是不宜的。因为只有人的德与力量合二为一时才能有效果，所以尽可能地缩小身体睡才好（出自第三部第三十五章）。我们常常被欧洲宫廷里摆设的床的小尺寸吓到，其中也许与这个教诲有关。

有关"想象力"。想象力有着只要意念足够强，就能够给予他人物理上的伤害的威力。然后书中还说，"我们都知道想象力可以将人变为狂人，有时可以让他人染病"（出自第二部第八章）。这个部分自然让我们马上联想到堂吉诃德。堂吉诃德是读了太多夸张虚假的骑士小说而发疯的，而且正是因为驱使了想象力才发疯的。若是塞万提斯遵循了梅希亚的教诲，那么主人公（堂吉诃德）就是得了当时社会的一种典型疾病，从这个角度来解释堂吉诃德的疯癫也不失为一个好法子。

该书并不是披露最先进的知识，而是精选古代的智慧提供给读者。它在自然科学领域存在着许多事实错误，但是，这些错误并不会降低该书的整体价值。法国的博学家 M. 巴塔永批判此书为平庸之作，若是该书只是单纯地停留在收集各类知识的层面上，巴塔永的确是正确的，但是梅希亚着力的地方并不在"说什么"，而是在"怎么说"上，这点将该书带入了文学领域。在文学世界里展开的智慧并不仅仅只是追求客观上的知。倘若主要将古代的智慧重现于同时代为梅希亚的意图的话，那么 16、17 世纪的接收方就必须与其保持一定距离，将其客观化后再行掌握。也就是说，该书若为文艺复兴思想的一个果实的话，那么从原理上就需要读者拥有文艺复兴式的阅读技巧。

一个不懂希腊拉丁古典语言的人口在持续增加的时代里，也许传统意义上的知识人在减少。但是为少数精英限定的"高雅文化"的大门被梅希亚打开之后，完美地将其中的知识全部消化掉的新知识阶层开始兴起，反而让以往仅仅因为自己会古典语言就安心（不去学习）的人中那些根本不配称为知识人的存在暴露在大众面前。该书掀开了文艺复兴时期意料之外的戏剧性情节。

《检验诸学的才能》（*Examen de ingenios para las ciencias*）

作为德国启蒙思想的重要人物，既是戏剧家又是评论家的莱辛（G. E. Lessing，1729—1781 年）究竟懂多少西班牙语，我们并不清楚。但是在1752 年，他就是凭借一篇西班牙某书物相关的论文在维滕贝格大学得到学位。不只是论文，他还借助 1662 年同书在阿姆斯特丹出版的西班牙语原文与数种翻译版本，在同一年内独自完成了德语翻译。虽然译作还现存，但可惜是论文仅剩下部分笔记。

这本让莱辛刮目相看的 16 世纪的

《检验诸学的才能》初版封面

西班牙书就是《检验诸学的才能》，作者是胡安·瓦尔特·德·圣·胡安（Juan Huarte de San Juan）。因为名字实在是过长，所以在这里就简称为瓦尔特。出生于 1530 年前后的西班牙北部，瓦尔特的青少年时代几乎不为人所知。唯一可以确定的是他在埃纳雷斯堡大学修学医科，并在 1571 年 8 月时在南部城镇巴埃萨就职成为医生。此后，他以巴埃萨与周边的利纳雷斯（Linares）为自己的活动据点。在婚后虽然喜得七子，但妻子与小女儿却在晚年先于他去世，并受到在之后会提到的各种书物审查，过着黑暗凄惨的生活。1588 年 11 月 25 日他在巴埃萨留下遗嘱，当他在同一年末或第二年初去世时，人们根据遗嘱将他埋葬在利纳雷斯的教堂里。

从上述内容可以得知，他并没有在都市继续典型学者的道路，而是在乡下当一名临床医师。但也可以说正因为他没有选择在大学任职，没有选择常规的研究轨道，所以他才有可能不被既成的框架束缚，并发展出独创性的考察。

前揭的书物正是他独创性考察的集大成之作，由全 15 章构成的该书的初版于 1575 年在巴埃萨发行了 1500 部。虽然现如今巴埃萨是个乡下小城，但在当时可是相当繁荣的城镇，人口也超过了 2 万。该书在刊行三年后多次重版发行，并于 1580 年被译为法语，1582 年意大利语版，1594 年英语版，1622 年拉丁语版（德国的莱比锡），1659 年荷兰语版本也相继问世。并且各类语言的版本不仅多次重版，还各自出了数种版本。

虽然瓦尔特对上帝的信仰十分虔诚，但是他并没有盲目追从当时以上帝为学问的神学。对瓦尔特来说，即使程度不同，但当时的神学与前人之学相比只是换汤不换药。所以畏惧着上帝却不畏惧神学权威的瓦尔特，最终被宗教裁判所给盯上了。1581 年他被列入葡萄牙的禁书作者清单，1583 年连西班牙都禁止他的书物，并在第二年对他提出修改内容的要求。瓦尔特按照检查的要求对内容进行了修改，在他死后数年，修改版才终于在 1594 年发行。但这并不代表他屈服于宗教裁判所的压力，虽然做了或多或少的修改，只要基本的主张没有被扭曲，他认为比起被禁还不如让其出版，这样还能多少完成一些历史责任。事实上，这个修正版本在 17 世纪以后成为多个版本的基础，但最终该书实现"名誉恢复"一事，还要等到 1966 年 11 月 15 日的第二次梵蒂冈公会议的结果。

那么，究竟是该书的哪个部分被宗教裁判所盯上了呢？在特利腾大公会议，也就是 1546 年 4 月 8 日第四部会的决议中（有关《圣经》的版本与利用），规定不可过于相信自己的智慧而肆意解释基督教教义，《圣经》的正确解释必须交由教会来决定。虽然不管我们怎么检视瓦尔特的这本书，都没能找到对抗教会决议的部分，但是他那足以影响读者内心的文笔过于大胆，大概是诱发宗教裁判所过度警惕的源头。比如说，他在引用亚里士多德来讨论梦境之后，说了这么一段："从以上的立论中可以得出的是，理解力与记忆力是相对立的，是两种相反的力。所以记忆力超群的人没什么理解能力，像那些理解能力与记忆力同样杰出的人是不存在的。"（第五章）他的主张与基督教的信仰本身并不冲突，但是在神经质的宗教裁判所看来，也不是不可以将其解释为一种搅乱淳朴信仰的具有危险性的傲慢见解。

若是将本书套入现代的模型，或许可以称其为差异心理学的先驱性著作。差异心理学是指，研究人种、性别、个人等出现的心理差异的学问，在 19 世纪末由英国人弗朗西斯·高尔顿（Francis Galton）奠定基础。当然，瓦尔特本人是不可能知道差异心理学这类名称的，倒不如说从现代心理学的角度来看，他的著作中有许多令人笑掉大牙的地方。但是同时在他的书中却始终贯彻着比现代差异心理学的范围更为广阔的问题意识。

瓦尔特在古典上花了许多心思。《圣经》就先另当别论，他在书中使用的都是对当时的知识人来说耳熟能详的古典作品，按引用频度高低为顺序的话，是盖伦、亚里士多德（相当批判的态度）、希波克拉底、柏拉图、西塞罗等人。只是他的这种"常识性"的见解，在他敏锐的问题意识中逐渐发酵，开始前往出乎人们意料的地方。瓦尔特在展开自己的思索的过程中，深切体会到从正面思考"人格"这个大问题的必要性。面对在医学上蓬勃发展着的人体解剖学，却依旧无法看清人类的本质与本性，对此作为医生的瓦尔特无法不感到焦虑。所以他在这问题上换了个方向去思考，不从人体而是从心脏的解剖下手。他用上毕生所学的全部生理学知识，全神贯注于实证的心脏解剖上。

在推进此工作的过程中，他虽然惊讶于其中存在太多以前从未着手解决的问题，仍旧独自一人孤军奋战在这个领域。比如说在第二章中写道，"不同的年龄拥有不同的脾气，所以（即使是同一人物也）会采取相反的行动"。像以上有关"脾气"的单纯指摘都未曾在西班牙出现过。

而特别受到他关注的是"才智"（ingenio）的真身。他将人类内心的全部能力称为才智，并从性质上将其分为三种：记忆类、智力类与想象力类。记忆系统操控简洁明快的问题，与比如说语言学习、法律等事物相关联。智力系统顾名思义，即操控理解能力，与神学、医学、辩护、道德哲学等学问有关。若是具备此类智力类才智的人再有幸得到名师与文献的话，则可以对付各类难题。而想象

243

力系统操控创造性的事物，与诗歌、雄辩术、音乐、说教、绘画、政治等相关（第八章）。像以上的分类法或公式化可以说是瓦尔特最擅长的地方了。

至于他为什么要专注于才智一事，这是因为"只有在这点上，人类与野生的动物不同，是与神相似"（1594 年修正版第二章添加处）。只有才智让人类真正成为人类，也必然是全人类的共通处。但对于终究是凡夫俗子的人类来说，是不可能平等拥有以上三种才智的。每个人都有自己的属性。这也是先前讨论过的体液组成有关的生理问题。然后，个人的全部内心能力不仅有与生俱来的能力，也就是天赋，还存在因年龄而出现的差异。

瓦尔特刨根问底地分析该问题，书中相关的记述也逐渐清楚起来。比如说在第五章中他讲述道："对于智力来说有三类工作。首先是推论，第二是识别，第三是选择。"

至于男女之间的能力差异，瓦尔特提出了以下的主张。"（女性是）得不到深层次的才智的。单纯简单的领域的话，通过平庸的老生常谈，在一定程度上也不是不能进行灵巧的对话。但到了学问层次，仅凭记住的少数拉丁语（是不行的），更何况连这些都是通过记忆来完成的。"（第十五章第二部分）按今日的标准来看，这是会被批评为歧视女性的话，但毋庸置疑，他在这里所说的正是先前提到的"记忆类才智"的例证。按他的见解来看，女性无法得到深层次的才智不是因为女性本身是劣等的存在，从体液理论上也是相同，女性只是在不同方向性的才智上胜于男性，拥有的是其他种类的天性罢了。这并不是歧视，而是立足于学问的意见上的男女间的"区别"。但我们无法否认的是，虽然这不是瓦尔特本来的意图，但以上的考察不可避免地为证明女性的劣等性带来"科学上的证据"的效果。

虽说仅是原始形态，但瓦尔特的"科学的"心理学书籍享有巨大的影响力。将内心问题与古来的四体液学说结合在一起考察，并论述了个人的职业上的适应度甚至到结婚，教育论的书物在瓦尔特之前的西班牙从未出现过。对此，那些描写人内心的最细微处的文学家们哪能不感兴趣。到目前为止引用过的文学家中，像洛佩·德·维加、提尔松·德·莫利纳都曾留下阅读过瓦尔特的浓厚痕迹，甚至还有人指出塞万提斯都受到他的影响。

其中最著名的是萨利利亚斯（Rafael Salillas）于 1905 年出版的研究书，该书夸张地讲述了瓦尔特给予塞万提斯的影响，虽是一本短小的著作，却也足以给予塞万提斯研究者们一定的冲击。萨利利亚斯从《堂吉诃德》的正式名称为《拉曼查的足智多谋的贵族堂吉诃德》这点指出，这是从瓦尔特的著作中得到的灵感。

让我们注意一下堂吉诃德发疯的方式。堂吉诃德没日没夜地阅读骑士小说，"睡少且读书过度，最终思绪干枯，失去神志发了疯"（上卷第一章）。另一方面，瓦尔特引用亚里士多德说道："睡眠能够滋润肉体，强化所有能够活动人类的能力。"（第五章）堂吉诃德因为缺少睡眠而发了狂。根据瓦尔特，持续睡眠不足会让头脑干燥，而为其带来滋润的就是梦即睡眠。再加上堂吉诃德的家乡是拉曼查（阿拉伯语起源的词语，原意为"干枯的土地"）。也就是说，在干枯的土地上神志不清的堂吉诃德梦见杜尔西内娅来滋润自己的头脑，这不正是一位自我完结、自给自足的狂人吗？"读书过度"也值得我们的关注。塞万提斯在《贝尔西雷斯与西希斯蒙达的苦难》第二卷第六章中写道："大量的看，大量的阅读可以将人类的才智激活。"若因为"多读"而发狂的话，在之后只要踏上周游的旅程去"多看"，那么到最后会磨炼出真正的才智。

从疯癫中恢复神智的过程也不得不让人联想到瓦尔特。在最终章，从堂吉诃德突然发高烧陷入沉睡之后，恢复了神智开始（下卷第七十四章）。狂人在发烧的时候会恢复神智一事，瓦尔特也在书中指出过。那是实际发生在科尔多瓦的真事，（与堂吉诃德同样）经常说着各类潇洒之言的狂人在某日突然发烧后恢复了神智，（与堂吉诃德同样）留下伟大的遗言，（与堂吉诃德同样）请求上帝的慈悲来宽恕自己的罪过之后（与堂吉诃德同样）死去（修正版第四章添加处）。虽然在塞万提斯的其他作品中也能找到瓦尔特的痕迹，但在这里我们的目的仅是唤起大家对瓦尔特影响力之大的注意，所以就不举其他的例子了。前面提到的萨利利亚斯在自己著作的最后一章中写道："以上仅仅是出发点而已。仅是指出一些微不足道的方向，后续深入研究是不可欠缺的。"这只是试图通过研究的进展来为瓦尔特做出正确的历史评价，并不是为了夸大评价瓦尔特，也没有质疑塞万提斯的独创性与创造性的立场。

从根源上重新质问人类精神的该著作，在 16 世纪甚至到了 20 世纪都未曾失去其保质期和刺激性。在西班牙有哲学家乌纳穆诺（Miguel de Unamuno，1864—1936 年），在西班牙以外则有美国的诺姆·乔姆斯基（Noam Chomsky）等人从瓦尔特那吸取过养分。

笔者对为 20 世纪的语言学带来一大革命的乔姆斯基着眼于瓦尔特一事，感到颇为有趣。乔姆斯基的《语言与心智》（*Language and Mind*）的开头章被命名为"语言学对心智研究的贡献：过去"，他写道："从西班牙医生胡安·瓦尔特的著作入手进行这个考察是适当的。他在 16 世纪末时发表的有关人类智慧本性的著作被翻译为多种文字流传。"

乔姆斯基的关注也是十分自然的事情。这是因为瓦尔特着眼于人类精神的"生成"，也就是语言的"生成能力"。瓦尔特写道："试着与自然哲学家们对话，他们完全认识到理解就是生成能力，就是怀孕生产出子孙后代，像柏拉图说的那样，是连助产的助产士们都得自己怀胎生出。"（修正版第一章添加处）此立场与乔姆斯基极力主张的语言的创造性十分有趣地缠绕在一起。

乔姆斯基边介绍瓦尔特的"才智论"，边说："瓦尔特主张，符合经验主义格言的顺从的才智和具有充分的生成能力的正常智慧，才是动物与人之间的差异所在。"但是，正如先前解释过的那样，瓦尔特只说了才智能够区别人类与动物，而乔姆斯基所说的"顺从的才智"与"生成的智"区别动物与人类这段描述并不存在于该书的任何角落，所以这是乔姆斯基的误解。

考虑到瓦尔特在他的著作中展开的主题与论述具有睥睨同时代的万般见识的崭新性的同时，也能为即使是今日的诸学问持续敲响警钟这点，可以说这本书是目前为止论述过的五册奇书中的另类。作为标榜着牢固扎实方法论的现代学问，却往往没有限制自身的能力，导致知识的失控。与此相对比，本书在追求理论构筑与临床（实践）整合的同时，完美地将试图从实证角度确立人类的学问的姿态放于相对位置上。

先前曾指出该书被宗教裁判所的检查网络盯上，但瓦尔特的情况，有一种比起检查还要重要的自我制约在发挥着作用。那就是对万能的上帝无可动摇的崇敬与畏惧之心。就算宗教裁判所对其有所误会，但在该书的论述中可以看到大胆与谦虚的相互交错，与简明易懂的文章一起，给予今日的读者一种爽快的感觉。18世纪的莱辛将瓦尔特作为自己学问的起点，我们也可以将莱辛达到的最终学术成果看作为瓦尔特的最终成果。在一篇名为《再答辩》的神学论文中，莱辛这样叙述道："如果上帝的右手持有一切真理，而左手持有唯一的无止境追求真理的冲动，并恩赐我们选择的话，我会叩拜在左手前，说道：'父啊，请恩赐我，真正的真理只能是您的所有物。'"

终章　剑拔弩张的时代

天主教双王（左上：伊莎贝拉一世，右上：费尔南多二世）
左下：卡洛斯一世，右下：菲利普二世

　　在本书中谈论到的主题每个都只点到为止，所以从本书的特征上来讲，从所有的主题中概括出最大公约数的结论是不可能的。我们在每个主题中尝试的是，在当时的历史脉络中为我们提供每个事物是如何拥有属于自己的意义，在我们想象之外的地方又是怎么样的存在。

而在推进这项任务的途中，我深切地体会到了一件事情。那就是大量的文学作品，字里行间向我们切实地诉说当时西班牙所孕育着的纠葛和紧张。

作为其中象征性的一例，依然是《堂吉诃德》。堂吉诃德想要在近代早期复活中世纪的骑士道。这绝对是一种痴人说梦的想法。只是从当时的时代背景来看，真的能只用一句不切实际的疯癫来草草了事吗？西班牙的文艺复兴，并没有展现出与中世纪进行诀别的形式，至少没有像意大利的文艺复兴与其中世纪那样的区别。在近年的研究中逐渐发现，甚至连西班牙的文艺复兴中最典型的宫廷诗人，加尔西拉索·德·拉·维加（Garcilaso de la Vega），在其文艺复兴式的情诗的世界中似乎都隐藏着中世纪的成分。如果这样想的话，狂人堂吉诃德的时代错误般的行为虽说是过了度，但也可以说是符合当时的历史重叠性（中世纪和近代早期）。

这种重叠性或者是紧张，一直延续到16世纪的西班牙。西班牙对抗伊斯兰世界的收复失地运动横跨了八个世纪，这是众所周知的。这是为了死守基督教国家西班牙的一场"圣战"。这场战争迎来终结的时刻是1492年初，而也正是在该年的10月份，哥伦布发现了新大陆。就是说，就在西班牙好不容易才成为原本的基督教国家的同时，又要面对一个"未知的西班牙"。而当时的对策可以说是完全照搬中世纪的做法——带给新大陆福音，即将传播基督教视为不可避免的课题。迄今为止都是作为被征服者的西班牙，这回转身站在了征服者这侧，但是他们并没有改变自己的根本原理。新大陆的基督教化和收复失地运动一样，必须做到完全的胜利。这是基于原来十字军式想法的一大事业。当然，并不止步于传教这种精神上的"征服"，存在着以物质上的剥削为首的犯罪行为横行的事实也是不能否定的。

　　新大陆的发现，必然意味着在中世纪无法想象的大量财富流进西班牙。只是该如何使用这份财富？可悲的是西班牙并不知道，而是被以意大利热那亚的银行家为首的金融家们非常干脆地吸走了财富。关于这个方面的情况，法国的西班牙史学家皮埃尔·维拉（Pierre Vilar）曾推测道："西班牙兼富裕与贫穷于一身。虽然西班牙拥有新大陆，但那是'外国的新大陆'。西班牙大开宴会，自己却饥不果腹，虽一边维持着自己的帝国却一边陷入人才紧缺之中。"

　　但以经济上穷困的人物为主人公的流浪汉小说，并不仅仅是因为西班牙的贫穷而出现的。正是在富裕的贫困国家西班牙，流浪汉小说才有强烈的存在感。而正是在追求虚荣的横行贵族之中，贯彻高尚精神的周游各地的骑士堂吉诃德才会鲜明地展现在我们面前。

　　在此不得不注意的是，富裕与贫困、虚荣与高尚的精神，这些原本对立的事物并不是互相保持距离的，而是在同一舞台上相邻。这样的现象在黄金时代的西班牙随处可见。涌向同时代人们的是，由新大陆的发现将地理上的认知范围突然扩大的新事态。感到困惑的学者当中，也有不少人一边在意新大陆的动向，却一边拼命地展示出他们对上天的执着。在他们犹豫地议论占星术或炼金术时，在其身后观察到的是那些形影不离的与旧有的信仰有关的问题。

　　在文学类中也可见以上的相邻事物。比如说只要想起迫近感伤的现实的流浪汉小说，和主张并赞美通过经验来达到与上帝的现存有着一致性的崇高的神秘主义文学同时盛行于 16 世纪一事即可。

二者看似相隔甚远，实际上却有着十分相近的关系。圣德兰在说出"主在锅间行走""我没有活在自己的内心"等话语时，主不正是被当作地上的存在，而地上的自己则往着天界去吗？

内心蕴含着中世纪天性的 16 世纪的西班牙，在进入 17 世纪的途中被卷入了苦难的历史中，也就是所谓的"西班牙的没落"。在 1558 年，路易斯·欧缇兹（Luis Ortiz）的《记录》（*Memorial*，特别是第一、三、七章）就已经具体地指出西班牙国力开始衰退了。也就是在这个大家认为西班牙达到鼎盛的时间点，就有人开始尖锐地指出西班牙的没落。在第二年的 11 月 22 日发出的王令中，菲利普二世禁止西班牙人在除意大利的博洛尼亚、那不勒斯、罗马和葡萄牙的科英布拉这四所大学以外的外国大学求学。

在这种情况中，西班牙经济往破产方向加速前进。到了菲利普二世去世的时间点（1598 年），西班牙已经到了经济破产与政治失败无可挽回的地步。在本书中引用过数回的小说《土耳其旅行》中，有给菲利普二世的长文献词："为了能够在幸福的胜利中征服亚洲与仅剩下的欧洲残余部分，希望上帝为陛下带来安康与长年的庇护。"日期写的是菲利普二世继承王位的第二年的 1557 年 3 月 1 日。不用说，这只是单纯的谄媚语言，但实际上该献词与作品内容的不一致中有着绝不可轻视的部分。而这类现象并不仅限于该作品。

进入 17 世纪后，各类物价开始暴涨。1609 年出台了莫里斯科人（西班牙收复失地运动结束后留在西班牙的伊斯兰教徒*）放逐令，导致西班牙失去了 50 万的人口（主要是农业人口）。1635 年在法国宰相黎塞留的指挥下，法国向西班牙宣战并开始了进攻。到了 1640 年，加泰罗尼亚和葡萄牙也都掀起了叛乱。三年后由菲利普四世的

---

* 此处应为作者失误，放弃伊斯兰教信仰改信基督教的群体被称为莫里斯科。

宠臣奥利瓦雷斯公爵（Conde-Duque de Olivares）率领的西班牙军在洛克鲁瓦（Rocroi）之战中吃下败战，紧接着在兰斯之战与敦刻尔克北部的沙丘地带的战斗中连战连败。

指望的新大陆的金银，到了这个时期也经常出现断货。在葛拉西安的《评论之书》中，有一位法国人就像自己的事情一样对从新大陆满载金银财宝而归的船只表达出欣喜之情。他向那些被他异样的态度惊吓到的西班牙人指出，这些财宝并不能养肥西班牙，还吐出以下强烈且辛辣的语言："哎呀呀，明明是如此先进之国西班牙的大人，连这些世间道理都不知晓，没想到竟然还有这么多人到了晚年，都还没能学会活下去的处世之道。"（第二部第三评）

即使从偏袒西班牙的角度来看，到了17世纪40年代，西班牙已经被国内外的事务折腾得疲惫不堪这一事实，也几乎已经无法否认了。当然，政治力量的衰退与艺术上的衰退并不是一致的。并不仅限于此，从直观上看，不停地诉诸着似乎一直在乘着上升气流的母国的衰退，不是别的，正是文学。西班牙的艺术似乎在抵抗国力的衰退般，也在拼命释放出自己的能量。

当然表达的方法也与文艺复兴的不尽相同。既然新大陆的财富无法与自己的生活联系在一起，而又必须活在这个无法对地表上的生活持有信心的年代里，那么悲观主义或讽刺的文学作品（比如葛拉西安或戈维多），还有超越现世的孤高的文学作品（贡戈拉）等开始兴起。在这变化无常的世上，似乎是为了让自己被后世记住而草率地在作品中画进自己的肖像，还有像觉醒到人生不过是一场梦或者发狂，死亡开始成为艺术上主要的题材。

自16世纪后半叶起，对在那个一切都无法安定的年代里想以文字为生的人们来说，必须在安危中保持内心精神上的均衡的同时，摸索找寻自身的位置。在这个过程中，无法回答自身疑问的嘲讽与讽刺频频出现，绝非意味着他们对同时代马虎了事。说来文学这种营生，往往不也是没有具体的答案吗？所以没有回答的文学家们绝不是脆弱不堪的。客观看待陷入混沌的现实生活，驱使为丰富多彩的想象力打下基础的智慧，创造出自身的表达和崭新的现实……这才是创作者可以提供的答案。

一直强调改宗基督教的犹太人在西班牙文学史乃至整体历史中担任了重要角色的阿梅里科·卡斯特罗，将伊莎贝拉与斐南迪出台犹太人放逐令（1492 年）以后的西班牙称为"纠葛的时代"。即使我们暂且搁置犹太人问题，正如通过本书所看到的那样，不假思索地将这个时代称为"黄金时代"，那其中也存在着太多的矛盾与纠葛。只是这些纠葛与矛盾是如此的富饶。从"黄金时代"这个名称中，若只是为了追求似鲜花盛开般的华丽，那么西班牙文学的鼎盛时代着实不符合黄金时代这个称呼。只是，若这个名称的评价是指彻底表现出包含了猥琐下流的人生经历的时代，那么16、17 世纪（以卡尔德隆死去的 1681 年为象征性的分界线）的西班牙文学可以说是名副其实的黄金时代。

黄金时代的文学与现实

"虽然历史故事的优点在于，无论打算写什么都带有真实感。但即使虚假的故事是罗列着谎言的，是与悟性不一致的，为其加上丝毫不出差错的剧情安排与调味，点缀上最像真实的事物，就可以酿造出真正的和谐。"这是塞万提斯的《贝尔西雷斯与西希斯蒙达的苦难》中的一小节（第三卷第十章）。

暂且不谈如何从文学理论的立场来分析塞万提斯的这段指摘。只是在这里值得注意的是，他指出了历史故事是带有真实的味道这点。历史故事作家们也至少祈祷他们能通过让故事带有真实感而参与到现实中来。而亚里士多德的《诗学》的本质正被他们脉脉相传。

只是，真实与真实感之间，存在着无法跨越的鸿沟一事也是难以否认的事实。通过那些追求真实感的文学作品，来接近所谓的西班牙黄金时代难道不是无谋之举吗？文学作品还是得老老实实地回归文学作品本身才行。说到底，就算在西班牙文学史当中，不也得等到19世纪的浪漫主义才开始积极地将文学作品与社会环境联系在一起考虑吗？与收集所有信息与史料，并用其构建出来的牢固的"史实的世界"相对立的"虚构的世界"不正是文学吗……在千真万确的史实面前，历史故事不也正是虚假的故事吗？

在以论述近现代西班牙的犹太人为主题的浩瀚书籍中，文化人类学家、历史学家胡里奥·卡罗·巴罗哈（Julio Caro Baroja）敏锐地洞察到大多数黄金时代的西班牙文学都是一种体制文学。他严谨地追踪犹太人在西班牙文化史上的足迹，并尝试为其确定历史地位的时候，发现在西班牙文学中虽然描写到犹太人，但均为片面的。他为此下了一个结论，即西班牙文学的黄金时代的作品里别说能够从客观上描写犹太人，所有作品都是遵守宗教裁判所等体制给予的框架，并不是全方面覆盖犹太人的实际生活状态。

如此看来，以卡尔德隆·德·拉·巴尔卡为首的戏剧家们在黄金时代的戏剧中，例如一本正经地烦恼是否要从基督教改信犹太教，例如"善人犹太教徒"通过贯彻自己正确的信仰而得到幸福，还有从天主教改信新教后围绕真理的争论等内容在当时均为出格之物。偶像崇拜、犹太教、伊斯兰教、新教教义均为公式化的恶。改宗邪教，或者假装从邪教洗心革面的行为都不被宗教裁判所的体制包容。既然在事前就已经知晓以上的情况，那么就不可能存在此类戏剧。即使存在，也只会是片面描写除恶的过程，或者从弃暗投明到踏上正确的天主教之路的过程的作品。那么就算是标榜写实主义的文学，也不可能完完全全地将客观的现实描写出来。

所以笔者对此有两个问题。第一个问题是文学是否曾经尝试过还原客观事实。第二个问题，即使我们能够认可卡罗·巴罗哈所谓的"体制派文学"，那也仅限于可以与体制的脉络相重合的事项，从文学涉猎极广的范围来看，此类片面性的指摘不也犯下了一种谬误吗？

文学的现实主义就算从原理上来考虑，也只是非现实的。文学展示的是被公式化后的复杂无比的社会和生活。从此含义来看，文学是图表式的。甚至连就写实主义之间的关系被世人谈论的流浪汉小说也是大同小异了。但是，文学是基于对现实的认识的行为一事也是不可动摇的事实。无论人们如何朝空想或者理想主义偏离，此原理是永恒不变的。像作为与塞万提斯同时代的众多作家的原点的牧歌体小说一样，或是描写与大致保持不变的现实隔绝的桃源乡作品，其中的现实认识或者理解都是随着某种形式在运转。

虽然运用了公式化的写实手法，但流浪汉文学与流浪汉的现实存在相互照应一点，已经在先前的章节中说明过了。而这类文学被广泛流传这件事本身，就是以存在认可这类文学的知识分子层为前提。但不得不谨慎的是，将这类文学作品当作金科玉律并试图用其来解释社会史的傲慢。不应该拘泥于狭义上的文学，而要将以科学史为首的各类历史性资料作为参考，这也是本书固执于这些资料的原因。

作为浪漫主义的重要人物之一，马里亚诺·何塞·德·拉腊（Mariano José de Larra，1809—1837 年）曾在 1836 年发表过一篇题为《文学》的文章，他在其中主张道："文学乃是展现一国家之文学状况的真正的指标。"倘若只是尝试再现客观现实的话，那么文学也好美术也罢都不值得冠上创造之名。创造艺术是有意识或无意识地对生命的现实与文明的模样产生的反应。而指出文学"并没有如实地为世界写生，而是比起学术书来更为轻巧地详细解析世界的结构"的是皮埃尔·维拉。

无论作者是采取何种态度，在作品中反映出客观的现实的例子也不在少数。相对之下，塞万提斯就拥有很强烈的此类倾向。比如，在《堂吉诃德》下卷第六十章中，堂吉诃德与桑丘在前往巴塞罗那的途中看到了被吊死在树上的山贼。根据此现象，堂吉诃德察觉到他们已经到了离巴塞罗那相当近的地方了。这正是由于塞万提斯对社会的动向十分敏感，所以才会在作品中加入的情节。因为在该作品问世的 17 世纪初期，巴塞罗那近郊山贼横行一事是众人皆知的事实。从塞万提斯的角度来看，写到加泰罗尼亚地区的话无论如何都需要让山贼登场。葛拉西安的《评论之书》第二部第三评中曾提及过山贼也是出于同种理由。加泰罗尼亚与流浪汉是不搭的存在。这是因为通过将现实描绘进作品中，会让作品更有现实感。

虽然在这种情况下，塞万提斯与葛拉西安选择了按照现实做出应对，但就像先前指出的与现实对抗的那样，故意让作品与现实产生偏离的例子也数不胜数。但话虽如此，我们可以给它们贴上"虚构"的标签，并从历史角度出发认为它们是需要被一脚踢开的吗？

西班牙黄金时代的文学作品群与其他的艺术表现相同，成了历史的一部分，并为我们热情地叙述了历史本身。若将包括了过去人们的种种生活姿态的生命的记录称为历史的话，不仅将描写人类心情的作品，连触碰了同时代人的琴弦而唤起感动的杰出文学作品都排除在历史之外，那么历史的深度与振幅难道不就自我矮化了吗？一边持有审美上的创造态度并一边表达出对现实的应对，从这种意义上来说，文学成为不劣于年代记的史料也不是什么罕见的事。反而我们不能忘记的是，年代记作者也不正处于体制之中，受到体制的诅咒的束缚，有时也不得不歪曲事实吗？

在20世纪西班牙史学界最有影响力的论战，就是号称"历史学家"的克劳迪奥·桑切斯-阿尔博诺斯（Claudio Sánchez-Albornoz）与"文学家（？）"阿梅里科·卡斯特罗之间的大论战。在该论战中，桑切斯-阿尔博诺斯对阿梅里科的态度有一件无法容忍的事情，那就是放弃依靠值得信赖的史料的学术态度，而将手不断伸向文学并以此论述西班牙史。即使多少存在差异，但如何阅读所谓的历史资料与如何阅读文学一事中潜伏着同样性质的根源问题。当然，在这里笔者并不是想要不讲理地说，文学作品中的虚构是与史实相等的，本书和到目前为止的考察都能为此作证，但这二者之间的确有着超越一般论说的微妙关系。在以上两人都已经离世的西班牙，由提起的问题的意义之深来看，卡斯特罗为我们留下的冲击胜于桑切斯-阿尔博诺斯，这绝非笔者自卖自夸。

与古典的关联

虽然笔者曾经尝试思考文学与现实，或者是与史实间的关联，但对一直读到这里的读者们来说，他们应该不会否定本书既不想成为法国的罗贝尔·埃斯卡皮（Robert Escarpit）般的文学社会学著作，也不是追随年鉴学派的著作。笔者所做的，仅仅是从文献学角度出发，将古典西班牙文学的文本世界更好地解释给大众。

话说回来，既然文学是艺术的行为，那么也就与其他的艺术一样，能够提供感动与审美上的满足感。作为英语文学的长老级的人物，工藤好美氏在1988年春季的采访中正确地评论道："文学，就是一种喜悦加感动的经验的表达。若是不再感受到那份喜悦，那么人类也就开始与文学无缘。虽然有文学的社会研究，但那只是与文学相关研究，并不是文学的研究。"

对此，笔者有必要再加几句评论。在文学令人感动的时刻，那份感动绝对会传递给读者。或者文学必须是引诱读者的存在，必须是由读者随意的心思而产生的感动。万万不可轻易地宣扬瓦莱里所说的"创造的误解"。对象是古典文学的时候，以文本为契机的感动有极大的可能性是融入了读者想法的。就算不到否定这种感动或者感慨的地步，但这并不是充分认可文本质量之高的感动。热爱文学的感动之辈肩负着一种义务，那就是尽自己最大限度的努力去更好地理解那些并非由虚像中产生的感动，而是由文本中引发出来的感动，并让其成为己物。这才是对作品的敬意。

阅读文本，指的就是在文脉中阅读。而在这种情况下的文脉，是历时且共时的。若是缺少这样的文脉，那就有将文学置身于如今的文学理论的实验台上的危险。小林秀雄在《本居宣长》的最终卷中写道，"像唯心论或者唯物论这类的现代单词，与宣长是完全没有关系的，在现代的风潮中，充分理解这点绝非易事"。以上他的指摘的确值得深思。

于是，在打算给予古典完全的敬意的过程中，不可避免地要求人们拥有有关文本的周边知识。这是因为几乎所有古典人拥有的知识与共同感觉，是活在现代的我们所没有的。在试图享受文学纯粹的感动之时，特别是在古典领域，可以说"与文学相关的研究"是无可避免的。

而在这里所说的"与文学相关的研究"所想要达到的目标，与其说是照亮过去，倒不如说是让过去呼吸，尽全力让存在于过去的生命力再一次复苏。也可以说是在被创造出来的时代的知识环境中，重新解读文学。虽说我们必须尊重从现代的角度来阅读古典的立场，但是有必要先探索在古典的知识环境中古典所持有的意义，再去解读所谓现代角度中的意义。古典作品向我们所要求的，正是一种穿梭于过去与现代之间的往返运动。

另一方面，塞万提斯与同年代的文学家们，借助他们杰出的作品群，照亮了许多观点与目光。虽然各种目光交错，但这是不折不扣的西班牙黄金时代的文学家们的目光。虽然这些观点在交错的同时互相对抗着，但是这些无法相容的自我主张却在不知不觉中发出不可思议的共鸣。这并非西班牙该时代特有的现象。只是，我们也难以否认该现象在16、17世纪的西班牙文学中格外地显著。虽然仅有些许进展，但解读这种可以说是相互攻防的现象的工作才刚刚开始。对于西班牙这个时代的文学，还有许多事情我们必须完成。致以我们最崇高的敬意，将如此丰饶且具有魅力的时代称为"黄金时代"。

后　记

不管怎样说，这本书总算是写完了。我却没有丝毫的安心感。想要尽早着手学习的题材，依旧堆积如山。本书是过去十五年间本人的读书经验的结晶。这回翻阅了以前边读边写的卡片或者是草草记下的便条中的大约四千张。虽说研究并不是单单有参考文献就能着手的，但在这种工作的情况下，参考文献的不足还是让人难以下笔。在本书中多次使用到的文献当中，比起研究专著还是文学作品居多。只是不管是文学作品还是研究著作，我倾注在文献搜索上的精力都绝不会少。并且，我对每一本书都抱有难以忘怀之情。

也许，在那些评价本书为鸟瞰文学史的人看来，笔者列举的事项只不过是小题大做的嬉戏罢了。但是在那些抱有"如何去叙述"这种问题的文学作品群中，拿何物去抛砖引玉这件事情，又何尝不是在细细品味文化史中纤细的波动呢？累积在文中的引用，毫无疑问比起笔者的评注等来，更有力地为我们讲述了更多的故事。也许这也就是笔者的目的吧。

在执笔的最后阶段，我接到了一个讣告。那就是西班牙文学和文献学的权威，诗人达玛索·阿隆索（Dámaso Alonso）在 91 岁时逝世了。直到今日我还记着，就在他去世的前夕，我其实久违地梦到了自己西班牙的恩师。不知为何只记得与其在一起探讨日本文学。通过恩师的引荐，我和达玛索·阿隆索在四年前见了面。这就是我们最初的，也是最后的一面。我递上自己刚刚出版不久的小著，在封面上写上引用了他的"《堂吉诃德》中含有西班牙的一切"一句。左手拿着盛有白葡萄的酒杯的达玛索·阿隆索，朝我微微一笑。我永远也无法忘记，那是一种美丽的笑容。这位大师的文艺学给学生时代的我带来了冲击。也许这种冲击的余波还以意想不到的形式残留着。

本书的发端是连载在日本放送协会（NHK）西班牙语讲座教材上的文章。在这里我要向 NHK 表达深深的谢意，感谢他们允许我在语言教材里刊登与其不符的拙作。只是虽说是以连载文章为基础，但本书经过了大幅度的修改加工，实质上已经成了一部全新的作品。并且，在本书中的引用，只要没有被拒绝均采用本人拙劣的翻译，出于方便，原则上所有原作的标题都采用了现代西班牙语的拼写。

本书的编辑小岛洁氏，虽说是自从给杂志《思想》寄去与西班牙的人文学者有关的论文以来，我们就有交情，但这回也着实带有批判性的视角为我指点了许多。真的不知道与该氏的谈话为该书带来了多少启发，从心中致上我最崇高的谢意。

1990 年 10 月

清水宪男

人名对照表

（主要列举本书中登场的 16，17 世纪西班牙作家。按原书顺序排列）

阿古斯丁·德·罗哈斯 Rojas Villandrando, Agustín de

阿古斯丁·莫雷托 Moreto, Agustín

格雷达 Ágredam, Maria de Jesús de

佩德罗·西蒙·阿弗里尔 Abril, Pedro Simón

费尔南德斯·德·阿韦亚内达 Avellaneda, Alonso Fernández de

阿方索·利蒙·蒙特罗 Limón Montero, Alfonso

阿方索十世 Alfonso X el Sabio

阿隆索·德·安德拉德 Andrade, Alsonso de

安东尼奥·德·格瓦拉 Guevara, Antonio de

安东尼奥·德·托尔克马达 Torquemada, Antonio de

安东尼奥·德·内夫利哈 Nebrija, Antonio de

安德烈·加尔西亚·德·塞佩达斯 García de Céspedes, Andres

安德烈斯·拉古纳 Laguna, Andrés

耶稣的圣特蕾莎 Santa Teresa de Jesús

埃尔西利亚 Ercilla, Alonso de

赫尔南·努涅斯 Núñez, Hernán

恩里克·德·比列纳 Villena, Enrique de

阿隆索·德·卡斯蒂略·索洛萨诺 Castillo Solórzano, Alonso de

佩德罗·卡尔德隆·德·拉·巴尔卡 Calderón de la Barca, Pedro

卡洛斯一世 Carlos I=Karl V

卡雷姆 Carême, Marie-Antoine

加夫列尔·德·门多萨 Mendoza, Gabriel de

加尔西拉索·德·拉·维加 Garcilaso de la Vega

路易斯·奇尼奥内斯·德·贝纳文特 Quiñones de Benavente, Luis

克里斯托瓦尔·德·卡斯蒂列罗 Castillejo, Cristóbal de

克里斯托瓦尔·德·比利亚隆 Villalón, Cristóbal de

弗兰西斯科·德·戈维多 Quevedo, Francisco de

科瓦鲁维亚斯 Covarrubias, Sebastián de

戈麦斯·曼里克 Manrique, Gómez

路易斯·德·贡戈拉 Góngora y Argote, Luis de

冈萨洛·德·贝尔塞奥 Berceo, Gonzalo de

戈萨洛·费尔南德斯·德·奥维多 Fernández de Oviedo, Gonzalo

胡安·德·萨瓦莱塔 Zabaleta，Juan de

萨拉斯·巴瓦迪略 Salas Barbadillo, Alonso Jerónimo de

桑切斯·德·巴达霍斯 Badajoz，Sánchez de

吉尔·文森特 Vicente，Gil

苏亚雷斯·德·菲格罗阿 Suárez de Figueroa, Cristóbal

塞维利亚的圣依西多禄 San Isidoro de Sevilla

塞巴斯蒂安·德·俄洛斯克 Horozco, Sebastián de

塞万提斯 Cervantes Saavedra, Miguel de

索尔·马塞拉·德·圣·菲利克斯 Marcela de San Félix, Sor

蒂尔索·德·莫利纳 Tirso de Molina=Téllez, Gabriel

迭戈·格兰纳多 Granado Maldonado, Diego

迭戈·德·苏尼加 Zúñiga, Diego de

迭斯·德·卡拉塔犹 Dies de Calatayud, Manuel

古铁雷斯·迭斯·德·加梅斯 Díez de Games, Gutierre

托雷斯·比利亚罗埃尔 Torres Villarroel, Diego de

堂·胡安·曼努埃尔 Juan Manuel, Don

尼古拉斯·莫奈尔德斯 Monardes, Nicolás

诺拉 Nola, Ruperto de=Mestre Rubert

海梅·法尔科 Falcó, Jaime

巴尔塔萨·葛拉西安 Gracián, Baltasar

巴尔塔萨·德尔·阿尔卡萨尔 Alcázar, Baltasar del

巴托尔梅·德·卡兰萨 Carranza, Bartolomé de

比柳加 Villuga, Pero Juan

胡安·瓦尔特·德·圣·胡安 Huarte de San Juan, Juan

胡安·索拉潘·德·列罗斯 Sorapán de Rieros, Juan

胡安·德·埃雷拉 Herrera, Juan de

胡安·德·卡拉穆埃尔 Caramuel, Juan de

胡安·德·蒂莫内达 Timoneda, Juan de

胡安·德·巴尔德斯 Valdés, Juan de

胡安·德·马尔·拉腊 Mal Lara, Juan de

胡安·德·路娜 Luna, Juan de

胡安·托马斯·波塞尔 Porcell, Juan Tomás

胡安·包斯蒂斯塔·华尼尼 Juanini, Juan Bautista

胡安·巴尔韦德·德·阿穆斯科 Valverde de Amusco, Juan

胡安·西内斯·德·赛普尔韦达 Sepúlveda, Juan Ginés de

胡安·路易斯 Ruiz, Juan=Arcipreste de Hita

胡安·路易斯·比维斯 Vives, Juan Luis

费兰·马丁内斯 Martínez, Ferrán

费尔南多·德·埃雷拉 Herrera, Fernando de

费尔南多·德·罗哈斯 Rojas, Fernando de

弗莱·路易斯·德·格兰纳达 Granada, Fray Luis de

弗兰西斯科·德·埃斯库伯 Escober, Francisco de

弗兰西斯科·迪亚斯 Días, Francisco

弗朗西斯科·德利卡多 Delicado, Francisco

弗兰西斯科·马丁内斯·卡斯特里略 Martínez Castrillo, Francisco

弗兰西斯科·洛佩斯·德·比利亚洛沃斯 López de Villalobos, Francisco

罗尼莫·卡兰萨 Carranza, Jerónimo de

贝雷斯·德·格瓦拉 Vélez de Guevara, Luis

佩德罗·安东尼奥·霍弗雷 Jofreu, Pedro Antonio

佩德罗·科尔内霍 Cornejo, Pedro

佩德罗·西鲁埃洛 Ciruelo, Pedro

佩德罗·费尔南德·拿巴雷特 Fernández Navarrete, Pedro

佩利塞尔 Pellicer, Juan Antonio

佩罗·塔富尔 Tafur, Pero

佩罗·梅希亚 Mexía, Pero

佩罗·洛佩斯·德·阿亚拉 López de Ayala, Pero

华金·比利亚尔瓦 Villalba, Joaquín

何塞·德·萨拉戈萨 Saragoza, José de

马特奥·阿勒曼 Alemán, Mateo

马丁内斯·德·托雷多 Martínez de Toledo, Alfonso=Arcipreste de Talavera

马丁内斯·莫蒂尼奥 Martínez Mo [n] tiño, Francisco

马丁·德·卡斯塔内达 Castañega, Martín de

米凯拉 Luján, Micaela de

米格尔·萨武科 Sabuco, Miguel

米格尔·塞尔维特 Servet, Miguel

米凯尔·杰罗尼莫 Santa Cruz, Miguel Gerónimo de

米拉·德·阿梅斯库 Mira de Amescua, Antonio

拉斯·卡萨斯 Casas, Bartolomé de las

拉蒙·卢利 Llull，Ramón

利尼安·伊·贝·杜哥 Liñán y Verdugo, Antonio

路易斯·欧缇兹 Ortiz, Luis

路易斯·萨帕塔·德·查韦斯 Zapata de Chaves, Luis

路易斯·德·阿维拉 Ávila, Luis de

路易斯·德·阿拉尔孔 Ruiz de Alarcón y Mendoza，Juan

路易斯·德·森特列斯 Centelles，Luis de

罗德里戈·卡罗 Caro, Rodrigo

罗德里格·迪亚斯·德·伊斯拉 Díaz de Isla, Rodrigo

罗哈斯·索里利亚 Rojas Zorrillas, Francisco de

洛佩·德·维加 Vega Carpio, Lope Félix de

洛佩·德·鲁埃达 Rueda, Lope de

洛佩斯·德·乌贝达 Lopez de Úbeda, Francisco

洛佩斯·德·戈马拉 López de Gómara, Francisco

洛佩斯·平西亚诺 López Pinciano, Alonso

书名对照表

（本表从本书引用的作品中列举出自16、17世纪西班牙作家之手的书。按原书顺序排列）

《由信号来的爱》*Amar por señas*

《阿吉拉丰特教会会议记录》*Sinodal de Aguilafuente*

《恶魔的奴隶》*El esclavo del demonio*

《阿波罗尼奥之书》*Libro de Apolonio*

《阿马迪斯·德·高拉》*Amadís de Gaula*

《阿拉乌卡族》*La Araucana*

《阿卡迪亚》*Arcadia*

《阿尔及尔的故事》*El trato de Argel*

《阿方索星辰表》*Tablas alfonsíes*

《红衣主教阿尔芒·德·黎塞留的头部访问与解剖》*Visita y anatomía de la cabeza del. Cardenal Armando de Richelieu*

《阿尔梅里娜》*Armelina*

《厚脸皮的安达卢西亚女人》*La lozana andaluza*

《安托纳·加西亚》*Antona García*

《耶稣幼儿期与死亡之书》*Libro de la infancia y muerte de Jesús*

《医学提要》*El sumario de la medicina*

《活着的死者们》*Los muertos vivos*

《假婚》*El casamiento engañoso*

《狗的对话》*El coloquio de los perros*

《狗之梦》*El sueño del perro*

《医学集成》*Flos de medicines*

《印第安自然史提要》*Sumario de la natural historia de las indias*

《西印度毁灭述略》*Brevísima relación de la destruición de las Indias*

《印第安发现·征服史》*Historia general de las Indias*

《威尼斯的奴隶》*El esclavo de Venecia*

《说谎的少女》*La niña de los embustes*

《可疑的真实》*La verdad sospechosa*

《美貌的武器》*Las armas de la hermosura*

《马之书》*Libro de los caballos*

《故乡的漫游者》*El peregrino en su patria*

《埃斯特瓦尼约·冈萨雷斯的生涯与事迹》*Vida y hechos de Estebanillo González*

《除了国王，无人可免》*Del rey abajo，ninguno*

《可疑的长子》*El mayorazgo dudoso*

《奥利诺斯伯爵的罗曼史》*Romance del Conde Olinos*

《奥尔梅多的骑士》*El caballero de Olmedo*

《愚蠢的淑女》*La dama boba*

《女人偶》*Los mariones*

《女巫的滑稽剧》*Farsa de la hechicera*

《女巫的幕间剧》*Entremés de la hechicera*

《已婚女性的模范与忍耐的试练》 *El ejemplo de casadas y prueba de la paciencia*

《骑士西法尔》 *Libro del caballero Cifar*

《骑士与准骑士之书》 *Libro del caballero y del escudero*

《无时无刻不奇迹》 *No hay instante sin milagro*

《如何成为贵族》 *Los nobles como han de ser*

《罪犯》 *Guía do(=de) pecador*

《老法典》 *Fuero Viejo*

《惊异的魔法师》 *El mágico prodigioso*

《享乐的时光》 *Días geniales o lúdicros*

《圣爱之书》 *Libro de Buen Amor*

《基督教女性养育论》 *De institutione feminar christianae*

《基督教占星术指标论》 *Apotelesmata astrologiae christianae*

《基督教的复活》 *Christianismi restitutio*

《基督教义要理》 *Catechismo cristiano*

《为了基督的结婚》 *El casamiento por Christo*

《记录》 *Memorial*

《古斯曼·德·阿尔法拉切》 *Guzmán de Alfarache*

《克劳洛斯伯爵的罗曼史》 *Romance del Conde Claros*

《由克里斯托弗·哥伦布发现的新世界》 *El Nuevo Mundo descubierto por Cristóbal Colón*

《克罗塔隆》 *El Crótalon(El Crotalón)*

《从一个原因到两个结果》 *De una causa, dos efectos*

《有关贤者之书的民谣》 *Coplas sobre la piedra philosophal*

《关于剑的伟大之书》 *Libro de las grandezas de la espada*

《恋爱的淑女》*La discreta enamorada*

《爱之女放血师》*La barbera de amor*

《恋人的佣人》*La esclava de su galán*

《无比高贵至上，罕见忠诚的城市塞维利亚的，我们的天主教国王菲利普陛下的热情招待》*Recibimiento que hizo la muy Noble y muy Leal ciudad de Sevilla a la Católica Real Majestad del Rey D. Felipe nuestro señor*

《皇帝查理五世史》*Historia del Emperador Carlos V*

《皇帝的伟业》*Los hechos del Emperador*

《幸福的无赖》*El rufián dichoso*

著名的卡洛斯 *Carlo(=Carlos) famoso*

《告解集》*Confesionario*

《告解法》*Arte de bien confesar*

《国语问答》*Diálogo de la lengua*

《语源论》*Etymologiarum*

《古代的诗歌哲学》*Philosophía antigua poética*

《护国论》*Conservacion de monarquias*

《言语和羽毛》*Palabras y plumas*

《谚语集成》*Teatro universal de proverbios*

《世上该相信的事物》*Lo que hay que fiar del mundo*

《科尔瓦乔》*Arcipreste de Talavera o Corbacho*

《君士坦丁的癞病》*La lepra de Constantino*

《策略家佩德罗》*Pedro de Urdemalas*

《杂录》*Miscelánea*

《在萨拉戈萨的瘟疫报告与治疗再加上瘟疫普遍的预防》*Información y curación de la peste en Zaragoza preservación contra peste en general*

　　《萨拉曼卡的洞穴》*La cueva de Salamanca*

　　《萨拉美亚的村长》*El alcalde de Zalamea*

　　《时间的敕令》*Pragmática del tiempo*

　　《狮子们的孩子》*El hijo de los leones*

　　《法典七章》*Siete Partidas*

　　《到死为止的友人》*El amigo hasta la muerte*

　　《为了自己名誉的医生》*El médico de su honra*

　　《邪眼论》*Tratado del aojamiento*

　　《十字架的奉献》*La devoción de la cruz*

　　《十字之书》*Libro de las cruces*

　　《致两位对修女虔诚，行走于多数修道院的男子》*A dos devotos de monjas que acudían en un mismo tiempo a muchos conventos*

　　《准骑士马克斯·德·奥夫雷贡的生涯》*Vida del escudero Marcos de Obregón*

　　《神志清醒的疯子》*El cuerdo loco*

　　《检验诸学的才能》*Examen de ingenios para las ciencias*

　　《西洛斯的圣多明哥的生涯》*La vida de Santo Domingo de Silos*

　　《信仰的象征性绪论》*Introducción del símbolo de la fe*

　　《人体构造史》*Historia de la composición del cuerpo humano*

　　《美德的导引与模仿圣母之书》*Libro de la guía de la virtud, y de la imitación de Nuestra Señora*

　　《新法律集成》*Nueva recopilación de leyes*

　　《亲密书简集》*Epístolas familiares*

　　《森罗万象》*Silva de varia lección*

《数学教程》*Cursus mathematicus*

《数学的自由四艺教程》*Cursus quattuor mathematicarum artium liberalium*

《细口袋少年》*El talego-niño*

《西班牙拥护论与当今时代》*España defendida y los tiempos de ahora*

《西班牙全道路手册》*Repertorio de todos los caminos de España*

《圣人与裁缝师》*Santo y sastre*

《关于海上将军，皇室船长奥斯特里亚的记述》*Descripción de la galera real del Serenísimo Señor Don Juan de Austria, capitán genereal de la mar*

《圣母玛利亚颂歌》*Cantigas de Santa María*

《圣母玛利亚的奇迹》*Milagros de Nuestra Señora*

《世界各地的周游与旅途》*Andanzas y viajes por diversas partes del mundo avidos*

《世俗哲学》*Filosofía vulgar*

《接待客》*El convidado*

《塞维利亚的嘲弄者与石头的接客》*El burlador de Sevilla y convidado de piedra*

《剪断术》*Arte cisoria o tratado del arte del cortar del cuchillo*

《一千个谚语之书》*Libre dels mil proverbis*

《给聪明的主人的侍奉》*Servir a señor discreto*

《由俗语写的格言或者谚语》*Refranes o proverbios en romance*

《王后娜卡塔琳娜·德·奥维多》*La gran sultana doña Catalina de Oviedo*

《对瘟疫医药管理有关的神学上的讨论》*Hexameron theologal sobre el regimiento medicinal contra la pestilencia*

《第六讲：寸法论》*Repetitio sexta de Mensuris*

《对话集》*Diálogos*

《猎鹰之书》*Libro de cetrería*

《达甘索的村长选举》*La elección de los alcaldes de Daganzo*

《多语译圣经》*Biblia políglota*

《旅人》*El pasajero*

《旅人们餐后的团乐与休息》*Sobremesa y alivio de caminantes*

《治疗与疾病》*La cura y la enfermedad*

《帝国与恺撒的历史》*Historia Imperial y Cesárea*

《天国的情侣》*Los dos amantes del cielo*

《天文学知识之书》*Libros del saber de astronomía*

《道德的寓意》*Emblemas morales*

《道路手册》*Repertorio de caminos*

《时钟和旅馆的根性》*El reloj y los genios de la venta*

《理发师》*El barbero*

《特拉帕萨学士的冒险》*Aventuras del Bachiller Trapaza*

《土耳其旅行》*Viaje de Turquía*

《托尔梅斯的山里的姑娘》*La serrana de Tormes*

《托雷多别墅》*Cigarrales de Toledo*

《托雷多星辰表》*Tablas toledanas*

《堂吉柯德》*El Ingenioso Hidalgo Don Quijote de la Mancha*

《堂吉柯德伪作》*Segundo tomo del Ingenioso Hidalgo Don Quijote de la Mancha*

《唐·胡安·德·卡斯特罗》*Don Juan de Castro*

《堂佩洛尼诺的年代记》*Crónica de don Pero Niño o El Victorial*

《秘密的婚约》*El desposorio encubierto*

《虚伪的伯母》*La tía fingida*

《假占星师》*El astrólogo fingido*

《鸡之舞》*Baile de los gallos*

《人类本性的新哲学》*Nueva filosofía de la naturaleza humana*

《猫之骚动》*La gatomaquia*

《猫之书》*Libro de los gatos*

《梅毒论》*Tratado del mal serpentino*

《奸诈女胡斯提娜》*La pícara Justina*

《帕纳萨斯山之行》*Viaje del Parnaso*

《巴伦西亚的狂人们》*Los locos de Valencia*

《众生之机》*La Hora de todos y la Fortuna con seso*

《万物之书》*Libro de todas las cosas*

《玻璃硕士》*El licenciado Vidriera*

《跛脚恶魔》*El diablo cojuelo*

《费德斯的导师》*Fides no Doshi*

《人生如梦》*La vida es sueño*

《与病人相关的有名幕间剧》*Entremés famoso de enfermo*

《讽刺对话》*Coloquios satíricos*

《羊泉村》*Fuente Ovejuna*

《武器的哲学与其技巧》*Philosophía de las armas y de su destreza*

《没有复仇的惩罚》*Castigo sin venganza*

《因不信任而前往地狱》*El condenado por desconfiado*

《以轻蔑还以轻蔑》*El desdén, con el desdén*

《在角落的平民》*El villuno en su rincón*

《瘟疫之书》*Libro de la peste*

《欺诈犯》*Historia de la vida del Buscón, llamado Don Pablos*

《贝里沙的勇敢》*Las bizarrías de Belisa*

《贝尔西雷斯与西希斯蒙达的苦难》*Los trabajos de Persiles y Sigismunda*

《本托萨夫人》*Doña Ventosa*

《宝石论》*Lapidario*

《黄金美事》*Bonium o Bocados de oro*

贺拉斯的《诗艺》*El arte poética de Horacio*

《波利菲莫与加拉特阿的寓言》*Fábula de Polifemo y Galatea*

《节日的早晨》*El día de la fiesta por la mañana*

《三个裁判合为一个》*Las tres justicias en una*

《鼎鼎大名的洗盘子姑娘》*La ilustre fregona*

《身份之书》*Libro de los estados*

《寡妇的哀悼》*El pésame de la viuda*

《为了造访首都的异乡人的介绍与警告》*Guía y avisos de forasteros que vienen a la Corte*

《少女特奥多尔》*La doncella Teodor*

《迷信与妖术排挤》*Reprobación de las supersticiones y hechicerías*

《迷信与妖术论》*Tratado de las supersticiones y hechicerias*

《埃斯卡拉曼寄给门德斯的信》*Carta de Escarramán a la Méndez*

《训诫小说集》*Novelas ejemplares*

《看热闹的人们》*Los mirones*

《晚餐》*Una cena*

《愉快的旅行》*El viaje entretenido*

《愈疮木活用法》*El modo de adoperare el legno de India Occidentale*

《梦与谈话》*Sueños y discursos*

《摇篮与坟墓》*La cuna y la sepultura*

《约伯记注解》*In Iob commentaria*

《加拉迪亚》*La Galatea*

《小癞子》*Vida de Lazarillo de Tormes y de sus fortunas y adversidades*

《小癞子第二部》*Segunda parte de Lazarillo de Tormes y de sus fortunas y adversidades*

《塞莱斯蒂娜》*La Celestina*（*Tragicomedia de Calisto y Melibea, libro también llamado La Celestina*）

《拉丁语练习》*Exercitatio Linguae Latinae*

《拉·多罗特亚》*La Dorotea*

《离婚法官》*El juez de los divorcios*

《利桑德罗与罗塞莉娅的悲喜剧》*Tragicomedia de Lisandro y Roselia*

《料理》*Los guisados*

《料理之书》*Llibre de coch*

《料理技术之书》*Libro del arte de cocina*

《林孔内特和柯尔塔迪略》*Rinconete y Cortadillo*

《卢卡诺尔伯爵》*El Conde Lucanor*

《卢西塔尼亚的短剧》*Auto da Lusitania*

《评论之书》*El Criticón*

《熙德之歌》*Cantar de Mío Cid*

《含有我国国语的通俗谚语的西班牙医学》*Medicina española contenida en proverbios vulgares de nuestra lengua*

图书在版编目（CIP）数据

堂吉诃德的世纪：解读西班牙的黄金时代／（日）清水宪男著；
刘洋译 . —杭州：浙江大学出版社，2022.2
ISBN 978-7-308-21634-0

Ⅰ.①堂⋯ Ⅱ.①清⋯②刘⋯ Ⅲ.①西班牙—中世纪史—研究
Ⅳ.① K551.3

中国版本图书馆 CIP 数据核字（2021）第 156564 号

堂吉诃德的世纪：解读西班牙的黄金时代
［日］清水宪男　著　刘　洋　译

责任编辑	伏健强	
责任校对	黄梦瑶	
装帧设计	祁晓茵	
出版发行	浙江大学出版社	
	（杭州天目山路 148 号　邮政编码 310007）	
	（网址：http://www.zjupress.com）	
排　　版	北京辰轩文化传媒有限公司	
印　　刷	河北华商印刷有限公司	
开　　本	635mm×965mm　1/16	
印　　张	18	
字　　数	208 千	
版 印 次	2022 年 2 月第 1 版　2022 年 2 月第 1 次印刷	
书　　号	ISBN 978-7-308-21634-0	
定　　价	79.00 元